中華文化促進會主持編纂

國家"十一五"重點圖書出版規劃項目

中國社會科學院哲學社會科學創新工程學術出版資助項目

出品人 王石 段先念

今注本二十四史

金史

一四

傳〔五〕

元 脱脱等 撰

張博泉 程妮娜 主持校注

中国社会科学出版社

金史　卷九六

列傳第三十四

黄久約　李晏　李仲略　李愈　王賁　許安仁　梁襄
路伯達

黄久約字彌大，東平須城人也。[1]曾祖孝綽有隱德，[2]號“潛山先生”。父勝，[3]通判濟州。[4]母劉氏，尚書右丞長言之妹，[5]一夕夢鼠銜明珠，寤而久約生，歲實在子也。

［1］東平須城：東平，府名。須城，縣名。東平府治於須城縣，在今山東省東平縣。

［2］孝綽：其他事迹不詳。

［3］勝：其他事迹不詳。

［4］通判濟州：即同知濟州。掌通判州事。正七品。濟州治所在今吉林省農安縣城。

［5］尚書右丞：尚書省屬官。爲執政官，輔佐宰相治理尚書省政務。正二品。　劉長言：海陵天德三年（1151）三月以翰林學士、中奉大夫任賀宋生日使赴宋。正隆五年（1160）三月至六年二

月任尚書右丞。《中州集》卷九有傳。

擢進士第，調鄆城主簿，[1]三遷曹州軍事判官。[2]有盜竊民財，訴者以爲强，郡守欲傅以重辟，久約閲實，因得免死。累擢禮部員外郎，[3]兼翰林修撰，[4]升待制，[5]授磁州刺史。[6]磁並山，[7]素多盜，既獲而款伏者，審録官或不時至，繫者多以杖殺，或死獄中。久約惻然曰："民雖爲盜而不死于法可乎？"乃盡請讞之而後行。

[1]鄆城主簿：縣令的副佐。正九品。鄆城，縣名。治所在今山東省鄆城縣。

[2]曹州軍事判官：軍事判官。本書《百官志》州官條下僅有"判官"一職，職掌又與軍事無關，但《金史》中軍事判官極爲常見，很少見州判官。是《百官志》脱"軍事"二字，還是傳記記載有誤，很難定奪，姑且存疑。判官，掌簽判州事，專管通檢推排簿籍。從八品。曹州治所在今山東省曹縣西北。

[3]禮部員外郎：禮部屬官。佐掌禮樂、祭祀、學校、貢舉諸事。從六品。

[4]翰林修撰：翰林學士院屬官。分掌詞命文字，分判院事，銜内帶"同知制誥"。不限員，從六品。

[5]待制：翰林學士院屬官。分掌詞命文字，分判院事。不限員，正五品。

[6]磁州刺史：州長官。掌一州財政訴訟、宣導風俗等各種政務，獨不領兵。正五品。磁州治所在今河北省磁縣。

[7]並山：此山當在磁州境内。

久之，復入翰林爲直學士，[1]尋授左諫議大夫，[2]兼禮部侍郎，[3] 爲賀宋生日副使。[4] 至臨安，[5] 適館伴使病，[6] 宋人議欲以副使代行使事，久約曰："設副使亦病，又將使都轄、掌儀輩行禮乎？"[7] 竟令國信使獨前行，[8] 副使與館伴副使聯騎如故，乃終禮而還。道經宿、泗，[9] 見貢新枇杷子者，州縣調民夫遞進，還奏罷之。

[1] 翰林直學士：翰林學士院屬官。分掌制撰詞命，凡應奉文字，銜内帶"知制誥"。不限員，從四品。

[2] 左諫議大夫：諫院長官。掌諫正百司非違，糾正官邪。正四品。

[3] 禮部侍郎：禮部屬官。佐掌禮樂、祭祀、學校、貢舉、册命、天文、釋道、使官之事。正四品。

[4] 賀宋生日副使：臨時委任的官職，以他官兼之。

[5] 臨安：府名。南宋京師，治所在今浙江省杭州市。

[6] 館伴使：宋官名。金朝使團到宋朝後，宋朝以館伴使、副及其下屬迎送金使一行。

[7] 都轄、掌儀：宋官名。爲館伴使的下屬官吏。

[8] 國信使：指此次金賀宋生日使團的長官。

[9] 宿、泗：州名。宿州治所在今安徽省宿州市，泗州治所在今江蘇省盱眙縣北。

時以貧富不均，或欲令富民分貸貧者，下有司議，久約曰："物之不齊，物之情也。貧富不均，亦理之常。若從或者言，適足以斂怨，非損有餘補不足之道。"章宗時領右丞相，[1] 韙其議。[2] 尋上章請老，詔諭之曰："卿忠直敢言，匡益甚多，未可使去左右。"遷太常卿，[3] 仍兼諫職。

[1]章宗：廟號。本名麻達葛，漢名璟。金朝第六任皇帝，1189年至1208年在位。　右丞相：金朝宰相之一。海陵正隆官制確立一省制後，是國家重要輔弼大臣之一，地位僅次於左丞相，掌丞天子，平章萬機。從一品。

[2]韙：是，對。

[3]太常卿：太常寺長官。熙宗皇統三年（1143）正月始置，掌管太廟、廩犧、郊社、諸陵、大樂等官屬。從三品。

時郡縣多闕官，久約言："世豈乏材，閡於資格故也。明詔每責大臣以守格法而滯人材，乞斷自宸衷而力行之。"世宗曰：[1]"此事宰相不屬意，而使諫臣言之歟？"即日授刺史者數人。久約又言宜令親王以下職官遞相推舉，世宗曰："薦舉人材惟宰相當爲耳，他官品雖高，豈能皆有知人之監。方今縣令最闕，[2]宜令刺史以上舉可爲縣令者，朕將察其實能而用之。"又謂久約曰："近日察舉好官皆是諸科監臨，全無進士何也？豈薦舉之法已有姦弊，不可久行乎？"久約曰："諸科中豈無廉能人，不因察舉有終身不至縣令者，此法未可廢也。"上曰："爾舉孫必福是乎？"[3]久約曰："臣頃任磁州時，必福爲武安丞，[4]臣見其廉潔向公、無所顧避，所以保舉。不謂必福既任警巡使，處決凝滯。"上曰："必福非獨遲緩，亦全不解事，所以罪不及保官者，幸其無贓污耳。"久約無以對。必福五經出身，[5]蓋諸科人，故上問及之。翌日侍朝，故事，宰相奏事則近臣退避，久約欲趨出，世宗止之，自是諫臣不避以爲常。

[1]世宗：廟號。本名烏禄，漢名雍。金朝第五任皇帝，1161年至1189年在位。

[2]縣令：縣長官。掌按察所部，勸課農桑，平理獄訟，捕除盜賊，宣導風化，兼管常平倉及通檢推排簿籍等事。金縣令分三第，上令從六品，中令正七品，下令從七品。

[3]孫必福：其他事迹無考。

[4]武安：縣名。治所在今河北省武安市。

[5]五經出身：即經童出身。十三歲以下兒童，能誦二大經、三小經，又誦《論語》諸子及五千字以上，經府試、會試選。經童與律科又被稱爲諸科，中選者曰舉人。

章宗即位，久約以國富民貧、本輕末重、任人太雜、吏權太重、官鹽價高、坊場害民、與夫選左右、擇守令八事爲獻，皆嘉納之。再乞致仕，不許，授横海軍節度使以優佚之。[1]明昌二年致仕，[2]卒。久約雋朗敢言，性友弟，爲文典贍，有外祖之風云。[3]

[1]横海軍節度使：州軍官。總管一州軍政事務，掌鎮撫諸軍防刺，總判本鎮兵馬之事，兼本州管内觀察使事。從三品。横海軍，州軍名。治所在今河北省滄州市東南的東關鎮。

[2]明昌：金章宗年號（1190—1196）。

[3]有外祖之風云：按《中州集》卷九《劉長言小傳》："父跡，年三十五終於儀真令，工詩能文，有《南榮集》。"外祖指劉跡。中華點校本認爲"外祖"下當有"劉跡"二字，文義才完整。

李晏字致美，澤州高平人。[1]性警敏，倜儻尚氣。皇統六年，[2]登經義進士第。[3]調岳陽丞。[4]再轉遼陽府推官，[5]歷中牟令。[6]會海陵方營汴京，[7]運木於河，晏領之。晏以經三門之險，[8]前後失敗者衆，乃馳白行臺，[9]以其木散投之水，使工取於下流，人皆便之。丁内艱，[10]服除，召補尚書省令史。[11]辭去，爲衛州防禦判官。[12]世宗素識其才名，尋召爲應奉翰林文字，[13]特令詣閤謝，上顧謂左右曰："李晏精神如舊，"慰勞甚悉。時方議郊禮，[14]命攝太常博士，[15]俄而真授。爲高麗讀册官，[16]五遷祕書少監，[17]兼尚書禮部郎中，[18]除西京副留守。[19]世宗謂侍臣曰："翰林舊人少，新進士類不學，至於詔敕册命之文鮮有能者，可選外任有文章士爲之。"左右舉晏，上曰："李晏朕所自識。"於是召爲翰林直學士，兼太常少卿。[20]以母老乞歸養，授鄭州防禦使，[21]未赴，母卒。起復爲翰林直學士。

[1]澤州高平：澤州治所在今山西省晋城市。高平，縣名。治所在今山西省高平縣。

[2]皇統：金熙宗年號（1141—1149）。　六年：按《中州集》卷二《李晏小傳》，"皇統二年經義進士，釋褐臨汾丞"。繫年與此異。

[3]經義進士：科舉項目之一，設於熙宗皇統年間。

[4]岳陽丞：縣令副佐，掌貳縣事。正八品。岳陽，縣名。治所在今山西省古縣。

[5]遼陽府推官：掌紀綱衆務，分判兵、刑、工案事。正七品。遼陽府治所在今遼寧省遼陽市。

[6]中牟：縣名。治所在今河南省中牟縣。

[7]海陵：封號。本名迪古迺，漢名亮。金朝第四任皇帝，1149 年至 1161 年在位。　汴京：又稱南京，治所在今河南省開

封市。

[8]三門：縣名。治所在今河南省三門峽市之東。

[9]行臺：即汴京行臺尚書省，爲金朝前期設於中原地區的特別行政機構。居於中央三省制之下，地方路府州之上。治所在汴京。

[10]丁内艱：局本作“丁外艱”。從下文看，此時其母未卒。中華點校本亦疑爲“外艱”之誤。

[11]尚書省令史：尚書省下屬吏員。

[12]衛州防禦判官：掌簽判州事，專掌通檢推排簿籍。正八品。衛州治所在今河南省衛輝市。

[13]應奉翰林文字：翰林學士院屬官。分掌詞命文字，分判院事。不限員，從七品。

[14]郊禮：爲漢族王朝傳統的祭祀天地的重要禮儀制度。海陵天德年間，金朝始承宋制，有郊禮之制，世宗時以先祖配享的郊祀禮儀始完備。

[15]攝太常博士：太常寺屬官。掌檢討典禮。正員二人，正七品。攝，爲代理之意。

[16]高麗讀册官：爲出使高麗使臣中較低級的官員，是臨時官職。

[17]祕書少監：秘書監屬官。佐掌經籍圖書，佐掌著作局、筆硯局、書畫局、司天臺等官署。正五品。

[18]禮部郎中：禮部屬官。佐掌禮樂、祭祀、學校、貢舉諸事。從五品。

[19]西京副留守：路府官。帶本府少尹兼本路兵馬副都總管，佐掌一路軍政事務。從四品。西京治所在今山西省大同市。

[20]太常少卿：太常寺屬官。佐掌管太廟、廩犧、郊社、諸陵、大樂等官屬。從三品。

[21]鄭州防禦使：州長官。掌一州軍、政事務。從四品。鄭州治所在今河南省鄭州市。

世宗御後閣，召晏讀新進士所對策，至“縣令闕員取之何道”，上曰：“朕夙夜思此，未知所出。”晏對曰：“臣伏念久矣，但無路不敢言。今幸待罪侍從，得承大問，願竭所知。”上曰：“然則何如?”對曰：“國朝設科取士始分南北兩選，[1]北選百人，南選百五十人，合二百五十人。詞賦經義入仕之人既多，所以縣令未嘗闕員。其後南北通選，止設詞賦一科，每舉限取六七十人。入仕之人既少，縣令闕員蓋由此也。”上以爲然，詔後取人毋限以數。尋擢吏部侍郎，[2]兼前職，諭旨曰：“卿性果敢，有激揚之意，故以授卿，宜加審慎，毋涉荒唐。”俄爲中都路推排使，[3]遷翰林侍講學士，[4]兼御史中丞。[5]

[1]南北兩選：太宗天會五年（1127）滅北宋以後，爲解決各級地方職官嚴重缺員的問題，因循原遼、宋制科舉取士。本書卷五一《選舉志一》：“以遼、宋之制不同，詔南北各因其素所習之業取士，號爲南北選。”

[2]吏部侍郎：吏部屬官。爲尚書的副佐，佐掌文武選授、勛封、考課、出給制誥之政。正四品。

[3]中都路推排使：臨時官名。金世宗大定四年（1164），以“民之貧富變更，賦役不均”，始在全國範圍内實行通檢推排。本書卷一〇七《高汝礪傳》載：“國朝自大定通檢後，十年一推物力，惟其貴簡静而重勞民耳。”金朝自大定四年以來約十年左右進行一次通檢推排，臨時委官實行之。本書卷八《世宗紀下》，大定二十六年八月“丁亥，尚書省奏，遣吏部侍郎李晏等二十六人分路推排諸路物力，從之”。中都路推排使是此次進行通檢推排工作的臨時

官職。

[4]翰林侍講學士：又稱翰林侍讀學士，翰林學士院屬官。分掌制撰詞命，凡應奉文字，銜内帶“知制誥”。從三品。

[5]御史中丞：御史臺屬官。爲御史大夫的副佐，佐掌糾察朝儀，彈劾官邪，審刑獄不當之事。從三品。

會朝士以病謁告，世宗意其詐，謂晏曰：“卿素剛正，今某詐病，以宰相親故，畏而不糾歟？”晏跪對曰：“臣雖老，平生所恃者誠與直爾。百官病告，監察當視。[1]臣爲中丞，官吏姦私則當言之。病而在告，此小事，臣容有不知，其畏宰相何圖焉。”既出，世宗目送之，曰：“晏年老，氣猶未衰。”一日，御史臺奏請增監察員，[2]上曰：“采察内外官吏，固係監察。然爾等有所聞知，亦當彈劾。况糾正非違，臺官職也，苟不能正其身，如正人何？”顧謂晏曰：“豳王年少未練，[3]朕以臺事委卿，當一一用意。”

[1]監察：即監察御史，御史臺屬官。掌糾察内外官員非違之事。正員十二人，正七品。

[2]御史臺：官署名。中央監察機構。掌管審治内外刑獄，考察官吏，舉廉能，劾不法，監察各種經濟活動，督察猛安謀克等事務。

[3]豳王：封爵名。大定格，次國封號第六位。此處指完顏永成，世宗子，大定二十五年（1185）世宗幸上京，以其留守中都。本書卷八五有傳。

初，錦州龍宫寺，[1]遼主撥賜户民俾輸税于寺，[2]歲久皆以爲奴，有欲訴者害之島中。晏乃具奏："在律，僧不殺生，况人命乎？遼以良民爲二税户，[3]此不道之甚也，今幸遇聖朝，乞盡釋爲良。"世宗納其言，於是獲免者六百餘人。故同判大睦親府事謀衍家有民質券，[4]積券其息不能償，因没爲奴，屢訴有司不能直，至是，投匭自言。事下御史臺，晏檢擿案狀得其情，遂奏免之。尋爲賀宋正旦國信副使。[5]及世宗不豫，命宿禁中，一時詔册皆晏爲之。

[1]錦州龍宫寺：錦州治所在今遼寧省錦州市。龍宫寺，《契丹國志》卷一一作"海島龍雲寺"。即覺華島海雲寺，又名龍宫寺。覺華島今名菊花島，在今遼寧省興城市東南海中。

[2]遼主：指諸遼朝皇帝。

[3]二税户：寺院奴隸户。遼代隸屬寺院的農奴户以其所交納的賦税一半交官（國家）、一半納主（寺院地主）而得名。進入金代以後，二税户淪爲寺院的奴隸。

[4]同判大睦親府事：大睦親府屬官。佐掌敦睦糾率宗室欽奉王命。從二品。　謀衍：女真人。姓完顔氏。本書卷七二有傳。

[5]賀宋正旦國信副使：官名。每歲金宋互派使臣賀正旦，通常衹稱賀宋正旦使，此處又加"國信"二字，或爲另有送達"國書"的任務。

章宗立，晏畫十事以上。一曰，風俗奢僭，宜定制度。二曰，禁游手。三曰，宜停鑄錢。四曰，免上户管庫。五曰，太平宜興禮樂。六曰，量輕租税。七曰，減鹽價。八曰，免監官陪納虧欠。九曰，有司尚苟且，乞申明經久遠圖。十曰，禁網差密，宜尚寬大。又奏"乞委待制党懷英、[1]修撰張行簡更直進讀陳言文字,[2]以廣視聽”。皆采納之,以年老乞致仕,改禮部尚書,[3]兼翰林學士承旨。[4]越二年,復申前請,授沁南軍節度使,[5]久之,致仕。上念其先朝舊人,復起爲昭義軍節度使。[6]

[1]党懷英:本書卷一二五有傳。

[2]修撰:即翰林修撰。　張行簡:本書卷一〇六有傳。

[3]禮部尚書:禮部長官。正三品。

[4]翰林學士承旨:翰林學士院長官。掌制撰詞命,凡應奉文字,銜内帶“知制誥”。原爲正二品,宣宗貞祐三年(1215)升爲從一品。

[5]沁南軍:州軍名。治所在今河南省沁陽市。

[6]昭義軍:州軍名。治所在今山西省晋城市。

明昌六年,歸老,得疾,詔除其子左司員外郎仲略爲澤州刺史,[1]以便侍養。承安二年卒,[2]年七十五,謚曰文簡。

[1]左司員外郎:尚書省左司屬官。掌本司奏事,總察吏、户、禮三部受事付事兼帶修起居注官。正六品。　李仲略:本傳後附傳。

[2]承安:金章宗年號(1196—1200)。

仲略字簡之。聰敏力學,登大定十九年詞賦進士第,[1]調代州五臺主簿。[2]以母憂去,服闋,轉韓州軍事判官,[3]遷澤州晋城令,[4]補尚書省令史。除翰林修撰,兼太常博士。改授左司都事，[5]爲立夏國王讀册官。[6]還，權領左司。[7]一日，奏事退，上顧謂侍臣曰："仲略精神明健，如俊鶻脱帽。"又曰："李仲略健吏也。"未幾，轉員外郎，[8]以親病求侍，特授澤州刺史以便禄養。先是，晏領沁南軍節度使，澤於懷爲支郡，[9]父子相繼，鄉人榮之。以父喪免，起爲户部郎中。

[1]大定：金世宗年號（1161—1189）。章宗即位後仍沿用一年。

[2]代州：治所在今山西省代縣。　五臺：縣名。治所在今山西五臺縣。

[3]韓州：治所在今吉林省梨樹縣偏臉城。

[4]晋城：縣名。澤州治所所在地，在今山西省晋城市。

[5]左司都事：尚書省左司屬官。提控架閣庫。其官品無載，然本書卷五八《百官志四》記載："燕賜各部官僚以下，日給米糧分例，……監察御史、尚書省都事、大理司直、六部主事各八升。"由此推論，尚書省都事的官品當與監察御史、大理司直相當，同爲正七品。

[6]立夏國王讀册官：臨時官職。爲出使夏國使臣中較低級的官員。

[7]權領左司：從下文看，當爲代理左司員外郎一職。

[8]員外郎：即左司員外郎。

[9]懷：州名。治所在今河南省沁陽市。

時上命六品以上官，十日以次轉對，乃進言曰："凡救其末，不若正其本。所謂本者，厚風俗，去冗食，養財用而已。厚風俗在乎立制度，禁奢僭。去冗食在乎寵力農，抑游墮。養財用在乎廣儲蓄，時斂散。商賈不通難得之貨，工匠不作無用之器，則下知重本。下知重本，則末息矣。”又條陳制度之宜，上嘉納之。俄授翰林直學士，兼前職，因命充經義讀卷官。[1]上問曰：“有司以謂經義不若詞賦，罷之何如?”仲略奏曰：“經乃聖人之書，明經所以適用，非詞賦比。乞自今以經義進士爲考試官，庶得碩學之士。”上可其奏。改吏部郎中，[2]遷侍郎，兼翼王傅，[3]俄兼宛王傅。[4]

[1]經義讀卷官：此官本書《百官志》無載，卷五一《選舉志一》記載金朝有經義考試院、詞賦考試院，二院當隸屬掌管科舉的禮部。經義讀卷官當是經義考試院的屬官，或爲臨時官職。官品不詳。

[2]吏部郎中：吏部屬官。正員二人。一員掌文武選、流外選用、官吏差使行止名簿、封爵制誥；一員掌勛級酬賞、承襲用蔭、循選、致仕、考課、議謚之事。從五品。

[3]翼王傅：親王府屬官。掌師範輔導，參議可否，若親王在外，亦兼本京節鎮同知。正四品。翼王，封爵名。大定格，次國封號第十七位。這裏指完顏珣，世宗孫，即宣宗。

[4]宛王：封爵名。明昌格，大國封號第十九位。這裏指完顏永升，世宗子。本書卷八五有傳。

時知大興府事紇石烈執中坐贓，[1]上命仲略鞫之，罪當削解。權要競言太重，上頗然之，仲略奏曰：“教化之行，自近者始。京師，[2]四方之則也。郡縣守令無慮數百，此而不懲，何以勵後？況執中兇殘很愎，慢上虐下，豈可宥之?”上曰：“卿言是也。”未幾，授山東東西路按察使。[3]尋以病訪醫京師，泰和五年卒。[4]上聞之，歎曰："此人於國家宣力多矣，何遽止是耶。"贈朝列大夫，[5]謚曰襄獻。

仲略性豪邁有父風，剛介特立，不阿權貴，臨事明敏無留滯，故所任以幹濟稱云。

[1]知大興府事：知府事，本書《百官志》不載，世宗大定年間始設，官品高於同知，或低於府尹。章宗朝及以後，不授府尹，以知府事代之，掌宣風導俗，肅清所部，總判府事。官品或與府尹同，正三品。大興府，京師所在府，治所在今北京市。　紇石烈執中：女真人。本書卷一三二有傳。

[2]京師：指中都，在今北京市。

[3]山東東西路按察使：按察司長官。掌審察刑獄、照刷案牘、糾察濫官污吏豪猾之人、私鹽酒麴並應禁之事，兼勸農桑，與副使、簽事更出巡案。正三品。　山東東西路按察司：治於濟南府，在今山東省濟南市。

[4]泰和：金章宗年號（1201—1208）。

[5]朝列大夫：文散官。從五品下階。

李愈字景韓，絳之正平人。[1]業儒術，中正隆五年詞賦進士第，[2]調河南澠池主簿。[3]察廉優等爲平陽酒副使，[4]遷冀氏令，[5]累遷解州刺史。[6]章宗即位，召授同知中都路都轉運使事，[7]改同知濟南府。[8]

[1]絳之正平：絳，州名。正平，縣名，絳州治所所在地，在今山西省新絳縣。

[2]正隆：金海陵王年號（1156—1161）。

[3]河南澠池：河南，府名。治所在今河南省洛陽市。澠池，縣名。治所在今河南省澠池縣。

[4]平陽酒副使：平陽酒使司屬官。金實行榷酤，此官的官品不詳。平陽，府名。治所在今山西省臨汾市。

[5]冀氏：縣名。治所在今山西省安澤縣冀氏鎮。

[6]解州：治所在今山西省運城市西南解縣鎮。

[7]同知中都路都轉運使事：轉運司屬官。佐掌稅賦錢穀、倉庫出納、權度量衡之制。從四品。中都路轉運司治於中都大興府。

[8]同知濟南府：掌通判府事。從四品。

明昌二年，授曹王傅，[1]兼同知定武軍節度使事。[2]王奉命宴賜北部，[3]愈從行，還過京師，表言："諸部所貢之馬，止可委招討司受於界上，[4]量給迴賜，務省費以廣邊儲。擬自臨潢至西夏沿邊創設重鎮十數，[5]仍選猛安謀克勳臣子孫有材力者使居其職，[6]田給於軍者許募漢人佃種，不必遠輓牛頭粟而兵自富彊矣。"上覽其奏，謂宰臣曰："愈一書生耳，其用心之忠如是。"以表下尚書省議。[7]會愈遷同知西京留守，[8]過闕復上言，以爲"前表儻可采，乞斷自宸衷"，上納用焉。自是，命五年一宴賜，人以爲便。改棣州防禦使。[9]未幾，授大興府治中，[10]上諭之曰："卿資歷應得三品，以是員方闕而卿能幹，故用之，當知朕意。"北京提刑副使范楫、[11]知歸德府事鄧儼各舉愈以自代，[12]由是擢河南路提刑使。[13]上言："隨路提刑司乞留官一員，餘分部巡按。"又言："本司見置許州，[14]乞移治南京爲便。"[15]並從之。憲臺廉察，[16]九路提刑司以愈爲最。[17]

［1］曹王：封爵名。明昌格，大國封號第二十位。《金史》記載大定至明昌年間曹王有三人：完顏永功、完顏永升、完顏永德，皆爲世宗子。本書卷八五《完顏永升傳》："明昌二年，改曹王。"可知此曹王是完顏永升。

［2］同知定武軍節度使事：節度使副佐，通判節度使事。正五品。定武軍，州軍名。治所在今河北省定州市。

［3］宴賜北部：指北方蒙古草原上的諸游牧部族。金朝不允許界壕外的草原游牧民入塞詣闕朝貢，朝貢活動通常在邊地界壕處進行，并不定期地宴賜前來朝貢的蒙古、阻轐酋長。

［4］招討司：官署名。金代設有三處招討司，西北路招討司、西南路招討司隸屬於西京路，東北路招討司隸屬於臨潢府路。統領當地駐軍，招懷降附，征討携離，掌界壕外游牧民的朝貢活動。

［5］臨潢：府名。治所在今內蒙古自治區巴林左旗遼舊城址。西夏：地方王朝名（1038—1227），位於金朝西北。金夏交界處大約在今河套地區至寧夏回族自治區的南部。

［6］猛安謀克：爲金朝女真等北方民族的社會基層組織，三百户爲謀克，十謀克爲猛安，具有政治、軍事、生産多種職能，有金一代未曾改變。猛安謀克官員平時爲行政長官，督促生産，徵收賦税，審理部内民事訴訟，訓練武藝。戰時，猛安謀克户壯者爲兵，由猛安謀克長官率領征戰，戰争結束後，返回原居地。猛安謀克官員實行世襲制，不論任命還是襲職都由皇帝親自决定。熙宗以後，以猛安比防禦使，謀克比縣令。在内地者，受府、節度使統轄，在邊地者，受招討司統轄。同時，金朝實行向皇族和對國家有大功的女真高官顯貴授予猛安謀克世襲爵，受封者領有猛安或謀克的人口和封地，爵位由子孫世襲。

［7］尚書省：海陵王正隆官制改革後，中央確立一省制，尚書省成爲金朝中央最高權力機構。

［8］同知西京留守：帶同知本府尹兼本路兵馬都總管，掌一路軍政事務。正四品。西京治所在今山西省大同市。

[9]棣州：治所在今山東省惠民縣北。

[10]大興府治中：治中不見《百官志》記戴，金世宗後期，逐漸以治中取代府少尹，掌通判府事。官品當與少尹同，正五品。

[11]北京提刑副使：提刑司屬官。佐掌審察刑獄，糾察貪官污吏之事，兼勸農桑。本書卷五七《百官志三》記載提刑司後改名按察司，以提刑副使比按察副使。正四品。　北京提刑司：全名爲北京臨潢路提刑司，治所在臨潢府。　范楫：章宗初年任侍御史，承安四年（1199）以知濟南府事任賀宋正旦使出使宋朝，其後官至吏部尚書。

[12]歸德府：治所在今河南省商丘市。　鄧儼：本書卷九七有傳。

[13]河南路提刑使：提刑司長官。正三品。河南路即南京路，治所在今河南省開封市。

[14]許州：治所在今河南省許昌市。

[15]南京：治所在今河南省開封市。

[16]憲臺：即御史臺。中央監察機構。

[17]九路提刑司：地方監察機構。《大金國志》卷三八《提刑司九處》，章宗大定二十九年（1189）六月於全國設九處刑司：中都西京路（西京置司）、南京路（南京置司）、北京臨潢路（臨潢置司）、東京咸平府路（咸平置司）、上京路（上京置司）、河東南北路（汾州置司）、河北東西大名等路（河間置司）、陝西諸路（平涼置司）以及山東東西路（濟南置司）。

五年，入見，尚書省以聞，上問宰執有何議論，平章政事守貞曰：[1]“李愈言河決事。”上曰：“愈嚮陳備禦北邊策。言甚荒唐。”[2]守貞曰：“愈於見職甚幹。”上曰：“蓋以其敢爲耳。”又曰：“李愈論河決事，謂宜遣大臣視護以慰人心，其言良是。”明年，改河平軍節度使。[3]承安二年，徙順義軍，[4]奏陳屯田利害，上遣使宣諭，仍降金牌俾領其事。四年，召爲刑部尚書。[5]先是，刑部尚書闕，上以愈爲可用，令議之，或言愈病，上曰："愈比陳言，有退地千里而争言其功之語，卿等定惡此人多言耶。"特召用之。舊制，陳言者漏所言事於人，並行科罪，仍給告人賞。愈言："此蓋所以防閑小人也。比年以來詔求直言，及命朝臣轉對，又許外路官言事，此皆聖言樂聞忠讜之意，請除去舊條以廣言路。"上嘉納焉。尋爲賀宋正旦副使。[6]

[1]平章政事：宰相成員之一，丞相的副佐。正員二人，從一品。　守貞：女真人。姓完顔氏。本書卷七三有傳。

[2]言甚荒唐：按上文李愈陳備禦北邊策，深得章宗讚賞，納用之。這裹曰"言甚荒唐"，兩者相互矛盾。中華點校本認爲，本書卷二七《河渠志》，明昌五年（1194）"八月，以河决陽武故堤，灌封丘而東"，"上曰：'李愈不得爲無罪，……徒能張惶水勢而無經畫，及其已决，乃與王汝嘉一往視之而還，亦未嘗有所施行。問王村河口開導之月，則對以四月終，其實六月也，月日尚不知，提刑司官當如是乎！'""言甚荒唐"似指此而言。疑此處有脱文。

[3]河平軍：州軍名。治所在衛州，今河南省衛輝市。

[4]順義軍：州軍名。治所在朔州，今山西省朔州市。

[5]刑部尚書：刑部長官。總掌律令、刑名、赦詔、懲没、官吏改正，以及宫、監户（官奴婢口）、良賤身份訴訟、功賞捕亡等諸種事務。正三品。

[6]賀宋正旦副使：臨時官職。被時人視爲即榮譽又收入頗豐的肥差。

泰和二年春，上將幸長樂川，[1]愈切諫曰："方今戍卒貧弱，百姓騷然，三叉尤近北陲，[2]恒防外患。兼聞泰和宮在兩山間，[3]地形狹隘，雨潦遄集，固不若北宮池臺之勝，優游閑適也。"上不從，夏四月，愈復諫曰："北部侵我舊疆千有餘里，不謀雪恥，復欲北幸，一旦有警，臣恐丞相襄、[4]樞密副使闍母等不足恃也。[5]況皇嗣未立，群心無定，豈可遠事逸游哉。"上異其言。未幾，授河平軍節度使，改知河中府事，[6]致仕。泰和六年卒，年七十二。謚曰清獻。自著《狂愚集》二十卷。

[1]長樂川：河名。金章宗泰和二年（1202）更名雲龍，在今河北省赤城縣境内。

[2]三叉：地名。又曰三叉口，本書卷九八《完顏匡傳》，章宗明昌中"詔三叉口置捺鉢"。捺鉢是遼金時期皇帝狩獵納凉避暑的地點，三叉口位於今河北省赤城縣境内。

[3]泰和宮：即三叉口捺鉢行宮名，金章宗泰和二年（1202）更名爲廣寧宮。

[4]丞相：即左丞相，金代宰相之一。爲國家重要輔弼大臣。從一品。　襄：女真人。姓完顏，宗室出身。本書卷九四有傳。

[5]樞密副使：樞密院屬官。佐掌國家軍務機密之事。從二品。闍母：女真人。即完顏安國。本書卷九四有傳。

[6]河中府：治所在今山西省永濟市西。

王賁字文孺，其先自臨潢移貫宛平。[1]曾祖士方，[2]正直敢言。遼道宗信樞密使耶律乙辛之讒殺其太子，[3]世無敢白其冤者，士方擊義鍾以訴，遼主感悟，卒誅乙辛，厚賞士方，授承奉官。[4]父中安，[5]擢進士第，坐田穀黨事廢。[6]世宗即位黨禁解，終沂州防禦使。[7]

[1]宛平：縣名。治所在今北京市。

[2]王士方：其他事迹不詳。

[3]遼道宗：廟號。即耶律洪基，契丹人。遼朝第八任皇帝。1055 年至 1101 年在位。　樞密使：遼官名。實爲北樞密使，遼朝國家最高權力機關是北、南樞密院，又以北樞密院爲上。因此北樞密使是國家最重要的輔弼大臣。　耶律乙辛：契丹人。遼道宗朝的權臣。《遼史》卷一一〇有傳。　太子：耶律睿，小字耶魯斡，遼道宗長子，死時二十歲。

[4]承奉官：遼官名。《遼史》不載，具體職掌不詳。

[5]王中安：其他事迹不詳。

[6]田穀：本書卷八九有傳。

[7]沂州：治所在今山東省臨沂市。

賁性孝友，勤敏好學，第進士，由復州軍事判官補尚書省令史，[1]擢右三部檢法司正。[2]侍御史賈鉉舉賁安静有守，[3]不尚奔競，政府亦言其廉，素善論議。擢河北東西大名府路提刑判官，[4]選授尚書省都事，[5]以喪去。用薦者多，起復刑部員外郎、[6]侍御史，累遷南京路按察使，[7]卒。賁敦厚尚義，篤於親朋，不營産業，比殁，家甚窶，上聞，憫惜之，贈朝列大夫，仍厚恤其家。

[1]復州：治所在今遼寧省瓦房店市。

[2]右三部檢法司正：右三部檢法司屬官。掌披詳右三部（兵、刑、工）各司法狀。正員二人，正八品。

[3]侍御史：御史臺屬官。掌奏事，判臺事。正員二人，從五品。　賈鉉：本書卷九九有傳。

[4]河北東西大名府路提刑判官：提刑司屬官。佐掌糾察濫官污吏豪猾之人。正員二人，從六品。河北東西大名府路提刑司治所在河間府，今河北省河間市。

[5]尚書省都事：尚書省屬官。提控架閣庫。其官品無載，然本書卷五八《百官志四》記載："燕賜各部官僚以下，日給米糧分例，……監察御史、尚書省都事、大理司直、六部主事各八升。"由此推論，尚書省都事的官品當與監察御史、大理司直相當，同爲正七品。

[6]刑部員外郎：刑部屬官。正員二人。一員掌律令格式、審定刑名、關津譏察、赦詔勘鞫、追徵給没等事；一員掌官户、監户（官奴婢口）、配吏、良賤身份訴訟、城門啓閉、官吏改正、功賞捕亡等事務。

[7]南京路按察使：按察司長官。按察司原爲提刑司，章宗承安四年（1199）改稱按察司。

弟質字敬叔，登大定二十五年進士第，累官吏部主事，[1]以才幹舉遷昭義軍節度副使。[2]章宗問質臨事若何，張萬公對曰："勝其兄賁。"章宗曰："及其兄亦可矣。"後以禮部尚書致仕，終。

[1]吏部主事：吏部屬官。掌知管差除，校勘行止，分掌封勳資考之事，惟選事則通署，及掌受事付事，檢勾稽失省署文牘，兼知本部宿直，檢校架閣。正員四人，從七品。熙宗皇統四年（1144），主事始用漢族士人。世宗大定三年（1163），用進士，非特旨不得擬用吏人。章宗承安五年（1200），增女真主事一人。

[2]昭義軍節度副使：州軍官。從五品。昭義軍，州軍名。治

所在今山西省晋城市。

許安仁字子静，獻州交河人。[1]幼孤，能自刻苦讀書，善屬文。登大定七年進士第，調河間縣主簿。[2]累遷太常博士，兼國史院編修官。[3]章宗爲皇太孫，[4]安仁以講學被選東宫，轉左補闕、[5]應奉翰林文字。上即位，改國子監丞，[6]兼補闕，徙翰林修撰，同知制誥，[7]兼職如故。侍御史賈鉉以安仁守道端慤，[8]薦于朝。同知濟南府事路伯達繼上章稱其立己純正，[9]宜加顯任，超授禮部郎中，[10]兼左補闕。適朝議以流人實邊，安仁言："昔漢有募民實邊之議，蓋度地營邑，制爲田宅，使至者有所居，作者有所用，於是輕去故鄉而易於遷徙。如使被刑之徒寒餓困苦，無聊之心靡所顧藉，與古之募民實塞不同，非所宜行。"上然之。

[1]獻州：治所在今河北省獻縣。　交河：縣名。治所在今河北省泊頭市。

[2]河間縣：治所在今河北省河間市。

[3]國史院編修官：國史院屬官。掌修國史。女真、漢人各四員，正八品。

[4]皇太孫：即完顏璟，世宗大定二十六年（1186）十一月，詔立爲皇太孫，定爲皇位繼承人。

[5]左補闕：諫院屬官。掌諫正百司非違，糾正官邪。正七品。

[6]國子監丞：國子監屬官。掌學校。章宗明昌二年（1191）增一員，兼提控女真學。

[7]翰林修撰，同知制誥：翰林學士院屬官。分掌詞命文字，分判院事，同知制誥，爲本銜所帶。從六品。

[8]愨（què）：樸實謹慎。

[9]同知濟南府事：掌通判府事。正四品。　路伯達：本卷有傳。

[10]禮部郎中：禮部屬官。從五品。

明昌四年春，上將幸景明宮，[1]安仁與同列諫曰："昔漢、唐雖有甘泉、九成避暑之行，[2]然皆去京師不遠。非如金蓮千里之外，[3]鄰沙漠，隔關嶺，萬一有警，何以應變，此不可不慮也。"疏奏，遂罷幸。

[1]景明宮：避暑行宮名。位於桓州，在今内蒙古自治區錫林郭勒盟正藍旗。

[2]漢、唐：朝代名。其中漢朝分爲西漢（前205—8）和東漢（25—220）。　甘泉、九成：甘泉，漢朝行宮名，在陝西省淳化縣西北甘泉山。九成，唐朝行宮名。本隋朝仁壽宮，唐稱九成宮，在今陝西省麟游縣西。

[3]金蓮：河名。原名曷里滸東川，大定年間更名金蓮川，世宗曰："蓮者連也，取其金枝玉葉相連之義。"在景明宮附近，今内蒙古自治區錫林郭勒盟正藍旗境内。

出爲澤州刺史，作《無隱論》上之，凡十篇，曰本朝、曰情欲、曰養心、曰田獵、曰公道、曰養源、曰冗官、曰育材、曰限田、曰理財。在郡二年，徙同知河南府事，[1]升汾陽軍節度使，[2]致仕。泰和五年卒，年七十七，謚曰文簡。安仁質實無華，澹然有古君子風，故爲時人所稱云。

[1]河南府：治所在今河南省洛陽市。

[2]汾陽軍：州軍名。治所在今山西省汾陽市。

梁襄字公贊，絳州人。[1]少孤，養於叔父寧。性穎悟，日記千餘言。登大定三年進士第，調耀州同官主簿。[2]三遷邠州淳化令，[3]有善政。察廉升慶陽府推官，[4]召爲薛王府掾。[5]

[1]絳州：治所在今山西省新絳縣。

[2]耀州：治所在今陝西省耀縣。　同官：縣名。治所在今陝西省銅川市西。

[3]邠州：治所在今陝西省彬縣。　淳化：縣名。治所在今陝西省淳化縣。

[4]慶陽府推官：掌綱紀政務，分判兵、刑、工案事。正七品。慶陽府治所在今甘肅省慶陽市。

[5]薛王府掾：親王府屬官，一般官吏。薛王，封爵名。大定格，次國封號第十三位。這裏指完顏永德，世宗子。本書卷八五有傳。

世宗將幸金蓮川，有司具辦，襄上疏極諫曰：

金蓮川在重山之北，地積陰冷，五穀不殖，郡縣難建，蓋自古極邊荒棄之壤也。氣候殊異，中夏降霜，一日之間寒暑交至，特與上京、中都不同，[1]尤非聖躬將攝之所。凡奉養之具無不遠勞飛輓，越山踰嶮，[2]其費數倍。至於頓舍之處，軍騎闐塞，主客不分，馬牛風逸以難收，臧獲逋逃而莫得，奪攘蹂躪，未易禁止。公卿百官衛士，富者車帳僅容，貧者穴居露處，輿臺皂隸不免困踣，飢不得食，寒不得衣，一夫致疾染及衆人，夭傷無辜何異刃殺。此特細故耳，更有大於此者。

[1]上京：金前期（1115—1152）京師，在今黑龍江省阿城市白城子。　中都：金中後期（1153—1214）京師，在今北京市。

[2]嶮：同“險”。

臣聞高城、峻池、深居、邃禁，帝王之藩籬也，壯士、健馬、堅甲、利兵，帝王之爪牙也。今行宫之所，非有高殿廣宇城池之固，[1]是廢其藩籬也。掛甲常坐之馬，日暴雨蝕，臣知其必羸瘠矣。禦侮待用之軍，穴居野處，冷啖寒眠，臣知其必疲瘵矣。衛宫周廬才容數人，一旦霖潦積旬，衣甲弓刀霑濕柔脆，豈堪爲用，是失其爪牙也。秋杪將歸，人已疲矣，馬已弱矣，裹粮已空，褚衣已弊，猶且遠幸松林，[2]以從畋獵，行於不測之地，往來之間動踰旬月，轉輸移徙之勞更倍於前矣。

[1]非有高殿廣宇城池之固：“非”，原作“亦”，據南監本、北監本、殿本、局本改之。

[2]松林：地名。即平地松林，在今内蒙古自治區克什克騰旗西之西拉木倫河南一帶。

以陛下神武善騎射，舉世莫及，若夫銜橜之變，猛摯之虞，姑置勿論。設於行獵之際，烈風暴至，塵埃漲天，宿霧四塞，跬步不辨，以致翠華有崤陵之避、[1]襄城之迷，[2]百官狼狽於道途，衛士參錯於隊伍，當此宸衷寧無戒悔。夫神龍不可以失所，人主不可以輕行，良謂此也。所次之宫，草略尤甚，殿宇周垣唯用氈布。押宿之官、上番之士，終日驅馳，加之飢渴，已不勝倦。更使徹曙巡警，露坐不眠，精神有限，何以克堪。雖陛下悦以使人，勞而不怨，豈若不勞之爲愈也。故君人者不可恃人無異謀，要在處己於無憂患之域也。

[1]翠華有崤陵之避：翠華，是皇帝儀仗中一種用翠羽裝飾旗杆頂的旗，後世多以翠華指帝王。崤陵，山名，即今河南省崤山。

[2]襄城之迷：典出《莊子·徐無鬼》："黄帝將見大隗乎具茨之山，方明爲御，昌寓驂乘，張若、謵朋前馬，昆閽、滑稽後車。至於襄城之野，七聖皆迷，無所問途。"

燕都地處雄要，[1]北倚山嶮，南壓區夏，若坐堂隍，俯視庭宇，本地所生，人馬勇勁，亡遼雖小，止以得燕故能控制南北，坐致宋幣。[2]燕蓋京都之選首也，況今又有宫闕井邑之繁麗，倉府武庫之充實，百官家屬皆處其内，非同曩日之陪京也。居庸、古北、松亭、榆林等關，[3]東西千里，山峻相連，近在都畿，易於據守，皇天本以限中外，開大金萬世之基而設也。奈何無事之日越居草萊，輕不貲之聖躬，愛沙磧之微凉，忽祖宗之大業，此臣所惜也。又行幸所過，山徑阻脩，林谷晻靄，[4]上有懸崖，下多深壑，垂堂之戒，不可不思。

［1］燕都：即燕京，今北京市。

［2］宋幣：指自澶淵之盟以來，北宋向遼國所納的歲幣。

［3］居庸、古北、松亭、榆林：皆長城關口名。居庸關，在今北京市昌平區西北。古北關，在今北京市密雲水庫北。松亭關，在今河北省遷西縣北喜峰口。榆林關，在今內蒙古自治區托克托縣西。

［4］晻靄：茂盛。

臣聞漢、唐離宮去長安才百許里，然武帝幸甘泉遂中江充之姦，[1]太宗居九成幾致結社之變。[2]太康畋於洛汭，[3]后羿拒河而失邦。[4]魏帝拜陵近郊，[5]司馬懿竊權而篡國。[6]隋煬、海陵雖惡德貫盈，[7]人誰敢議，止以離棄宫闕，遠事巡征，其禍遂速，皆可爲殷鑒也。臣嘗論之，安民濟衆，唐、虞猶難之。[8]而今日之民，賴陛下之英武無兵革之憂，賴陛下之聖明無官吏之虐，賴陛下之寬仁無刑罰之枉，賴陛下之節儉無賦斂之繁，可謂能安濟矣。而游畋納凉之樂，出於富貴之餘，静而思動，非如衣食切身有不可去者，罷之至易耳。唐太宗將行關南，[9]畏魏徵而停，[10]漢文帝欲馳霸陵，[11]袁盎諫而遽止。[12]是陛下能行唐、虞之難行，而未能罷中主之易罷，臣所未諭也。

［1］武帝：即漢武帝劉徹。西漢第五任皇帝。公元前 140 年至公元前 87 年在位。　江充：本名齊，後改名充。漢武帝時任直指

繡衣使者，武帝至甘泉，疾病，江充因先與太子有嫌隙，乘機誣陷太子爲蠱祝詛，太子被殺。《漢書》卷四五有傳。

［2］太宗：即唐太宗李世民。唐朝第二任皇帝。627 年至 649 年在位。

［3］太康：夏王。沉湎於游樂，被后羿推翻。見《史記·夏本紀》。　洛汭：汭，河流會合或彎曲處。指河南省洛水流入黄河處。

［4］后羿：上古傳説中夷族的首領名，善射。相傳羿推翻沉湎於游樂的夏王太康，自立爲君，號稱有窮氏。

［5］魏帝：即三國魏齊王曹芳。240 年至 254 年在位。《三國志》卷四有紀。

［6］司馬懿：三國魏人。受曹操父子重用，魏齊王嘉平元年（249）發動政變，自爲丞相，獨攬國政。《晋書》卷一有紀。

［7］隋煬：楊廣。隋朝第二任皇帝。605 年至 618 年在位。

［8］唐、虞：唐，即唐堯，又曰陶唐氏。虞，即虞舜，又曰有虞氏。二人皆爲古代傳説中的賢王。

［9］關南：唐函谷關之南地，即終南山以南。

［10］魏徵：唐人。官至諫議大夫、秘書監。《新唐書》卷九七有傳。

［11］漢文帝：即劉恒。西漢朝第三任皇帝。前 179 年至前 157 年在位。　霸陵：漢文帝陵，在陝西省長安縣東。

［12］袁盎：漢代楚人。《史記》卷一〇一、《漢書》卷四九有傳。

且燕京之凉非濟南之比，[1]陛下牧濟南日，每遇炎蒸不離府署，今九重之内，臺榭高明，宴安穆清，何暑得到。議者謂陛下北幸久矣，每歲隨駕大小前歌後舞而歸，今兹再出，寧有遽不可乎。臣愚以爲患生於不戒者多矣，西漢崇用外戚，而有王莽之禍，[2]梁武好納叛降，[3]而有侯景之變。[4]今者累歲北幸，狃於無虞，往而不止，臣甚懼焉。夫事知其不可猶冒爲之，則有後難必矣。

[1]濟南：府名。治所在今山東省濟南市。

[2]王莽：漢代人。西漢元帝皇后姪，平帝時任大司馬，操縱朝政，平帝死，立孺子嬰爲帝，自稱攝皇帝。三年後登基爲帝，改國號爲新。《漢書》卷九九有傳。

[3]梁武：即南朝梁武帝蕭衍。502 年至 548 年在位。太清二年（548）侯景之亂被囚禁而死。

[4]侯景：北朝東魏人。太清二年（548）正月叛魏降梁，八月又叛梁，攻陷臺城，梁武帝餓死，自立爲帝，稱漢帝。在長江下游大肆燒殺搶掠，不久爲梁將擊敗，被部下殺死。《梁書》卷五六有傳。

議者又謂往年遼國之君，春水、秋山、冬夏捺鉢，[1]舊人猶喜談之，以爲真得快樂之趣，陛下効之耳。臣愚以謂三代之政今有不可行者，[2]况遼之過舉哉。且本朝與遼室異，遼之基業根本在山北之臨潢，[3]臣知其所游不過臨潢之旁，亦無重山之隔，冬猶處於燕京。契丹之人以逐水草牧畜爲業，穹廬爲居，遷徙無常，又壤地褊小，儀物殊簡，輜重不多，然隔三五歲方能一行，非歲歲皆如此也。我本朝皇業根本在山南之燕，豈可捨燕而之山北乎。上京之人棟宇是居，[4]不便遷徙。方今幅員萬里，惟奉一君，承平日久，制度殊異，文物增廣，輜重浩穰，隨駕生聚，殆逾於百萬。如何歲歲而行，以一身之樂，歲使百萬之人困於役、傷於財、不得其所，陛下其忍之歟？臣又聞，陛下於合圍之際，麋鹿充牣圍中，大而壯者才取數十以奉宗廟，餘皆縱之，不欲多殺。是陛下恩及於禽獸，而未及於隨駕衆多之臣庶也。

[1]春水、秋山、冬夏捺鉢：又稱四時捺鉢。捺鉢，是遼朝皇帝狩獵、議事、接見外國使臣的行在之所，遼帝秋冬違寒，春夏避暑，因四時往來於四時捺鉢之間。

[2]三代：指夏、商、周三朝。

[3]臨潢：府名。遼朝都城，在上京臨潢府。

[4]上京：《金史詳校》卷八下，"'上'當作'燕'"。遼代皇帝在上京時，仍主要居住穹廬，故此處似是"燕京"，然無據。

議者謂，前世守文之主，生長深宫，畏見風日，彎弧、上馬皆所不能，志氣銷懦，筋力拘柔，臨難戰懼，束手就亡。陛下監其如此，[1]不憚勤身，遠幸金蓮，至於松漠，[2]名爲坐夏打圍，實欲服勞講武。臣愚以爲戰不可忘，畋獵不可廢，宴安鴆毒亦不可懷，然事貴適中，不可過當。今過防驕惰之患，先蹈萬有一危之途，何異無病而服藥也。况欲習武不必度關，涿、易、雄、保、順、薊之境地廣又平，[3]且在邦域之中，獵田以時，誰曰不可。伏乞陛下發如綸之旨，[4]回北轅之車，[5]塞鷄鳴之路，[6]安處中都，不復北幸，則宗社無疆之休，天下莫大之願也。

[1]陛下監其如此：其，原作“某”，據南監本、北監本、殿本、局本改。

[2]松漠：契丹原住地，唐朝貞觀二十二年（648）於其地設置松漠都督府。在今内蒙古自治區赤峰市一帶。

[3]涿、易、雄、保、順、薊：皆州名。涿州治所在今河北省涿州市，易州治所在今河北省易縣，雄州治所在今河北省雄縣，保州治所在今河北省保定市，順州治所在今北京市順義區，薊州治所在今天津市薊縣。

[4]如綸之旨：《禮·緇衣》：“王言如絲，其出如綸；王言如綸，其出如綍。”謂出言而彌大。後因以綸言、綸音、綸綍稱皇帝的詔書、詔令。

[5]北轅之車：見漢荀悦《申鑒·雜説一》。言楚在南，却駕車東北行，喻事適得其反。

[6]鷄鳴：山名。在今河北省涿鹿縣東北。

方今海内安治，朝廷尊嚴，聖人作事，固臣下將順之時，而臣以螻蟻之命，進危切之言，仰犯雷霆之威，陷於吏議，小則名位削除，大則身首分磔，其爲身計豈不愚謬。惟陛下深思博慮，不以人廢言，以宗廟天下爲心，俯垂聽納，則小臣素願遂獲，雖死猶生，他非所覬望也。

世宗納之，遂爲罷行，仍諭輔臣曰：“梁襄諫朕毋幸金蓮川，朕以其言可取，故罷其行。然襄至謂隋煬帝以巡游敗國，不亦過乎。如煬帝者蓋由失道虐民，自取滅亡。民心既叛，雖不巡幸，國將安保？爲人上者但能盡君道，則雖時或巡幸，庸何傷乎？治亂無常，顧所行何如耳。豈必深處九重便謂無虞，巡游以時即兆禍亂者哉。"

襄由是以直聲聞。擢禮部主事、[1]太子司經。[2]選爲監察御史,[3]坐失察宗室弈事,[4]罰俸一月。世宗責之曰:"監察,人君耳目,風聲彈事可也。至朕親發其事,何以監察爲?"轉中都路都轉運户籍判官,[5]未幾,遷通遠軍節度副使,[6]以喪去。服闋,授安國軍節度副使,[7]同知定武軍節度事,避父諱改震武軍。[8]太常卿張暐、[9]曹州刺史段鐸薦襄學問該博,[10]練習典故,可任禮官。轉同知順義軍節度使事、[11]東勝州刺史。[12]坐簸揚倖粟責倉典使償,[13]爲按察司所劾,[14]以贖論。歷陝州刺史,[15]累遷保大軍節度使,[16]卒。

[1]禮部主事:禮部屬官。掌受事付事,檢勾稽失省署文牘,兼知本部宿直,檢校架閣。正員二人,從七品。金熙宗皇統四年(1144),主事始用漢族士人。世宗大定三年(1163),用進士,非特旨不得擬用吏人。章宗承安五年(1200),增女真主事一人。

[2]太子司經:東宫屬官。掌經史圖籍筆硯等事。正八品。

[3]監察御史:御史臺屬官。掌糾察内外官員非違之事。正員十二人,正七品。

[4]弈:女真人。姓完顔氏。本書卷六六有傳。

[5]中都路都轉運户籍判官:轉運司屬官。專管拘收徵克等事。原爲一員,章宗承安四年(1199)增置一員,從六品。

[6]通遠軍:州軍名。治所在今甘肅省隴西縣。

[7]安國軍:州軍名。治所在今甘肅省慶陽市。

[8]震武軍:州軍名。治所在今山西省代縣。

[9]張暐:本書卷一〇六有傳。

[10]段鐸:其他事迹不詳。

［11］同知順義軍節度使事：州軍官。通判節度使事。正五品。本書卷五七《百官志三》此官爲同知節度使，無“事”字。

［12］東勝州：治所在今内蒙古自治區托克托縣。

［13］倉典使：本書僅一見，當爲掌管倉庫的官員。

［14］按察司：官署名。地方監察機構。原爲提刑司，章宗承安四年（1199）改稱按察司。掌管審察刑獄、照刷案牘、糾察濫官污吏豪猾之人、私鹽酒麯並應禁之事，監管猛安謀克，兼勸農桑之事。

［15］隩州：治所在今山西省河曲縣南。

［16］保大軍：州軍名。治所在今陝西省富縣。

襄長于《春秋左氏傳》，[1]至于地理、氏族，無不該貫。自蚤達至晚貴，[2]膳服常淡薄，然議者譏其太儉云。

［1］《春秋左氏傳》：書名。編年體《春秋》史，記自魯隱公元年（前722）至魯悼公四年（前464），共二百六十年歷史。舊題春秋時魯國左丘明所撰。

［2］蚤達：爲早年顯達之意。蚤，通“早”。

贊曰：金起東海，始立國即設科取士，蓋亦知有文治也。漸摩培養，至大定間人材輩出，文義蔚然。加以世宗之聽納，人各盡其所能，論議書疏有可傳者。惜史無全文，僅存梁襄《諫北幸》一書，辭雖過繁而意亦切至，故備載之，以見當時君明臣直，不以言爲忌。金之致治於斯爲盛，嗚呼休哉。

路伯達字仲顯，冀州人也。[1]性沉厚，有遠識，博學能詩，登正隆五年進士第，調諸城主簿。[2]由泗州榷場使補尚書省掾，[3]除興平軍節度副使，[4]入爲大理司直。[5]大定二十四年，世宗將幸上京，伯達上書諫曰："人君以四海爲家，豈獨舊邦是思，空京師而事遠巡，非重慎之道也。"書奏，不報。閲歲，改祕書郎，[6]兼太子司經。時章宗初向學，伯達以文行知名，選爲侍讀，[7]居無何以憂去。會安武軍節度使王克温舉伯達行義，[8]起爲同知西京路轉運使事，[9]召爲尚書禮部員外郎，[10]兼翰林修撰，勅與張行簡進讀陳言文字。[11]

[1]冀州：治所在今河北省冀州市。

[2]諸城：縣名。治所在今山東省諸城市。

[3]泗州榷場使：榷場長官。掌管理榷場事務。泗州治所在今江蘇省盱眙縣北。　尚書省掾：尚書省一般官吏。

[4]興平軍：州軍名。治所在今河北省盧龍縣。

[5]大理司直：大理寺屬官。掌參議疑獄，披詳法狀。正員四人，正七品。

[6]祕書郎：秘書監屬官。掌校勘在監文籍。從七品。

[7]侍讀：東宫屬官。低級官吏。官品不詳。

[8]安武軍節度使王克温：原脱"武"字。按本書卷八《世宗紀下》，大定二十八年（1188）九月丙申，"以安武軍節度使王克温等爲賀宋生日使"。《金史詳校》卷八下，"'安'下當加'武'"。中華點校本據補"武"字。是，從之。安武軍治所在今河北省冀州市。王克温，金世宗大定二十八年九月爲賀宋生日使使宋。

[9]同知西京路轉運使：轉運司屬官。從四品。西京轉運司治於大同府，即今山西省大同市。

[10]尚書禮部員外郎：禮部屬官。佐掌禮樂、祭祀、學校、貢舉諸事。從六品。

[11]張行簡：本書卷一〇六有傳。

先是，右丞相襄奏移賀天壽節於九月一日，[1]伯達論列以其非時，平章政事張汝霖、[2]右丞劉瑋及臺諫亦皆言其不可，[3]下尚書省議，伯達曰："上始即政，當行正、信之道，今易生辰非正，以紿四方非信。且賀非其時，是輕禮重物也。"因陳正名從諫之道。升尚書刑部郎中。[4]上問群臣曰："方今何道使民務本業、廣儲蓄？"伯達對曰："布德流化，必自近始。請罷畿内采獵之禁，廣農郊以示敦本，輕幣重穀，去奢長儉，遵月令開籍田以率先天下，如是而農不勸、粟不廣者未之有也。"是時，采捕禁嚴，自京畿至真定、滄、冀，[5]北及飛狐，[6]數百里内皆爲禁地，民有盜殺狐兔者有罪，故伯達及之。累遷刑部侍郎、[7]太常卿，拜安國軍節度使，未幾，改鎮安武。

[1]天壽節：金章宗生日。

[2]張汝霖：渤海族人。本書卷八三有傳。

[3]右丞劉瑋：本書卷九五本傳記載："（明昌）三年，入拜尚書右丞。"然而平章政事張汝霖已於明昌元年（1190）十二月卒。卷八三《張汝霖傳》記載此事，劉瑋時爲參知政事。卷九《章宗紀一》，大定二十九年（1189）八月"甲辰，參知政事劉瑋罷"，又明昌三年（1192）六月"乙丑，以知大名府事劉瑋爲尚書右丞"。《金史詳校》卷八下，"'右丞'當作'參政'"。此議移賀天壽節事在章宗即位之初，劉瑋之官當是參知政事。　臺諫：指御史

臺和諫院，即金朝中央監察機構。

[4]尚書刑部郎中：刑部屬官。從五品。

[5]真定、滄：真定，府名。治所在今河北省正定縣。滄，州名。治所在今河北省滄州市。

[6]飛狐：縣名。治所在今河北省淶源縣。

[7]刑部侍郎：刑部屬官。正四品。

嘗使宋回，獻所得金二百五十兩、銀一千兩以助邊，表乞致仕，未及上而卒。其妻傅氏言之，[1]上嘉其誠，贈太中大夫，[2]仍以金銀還之，傅泣請，弗許。傅以伯達嘗修冀州學，乃市信都、棗强田以贍學，[3]有司具以聞，上賢之，賜號“成德夫人”。

[1]傅氏：其他事迹不詳。

[2]太中大夫：文散官。本書卷五五《百官志一》作“大中大夫”，從四品上階。

[3]信都、棗强：縣名。信都縣治所在今河北省冀州市，棗强縣治所在今河北省棗强縣。

子鐸、鈞。[1]鈞字和叔，登大定二十五年進士第，終萊州觀察判官。[2]鐸最知名，别有傳。

[1]路鐸：本書卷一〇〇有傳。　路鈞：其他事迹不詳。

[2]萊州觀察判官：掌紀綱觀察衆務，分判吏、户、禮案事，通檢推排簿籍。正七品。萊州治所在今山東省萊州市。

贊曰：金詘宋稱臣稱姪，受其歲幣，禮也。使聘於其國，燕享禮也，納其重賂其可乎哉？時人貪利忘禮，習以爲常，莫有知其爲非者。故去則云酬勞効，還則户增物力，上下交征，惟利是事，此何誼耶？伯達獨能明其非禮，回獻所饋，齎志未畢，傅氏又能成之，及歸所獻，竟以買田贍學。婦人秉心之烈、制事之宜，乃能如是，士大夫溺於世俗之見者寧不愧哉。賜號成德，不亦宜乎。

金史　卷九七

列傳第三十五

裴滿亨　斡勒忠　張大節 子巖叟　張亨　韓錫　鄧儼　巨構　賀揚庭　閻公貞　焦旭　劉仲洙　李完　馬百禄[1]　楊伯元　劉璣 兄琉　康元弼　移剌益

[1]馬百禄：百，原作“伯”，據北監本、殿本、局本及傳文改。

裴滿亨字仲通，本名河西，臨潢府人。[1]其先世居遼海，[2]祖諱虎山者，[3]天輔間，[4]移屯東受降城以禦夏人，[5]後徙居臨潢。

[1]臨潢府：治所在今内蒙古自治區巴林左旗舊城址。

[2]遼海：地名。指今遼河東西地區。

[3]裴滿虎山：係遼籍女真人。其他事迹不詳。

[4]天輔：金太祖年號（1117—1123）。

[5]東受降城：地名。地點不詳。　夏：西夏，党項人建立的政權（1031—1227）。

亨性敦敏習儒，大定間，[1]收充奉職，[2]世宗謂曰：[3]"聞爾業進士舉，其勿忘爲學也。"二十八年，擢第，世宗嘉之，升爲奉御。[4]一日問以上古爲治之道，亨奏："陛下欲興唐、虞之治，[5]要在進賢，退不肖，信賞罰，薄徵斂已。"

[1]大定：金世宗年號（1161—1189），章宗即位仍沿用一年。

[2]奉職：近侍局下屬局的吏員，三十人，原名不入寢殿小底，大定十二年（1172）更此名。

[3]世宗：廟號。即完顏烏祿，漢名雍。1161 年至 1189 年在位。

[4]奉御：近侍局下屬局的吏員，十六人，原名入寢殿小底，大定十二年（1172）更此名。

[5]唐、虞：唐，即唐堯，又曰陶唐氏。虞，即虞舜，又曰有虞氏。二人皆爲古代傳説中的賢王。

章宗即位，[1]諭之曰："朕左右侍臣多以門第顯，惟爾繇科甲進，[2]且先朝信臣，國家利害爲朕盡言。"俄擢監察御史。[3]内侍梁道兒恃恩驕横，[4]朝士側目，亨劾奏其姦。遷鎬王府尉，[5]出爲定國軍節度副使，[6]三遷同知大名府事。[7]先是，豪猾從衡，前政莫制，亨下車宣明約束，闔境帖然。承安四年，[8]改河南路按察副使，[9]就遷本路副統軍，[10]中都西京等路按察使。[11]時世襲家豪奪民田，亨檢其實，悉還正之。泰和五年，[12]改安武軍節度使。[13]歲大雪，民多凍殍，亨輸己俸爲之賙贍，及勸率僚屬大姓同出物以濟。轉河東南北路按察使，[14]卒於官。上聞而惜之，贈嘉議大夫，[15]賻物甚厚。

[1]章宗：廟號。即完顏麻達葛，漢名璟。金朝第六任皇帝，1189 年至 1208 年在位。

[2]繇：由，從。

[3]監察御史：御史臺屬官。掌糾察内外官員非違之事。正員十二人，正七品。

[4]内侍：即宦官。　梁道兒：其他事迹不詳。

[5]鎬王府尉：親王府屬官。掌警嚴侍從，兼總統本府之事。從四品。鎬王，封爵名。明昌格，大國封號第四位。這裏指完顏永中，世宗子。本書卷八五有傳。

[6]定國軍節度副使：州軍官。佐掌一州軍政事務。從五品。定國軍，州軍名。治所在今陝西省大荔縣。

[7]同知大名府事：掌通判府事，從四品。大名府治所在今河北省大名縣。

[8]承安：金章宗年號（1196—1200）。

[9]河南路按察副使：按察司屬官。佐掌審察刑獄、照刷案牘、糾察濫官污吏豪猾之人、私鹽酒麯並應禁之事，兼勸農桑。正四品。河南路按察司治開封府，今河南省開封市。

[10]本路副統軍：河南路統軍司屬官。佐統軍使督領軍馬，鎮守邊陲。正四品。河南路統軍司治於開封府。

[11]中都西京等路按察使：按察司長官。掌審察刑獄、照刷案牘、糾察濫官污吏豪猾之人、私鹽酒麯並應禁之事，兼勸農桑，與副使、簽事更出巡案。正三品。按察司原爲提刑司，章宗承安四年（1199）改稱按察司。中都西京等路按察司治於大同府，今山西省大同市。

[12]泰和：金章宗年號（1201—1208）。

[13]安武軍節度使：州軍官。總管一州軍政事務，掌鎮撫諸軍

防刺，總判本鎮兵馬之事，兼本州管内觀察使事。從三品。安武軍，州軍名。治於冀州，治所在今河北省冀州市。

[14]河東南北路按察司：治於汾州，治所在今山西省汾陽縣。

[15]嘉議大夫：文散官。正四品下階。

亨性尤謹密，出入宫禁數年，讜議忠言多所裨益，有藁則焚之，[1]雖家人輩莫知也。所歷州郡，皆有政績可紀云。

[1]藁：同“稿”。

斡勒忠本名宋浦，蓋州人也。[1]習女直、契丹字，[2]歷兵部、樞密院、尚書省令史，[3]再轉大理寺知法，[4]遷右三部司正。[5]練達邊事，嘗奉命使北，歸致馬四千餘匹，詔褒諭之。大定二十六年爲監察御史，轉尚書省都事。[6]章宗立，遷尚書兵部員外郎，[7]出爲滄州刺史。[8]河東路提刑副使徒單移剌古舉以自代，[9]改滕州刺史。[10]嘗調發黄河船，數以稽期聽贖。授北京副留守，[11]入爲同簽樞密院事，[12]兼沂王傅。[13]

[1]蓋州：治所在今遼寧省蓋州市。

[2]女直、契丹字：女真（女直）字分爲大、小兩種字，女真大字爲金太祖天輔三年（1119）八月頒行的由完顔希尹等創製的女真字。女真小字是金熙宗天眷元年（1138）頒行的由熙宗創製的女真字。契丹字亦分爲大、小兩種字，遼太祖神册五年（920）耶律突不吕等創製的契丹文字，稱爲契丹大字；天贊年間（922—926）又製成另一種契丹文字，稱爲契丹小字。兩種文字同時并行。

［3］兵部、樞密院、尚書省令史：爲兵部、樞密院、尚書省的吏員。兵部掌兵籍軍器、城隍、鎮戍、鋪驛、儀仗、障塞等事。樞密院掌國家武備機密之事。尚書省，海陵王正隆官制改制以後，是金朝最高權力機構。

［4］大理寺知法：大理寺屬官。掌檢斷刑名事。正員十一人，女真司五員，漢人司六員，從八品。

［5］右三部司正：右三部檢法司屬官。掌披詳法狀。正八品。

［6］尚書省都事：尚書省屬官。提控架閣庫。其官品無載，然本書卷五八《百官志四》記載："燕賜各部官僚以下，日給米糧分例，……監察御史、尚書省都事、大理司直、六部主事各八升"。由此推論，尚書省都事的官品當與監察御史、大理司直相當，同爲正七品。

［7］尚書兵部員外郎：兵部屬官。佐掌兵籍、軍器、城隍、鎮戍、廄牧、鋪驛、車輅、儀仗、郡邑圖志、險阻、障塞、遠方歸化之事。正員二人，從六品。

［8］滄州刺史：州長官。掌一州財政訴訟、宣導風俗等各種政務，獨不領兵。正五品。滄州治所在今河北省滄州市。

［9］河東路提刑副使：即河東南北路提刑司屬官。掌審察刑獄，糾察貪官污吏之事。本書卷五七《百官志三》記載提刑司後改名按察司，以提刑副使比按察副使，正四品。　徒單移剌古：女真人。其他事迹不詳。

［10］滕州：治所在今山東省滕州市。

［11］北京副留守：路官。帶本府少尹兼本路兵馬都總管，佐掌本路軍政事務。從四品。北京，金初承用遼制稱中京，海陵貞元元年（1153）改中京爲北京。熙宗天眷元年（1138）曾改遼上京爲北京，海陵天德二年（1150）又改稱臨潢府，世宗以後併入北京路。北京大定府的治所在今内蒙古自治區寧城縣境内大明城舊址。

［12］同簽樞密院事：樞密院屬官。佐掌武備機密之事。正四品。

[13]沂王傅：親王府屬官。掌師範輔導，參議可否，若親王在外，亦兼本京節鎮同知。正四品。沂王，封爵名。明昌格，次國封號第二十五位。這裏指完顏從彝，顯宗完顏允恭子。本書卷九三有傳。

承安二年，拜武寧軍節度使，[1]致仕。泰和三年卒，年七十一。忠性敦慤，通法律，以直自守，不交權貴，故時譽歸之。

[1]武寧軍：州軍名。治於徐州，治所在今江蘇省徐州市。

張大節字信之，代州五臺人。[1]擢天德三年進士第，[2]調崞縣丞。[3]改東京市令。[4]世宗判留務，[5]甚愛重之。海陵修汴京，[6]以大節領其役。世宗改元於遼東，[7]或勸赴之，富貴可一朝遂，大節曰："自有定分，何遽爾。"隨例補尚書省令史，擢祕書郎、[8]大理司直。[9]會左警巡使闕，[10]世宗謂宰臣曰："朕得其人矣。"遂授大節。俄以杖殺豪民爲有司所劾，削一階解職。未幾，授同知洺州防禦使事。[11]

[1]代州五臺：代州治所在今山西省代縣。五臺，縣名。治所在今山西省五臺縣。

[2]天德：金海陵王年號（1149—1153）。

[3]崞縣丞：縣屬官，佐縣令掌按察所部，勸課農桑，平理獄訟，捕除盜賊，宣導風化，兼管常平倉及通檢推排簿籍等事。正八品。崞縣治所在今山西省原平市北。

[4]東京市令：東京管理市場的官員。掌平物價，察度量權衡

之違式、百貨之估直。正八品。東京治所在今遼寧省遼陽市。

[5]判留務：指其時世宗任東京留守。

[6]汴京：又曰南京，治所在今河南省開封市。

[7]遼東：即指東京，1161年世宗於東京即位稱帝。

[8]祕書郎：秘書監屬官。掌經籍圖書。正員二人，正七品。

[9]大理司直：大理寺屬官。掌参議疑獄，披詳法狀。正員四人，正七品。

[10]左警巡使：當爲中都警巡院長官。掌平理獄訟，警察所部，總判院事。本書《百官志》記載諸京警巡院設使一員，中都則設左、右警巡使兩員，正六品。

[11]同知洺州防禦使：掌通判防禦使事。正六品。洺州治所在今河北省曲周縣。

入爲太府丞、[1]工部員外郎。[2]盧溝水嚙安次，[3]承詔護視堤城。擢修内司使，[4]推排東京路户籍，[5]人服其平。進工部郎中。[6]時阜通監鑄錢法弊，[7]與吏部員外郎麻珪涖其事，[8]積銅皆窳惡，或欲徵民先所給直，大節曰："此有司受納之過，民何與焉。"以其事聞，卒得免徵。就改户部郎中，[9]定襄退吏誣縣民匿銅者十八村，[10]大節廉得其實，抵吏罪，民斵石頌之。召授工部侍郎，[11]改户部。世宗東巡，徙太府監，[12]諭之曰："侍郎與太府監品同，以從行支應籍卿辦耳。"尋爲宋生日使，[13]還授橫海軍節度使，[14]過闕謁謝東宫，顯宗撫慰良久，[15]曰："萬事惟中可也。"因牓其公堂曰"惟中"。郡境有巨盜久不獲，大節以方略擒之。後河決於衛，[16]横流而東，滄境有九河故道，[17]大節即相宜繕堤，水不爲害。

［1］太府丞：太府監屬官。掌出納國家財用錢穀之事。正員二人，從六品。

［2］工部員外郎：工部屬官。佐掌修造營建法式、諸作工匠、屯田、山林川澤之禁、江河堤岸、道路橋梁之事。從六品。

［3］盧溝：河名。即今永定河，流經北京市附近。　安次：縣名。治所在今河北省廊坊市。

［4］修内司使：工部所屬修内司屬官。掌宫中營造事。從五品。

［5］東京路：治所在今遼寧省遼陽市。

［6］工部郎中：工部屬官。從五品。

［7］阜通監：金世宗大定十八年（1178）於代州（治所在今山西省代縣）立監鑄錢，曰阜通監。

［8］吏部員外郎：吏部屬官。佐常文武選授、勛封、考課、出給制誥之政。從六品。　麻珪：其他事迹不詳。

［9］户部郎中：户部屬官。正員二人（後增一人）。一員掌户籍、物力、鹽鐵、酒麯、礦冶、榷場、市易等事；一員掌度支、國用、俸禄、錢帛、貢賦、租税、積貯、度量衡等事。從五品。

［10］定襄：縣名。治所在今山西省定襄縣。

［11］工部侍郎：工部屬官。工部尚書副佐。正四品。張大節先爲工部侍郎，後爲户部侍郎，品級相同。

［12］太府監：太府監長官。掌出納國家財用錢穀之事。正四品。

［13］宋生日使：即賀宋生日使，金宋雙方每逢對方皇帝誕辰，都互派使臣前往祝賀。此爲臨時官職，被時人視爲既榮譽又收入頗豐的肥差。

［14］横海軍：州軍名。治於滄州，在今河北省滄州市。

［15］顯宗：廟號。完顔允恭，世宗嫡長子。本書卷一九《世紀補》有紀。

［16］衛：州名。治所在今河南省衛輝市。

[17]滄：州名。治於滄州。

章宗即位，擢中都路都轉運使，[1]因言河東賦重宜減，[2]議者或不同，大節以他路田賦質之，遂命減焉。乞致仕，不許，徙知太原府，[3]以并、代鄉郡，[4]故優寵之。近郭有男子被殺者，聞其妻哭聲不哀，召而審之，果爲姦夫所殺，人以爲神。西山有晋叔虞祠，[5]舊以施錢輸公使庫，[6]大節還其廟以給營繕。選授河東路提刑使，[7]未赴，留知大興府事，[8]治有能名。

[1]中都路都轉運使：都轉運司長官。掌税賦錢穀、倉庫出納、權度量衡之制。正三品。中都路都轉運司治於中都大興府，今北京市。

[2]河東：指今山西省地區。

[3]太原府：治所在今山西省太原市。

[4]并：地名。古并州在今山西省一帶，後世便以并指山西。

[5]晋叔虞祠：亦稱晋祠。祀唐叔虞，叔虞封唐，子燮因晋水更國號，因以名祠。在今山西省太原市西南十里懸甕山麓。

[6]公使庫：據《南宋館閣録》載，朝廷官員出使各地的費用爲“公使錢”，掌公使錢及相關銀器、什物等出納，爲公使庫。估計金朝與此相仿。

[7]河東路提刑使：即河東南北路提刑司長官。本書卷五七《百官志三》記載提刑司後改名按察司，以提刑使比按察使，爲正三品。河東南北路提刑司治於汾州，在今山西省汾陽縣。

[8]知大興府事：知府事，本書《百官志》不載，世宗大定年間始設，官品高於同知，或低於府尹。章宗朝及以後，不授府尹，以知府事代之，掌宣風導俗，肅清所部，總判府事。官品或與府尹

同，正三品。

閲歲，移知廣寧府，[1]復請老，授震武軍節度使。[2]部有銀冶，有司以爲争盜由此生，付河東、西京提刑司與州同議，[3]皆以官榷爲便，大節曰："山澤之利當與民共，且貧而無業者雖嚴刑能禁其竊取乎。宜明諭民，授地輸課，則其游手者有所資，於官亦便。"上從其議。復乞致仕，許之，仍擢其子尚書刑部員外郎巖叟爲忻州刺史，[4]以便禄養。承安五年卒，年八十。

[1]廣寧府：治所在今遼寧省北寧市。

[2]震武軍：州軍名。治於代州，在今山西省代縣。

[3]河東、西京提刑司：即河東南北路提刑司與中都西京路提刑司，地方監察機構。掌審察刑獄，察舉官吏，舉廉能，劾不法，糾正官邪，勸農桑。中都西京路提刑司治於大同府，在今山西省大同市。

[4]尚書刑部員外郎：刑部屬官。正員二人。一員掌律令格式、審定刑名、關津譏察、赦詔勘鞫、追徵給没等事；一員掌官户、監户（官奴婢口）、配吏、良賤身份訴訟、城門啓閉、官吏改正、功賞捕亡等事務。　張巖叟：本傳後附傳。　忻州：治所在今山西省忻州市。

大節素廉勤好學，能勵勉後進，自以得學于任倜，[1]待倜子如親而加厚。又善弈碁，當世推爲第一，嘗被召與禮部尚書張景仁奕。[2]世宗嘗謂宰臣曰："人多稱王翛能官，[3]以朕觀之，凡事不肯盡心，一老姦耳。張大節賦性剛直，果於從政，遠在王翛之上，惜乎用之太晚。”又屢語近臣曰：“某某非不幹，然不及張大節忠實也。”其見知如此。

[1]任倜：世宗大定二十年（1180）十一月曾以太常少卿任高麗生日使赴高麗國。

[2]禮部尚書：禮部長官。掌禮樂、祭祀、學校、貢舉、册命等事。正三品。　張景仁：本書卷八四有傳。

[3]王翛：本書卷一〇五有傳。

巖叟字孟弼，[1]大節子也。大定十九年進士，調葭州司候判官，[2]再除雄州觀察判官，[3]補尚書省令史，除大理評事，[4]再遷監察御史、同知河東北路轉運使事、[5]中都路都轉運副使、[6]刑部員外郎、忻州刺史，以父憂去官。起復大理少卿、[7]河北東西大名等路按察轉運副使，[8]累遷刑部侍郎，[9]兼夔王傅，[10]太常卿兼國子祭酒。[11]

[1]巖叟字孟弼：“孟弼”，按《中州集》卷八《張代州大節傳》作“夢弼”。

[2]葭州司候判官：即本書卷五七《百官志三》“司判”，掌驗户口。從九品。葭州治所在今陝西省佳縣。

[3]雄州觀察判官：掌紀綱節鎮衆務，分判吏、户、禮案事，通檢推排簿籍。正七品。雄州治所在今河北省雄縣。

[4]大理評事：大理寺屬官。掌參議疑獄，披詳法狀。正員三人，正八品。

[5]同知河東北路轉運使事：轉運司屬官。佐掌税賦錢穀、倉庫出納、權度量衡之制。從四品。河東北路轉運司治於太原府，治

所在今山西省太原市。

[6]中都路都轉運副使：都轉運司屬官。正五品。

[7]大理少卿：大理寺屬官。掌審斷天下奏案，詳斷疑獄。從五品。

[8]河北東西大名等路按察轉運副使：按察轉運司屬官。掌拘榷錢穀，糾彈非違。原按察司與轉運司爲兩個機構，治所也不同。金章宗泰和八年（1208）十一月，以轉運司權輕，州縣不畏，不能規措錢穀，遂詔中都路都轉運司依舊專管錢穀事，其餘諸路按察使並兼轉運使。宣宗貞祐三年（1215）以四方兵動，罷按察使和勸農使，祇存轉運使。按察轉運副使，正四品。河北東西大名等路按察司原治於河間府，治所在今河北省河間市。河北東西大名等路轉運司，原治於真定府，治所在今河北省正定縣。河北東西大名等路的按察司與轉運司並不在一地，此或在轉運司所在地。

[9]刑部侍郎：刑部屬官。刑部尚書的副佐。正四品。

[10]夔王傅：親王府屬官。正四品。夔王，封爵名。明昌格，大國封號第十八位。這裏指完顏永升（允升），世宗子。本書卷八五有傳。

[11]太常卿：太常寺長官。掌管太廟、廩犧、郊社、諸陵、大樂等官屬。從三品。　國子祭酒：國子監長官。掌國子學、太學。正四品。

大安三年，[1]朝廷欲塞諸城門以爲兵備，集三品官議於尚書省，[2]巖叟曰："塞門所以受兵，是任城而不任人。莫若遣兵擇將，背城疾戰。"時議多之。除鎮西軍節度使，[3]移定國軍。[4]貞祐二年改昭義，[5]復移沁南。[6]逾年，按察司言其年老不任邊要，[7]乃致仕，退寓洛陽，[8]卒。

[1]大安：衛紹王年號（1209—1211）。

[2]尚書省：官署名。海陵王正隆官制改革以後，是金朝最高權力機構。

[3]鎮西軍：州軍名。治於寧邊州，治所在今内蒙古自治區烏蘭察布市清水河縣。

[4]定國軍：州軍名。治於同州，治所在今陝西省大荔縣。

[5]貞祐：金宣宗年號（1213—1217）。　昭義：即昭義軍，州軍名。治於澤州，治所在今山西省晋城市。

[6]沁南：即沁南軍，州軍名。治於懷州，治所在今河南省沁陽市。

[7]按察司：官署名。按察司原爲提刑司，章宗承安四年（1199）改稱按察司。按察使掌審察刑獄、照刷案牘、糾察濫官污吏豪猾之人、私鹽酒麴並應禁之事，監管猛安謀克，兼勸農桑之事。

[8]洛陽：縣名。治所在今河南省洛陽市。

張亨字彦通，大興漷陰人。[1]登皇統六年進士第，[2]調樊山丞，[3]以廉幹聞。授弘州軍事判官，[4]歷鉅鹿、宜川令。[5]大定二年，補尚書省令史，除大理司直，[6]累遷尚書左司郎中，[7]授户部侍郎，[8]移吏部。擢中都路都轉運使，坐草場使鄧汝霖盗草失舉劾，[9]解職，削一官。

[1]大興：府名。治所在今北京市。　漷陰：縣名。治所在今北京市通州區漷縣鎮。

[2]皇統：金熙宗年號（1141—1149）。

[3]樊山丞：縣屬官。正八品。樊山，縣名。治所在今河北省懷來縣。

[4]弘州軍事判官：本書卷五七《百官志三》州官條下僅有

"判官"一職，職掌又與軍事無關，但《金史》中軍事判官極爲常見，很少見州判官。是《百官志》脱"軍事"二字，還是傳記記載有誤，很難定奪，姑且存疑。判官掌簽判州事，專管通檢推排簿籍。從八品。弘州治所在今河北省陽原縣。

[5]鉅鹿：縣名。治所在今河北省巨鹿縣。　宜川：縣名。治所在今陝西省宜川縣。

[6]大理司直：大理寺屬官。掌參議疑獄，披詳法狀。正員四人，正七品。

[7]尚書左司郎中：左司長官。熙宗初年爲左司侍郎，天眷三年（1140）更爲郎中，掌吏、户、禮三部受事付事，兼帶修起居注官。正五品。

[8]户部侍郎：户部屬官。户部尚書副佐。正四品。

[9]草場使：掌儲積受給之事。此爲中都草場使，本書《百官志》草場使副官品缺，故不詳。　鄧汝霖：其他事迹不詳。

起授户部尚書。[1]世宗問宰臣曰："御史中丞馬惠迪與張亨人才孰優？"[2]平章政事張汝霖曰：[3]"惠迪爲人雖正，於事不敏，亨吏才極高。"上曰："如汝父浩，[4]於事明敏少有及者，但臨事多徇，若無此過則誠難得之賢相也。"時車駕東巡，費用百出，自遼以東泉貨甚少，[5]計司患其不給，欲輦運以支調度，亨謂："上京距都四千里，[6]若輓錢而行，是率三而致一也，不獨枉費國用，無乃重勞民力乎。不若行會便法，使行旅便於囊橐，國家無轉輸之勞而用自足矣。"出爲絳陽軍節度使。[7]已而，復謂宰臣曰："漢人三品以上官常少得人，如張亨近令補外，頗爲衆議所歸，以朕觀之，無甚過人。小官中豈無才能之士，第未知耳。"又曰："亨嘗爲左司，[8]奏事多有脱略，是亦謬庸人也。”

[1]户部尚書：户部長官。正三品。

[2]御史中丞：御史臺屬官。御史大夫的副佐，佐掌糾察朝儀，彈劾官邪，審刑獄不當之事。從三品。　馬惠迪：本書卷九五有傳。

[3]平章政事張汝霖：按本傳下文有“時車駕東巡”之語。據本書卷八《世宗紀下》，世宗東巡在大定二十四（1184）、二十五年，又載大定二十五年十二月，“參知政事張汝霖坐擅增東宫諸皇孫食料”。此處“平章政事”當是“參知政事”之誤。

[4]張浩：渤海族人。本書卷八三有傳。

[5]遼：指遼河。

[6]上京：金朝前期都城，在今黑龍江省阿城市白城。

[7]絳陽軍：州軍名。治於絳州，治所在今山西省新絳縣。

[8]左司：官署名。尚書省屬下掌本司奏事，總察吏、户、禮三部受事付事。

章宗即位，初置九路提刑司，[1]時方重其選，上以亨爲河東南北路提刑使，兼勸農采訪事。訪其利病，條爲十三事以聞，上嘉納之。亨在職每事存大體、略苛細，御史以寬緩不事事劾之，降授蔡州防禦使。[2]明年，遷南京路轉運使，[3]轉知歸德府事，[4]致仕。泰和二年卒，年七十八。亨才識强敏，明達吏事，終始有可稱云。

[1]九路提刑司：地方監察機構。《大金國志》卷三八《提刑司九處》載，章宗大定二十九年（1189）六月於全國設九處提刑

司：中都西京路（西京置司），南京路（南京置司），北京臨潢路（臨潢置司），東京咸平府路（咸平置司），上京路（上京置司），河東南北路（汾州置司），河北東西大名等路（河間置司），陝西諸路（平凉置司），山東東西路（濟南置司）。

[2]蔡州防禦使：州長官。掌一州軍、政事務。從四品。蔡州治所在今河南省汝南縣。

[3]南京路轉運使：南京路轉運司長官。治於開封府。

[4]歸德府：治所在今河南省商丘市。

韓錫字難老，其先自析津徙薊之漁陽。[1]祖貽愿，[2]遼宣徽北院使。[3]父秉休，[4]歸朝，領忠正軍節度使。[5]

[1]析津：遼府名。金初因之，海陵貞元元年（1153）遷都於此更名昳安，二年更名爲大興府，治所在今北京市。　薊：州名。治所在今天津市薊縣。　漁陽：縣名。薊州治所，即今天津市薊縣。

[2]韓貽願：遼人，其他事迹不詳。

[3]遼宣徽北院使：遼官名。掌北院御前祇應之事。官品不詳。

[4]韓秉休：其他事迹不詳。

[5]忠正軍節度使：州軍官。爲金朝初年官名，治所地點不詳。

錫以廕補閤門祗候。[1]天會中，[2]南伐，錫從軍掌禮儀，俄以母老迺就監差。久之，授神鋭軍都指揮使，[3]入爲宫苑使。[4]天德元年，擢尚書工部員外郎，領燕都營繕。[5]特賜胡礪榜進士及第，[6]四遷尚書户部侍郎，[7]以母喪解。

[1]廕補：金朝官員入仕的途徑之一。熙宗天眷年間，一品至八品，皆不限所蔭之人。海陵貞元二年（1154），定蔭敘法，一品至七品皆限以數，削八品用蔭之制。詳見本書卷五二《選舉志二》。閤門祗候：宣徽院下屬閤門的吏員，正員二十五人，金哀宗正大年間增至三十二人。

[2]天會：金太宗年號（1123—1135）。金熙宗即位後又繼續使用兩年"天會"年號，即天會十四、十五年（1136—1137）。

[3]神鋭軍都指揮使：軍官名。海陵王正隆六年（1161）南伐宋朝時，立三道都統制府及左右領軍大都督，將三十二軍，其中有神鋭軍。本卷所言神鋭軍當在熙宗朝，可能是御林軍之一。都指揮使，官品不詳。

[4]入爲宮苑使："入"當爲入朝爲官。按本書卷五六《百官志二》宮苑司條："令，從六品。丞，從七品。掌宮庭修飭灑掃、啓閉門户、鋪設氈席之事。""宮苑使"當是"宮苑令"或"宮苑丞"之誤。卷五七《百官志三》諸京留守司條，有"東京宮苑使一員。西京、北京同"。宮苑使爲地方諸京官職不可稱"入"。

[5]燕都：又稱燕京，治所在今北京市。

[6]特賜胡礪榜進士及第：胡礪，本書卷一二五有傳。胡礪榜，即天會十年（1132）進士及第榜。

[7]四遷尚書户部侍郎：本書卷五《海陵紀》記載正隆二年（1157）正月，"以工部侍郎韓錫同知宣徽院事"。

旋起復舊職，付金牌一、銀牌十，籍水手於山東。[1]時蘇保衡爲水軍都統制，[2]趨杭州，[3]俾錫部船三百會廣陵。[4]適保衡敗還，喪船過半，令錫補足之。時水淺，船不得進，海陵遣使急責之，[5]衆稍亡，錫召諸豪諭之曰："今連保法嚴，逃將安往，縱一身偶脱，其如妻子何?"衆悟，亡者稍止。

[1]山東：地名。指今山東地區。

[2]蘇保衡：本書卷八九有傳。　水軍都統制：軍官名。海陵末年伐宋，以蘇保衡爲浙東道水軍都統制，統水軍進犯江南。

[3]杭州：治所在今浙江省杭州市。

[4]廣陵：鎮名。位於今山東省壽光市。

[5]海陵：封號。即完顏迪古迺，漢名亮。金朝第四任皇帝，1149 年至 1161 年在位。

大定改元於遼東，[1]錫奔赴行在，詔復前職。明年，授同知河間府事，[2]引見於香閣，[3]誡之曰："聞皇族居彼者縱甚，卿當以法繩之。"錫下車宣布詔言，後無有撓政害民者。遷孟州防禦使，[4]累拜絳陽軍節度使，改知濟南府事，告老，許之。明昌五年卒，年八十三。

[1]遼東：地名。遼河以東地，指東京路統轄地區。

[2]河間府：治所在今河北省河間市。

[3]香閣：中都皇城内偏殿。世宗經常在此接見朝臣。

[4]孟州：治所在今河南省孟州市。

鄧儼字子威，懿州宜民人也。[1]天德三年，擢進士第。大定中，爲左司員外郎、[2]右司郎中，[3]尋轉左司，掌機務者數年。有司奏使宋者，世宗命選漢官一人，參知政事梁肅以户部侍郎王脩、[4]工部侍郎張大節、[5]左司郎中鄧儼對，世宗曰："王脩、張大節苦無資歷，與左右司官辛苦不同，其命儼往。"嘗謂宰臣曰："人言鄧儼用心不正，朕視儼奏事其心識甚明，在太府監心亦向公。”[6]宰臣因奏儼明事機、有心力，於是擢户部侍郎。翌日，復謂宰臣曰：“吏部掌銓選，[7]當得通練人，可寘儼於吏部。”因改命焉。累遷中都路都轉運使。

[1]懿州：治所在今遼寧省彰武縣西。　宜民：縣名。治所在今遼寧省北票市北。

[2]左司員外郎：尚書省左司屬官。掌本司奏事，總察吏、户、禮三部受事付事，兼帶修起居注官。正六品。

[3]右司郎中：尚書省右司長官。熙宗初年爲右司侍郎，天眷三年（1140）更爲郎中，掌本司奏事，總察兵、刑、工三部受事付事，兼帶修注官。正五品。

[4]參知政事：尚書省屬官。爲執政官，宰相的副佐，佐治尚書省事。正員二人，從二品。　梁肅：本書卷八九有傳。

[5]張大節：本卷有傳。

[6]太府監：官署名。掌出納國家財用錢穀之事。

[7]吏部：官署名。掌文武選授、勳封、考課、出給制誥之政。

明昌初，爲户部尚書。[1]上命尚書省集百官議，如何使民棄末務本以廣儲蓄。儼言：“今之風俗競爲侈靡，莫若定立制度，使貴賤、上下、衣冠、車馬、室宇、器用各有等差，裁抑婚姻喪葬過度之禮，罷去鄉社追逐無名之費，用度有節則蓄積日廣矣。”尋知歸德府事，致仕，卒。

[1]明昌初，爲户部尚書：按本書卷四九《食貨志四》，章宗大定二十九年（1189）“十二月，户部尚書鄧儼等謂”。疑此處繫年有誤。

初，儼致仕，復寅緣求進，[1]上問左右："鄧儼可復用乎？"平章政事完顔守貞曰：[2]"儼有才力，第以謀身爲心。"上曰："朕亦知之。然儼可以誰比？"守貞曰："臨事則不後於人，但多務自便耳。儼前乞致仕，陛下以其頗黠故許之，甚合衆議。今使復列于朝，恐風化從此壞矣。"上然之，遂不復用云。

[1]寅緣：攀附。

[2]完顔守貞：女真人。本書卷七三有傳。

巨構字子成，薊州平谷人。[1]幼篤學，年二十登進士第。由信都丞，[2]察廉爲石城令，[3]補尚書省令史，授振武軍節度副使。[4]改同提舉解鹽司事，[5]以課增入爲少府監丞。[6]再遷知登聞檢院，[7]兼都水少監。[8]時右司郎中段珪卒，[9]世宗曰："是人甚明正可用，如巨構每事但委順而已。"二十五年，除南京副留守，上謂宰臣曰："巨構外淳質而内明悟，第乏剛鯁耳。佐貳之任貴能與長官辨正，恐此人不能爾。若任以長官，必有可稱。"章宗即位，擢横海軍節度使。承安五年致仕，卒。

[1]平谷：縣名。本書卷二四《地理志上》薊州條下作平峪縣，治所在今北京市平谷區。

[2]信都：縣名。治所在今河北省冀州市。

[3]石城：縣名。治所在今河北省唐山市東北。

[4]振武軍：州軍名。本書卷二六《地理志下》河東北路代州條下，"天會六年置震武軍節度使"。本書作"震武軍"者達二十處，僅三處作"振武軍"。卷一一一《古里甲石倫傳》載太原判官

古里甲石倫與振武軍節度使完顏蒲剌議事，知振武軍亦在河東北路之下，故“振武軍”應是“震武軍”之誤。震武軍，治所在今山西省代縣。

[5]同提舉解鹽司事：解州鹽使司屬官。掌幹鹽利以佐國用。《百官志》載鹽使司屬官爲使、副使、判官等，同提舉鹽司事或可比副使，正六品。

[6]少府監丞：少府監屬官。掌國家百工營造之事。正員二人。從六品。

[7]知登聞檢院：登聞檢院屬官。掌奏御進告尚書省、御史臺理斷不當事。從五品。

[8]都水少監：都水監屬官。佐掌川澤、津梁、舟楫、河渠之事，金宣宗興定五年（1221）以後兼管勾河漕運之事。從五品。

[9]段珪：其卒年據本書卷八《世宗紀下》在大定二十三年（1183）六月壬子。

構性寬厚寡言，所治以鎮静稱，性尤恬退，故人既貴不復往來，先遺以書則裁答寒温而已。大定中，詔與近臣同經營香山行宫及佛舍，[1]其近臣私謂構曰：“公今之德人，我欲舉奏，公行將大任矣。”構辭之。以廉慎守法，在考功籍始終無過云。

[1]香山行宫：位於今北京市郊香山。

賀揚庭字公叟，曹州濟陰人也。[1]登天德三年經義進士第，調范縣主簿兼尉，[2]籍有治聲。大定十三年，由安肅令補尚書省令史，[3]授沁南軍節度副使，入爲監察御史，歷右司都事、[4]户部員外郎、侍御史、[5]右司員外郎。[6]世宗喜其剛果，謂揚庭曰："南人礦直敢爲，[7]漢人性姦，臨事多避難。異時南人不習詞賦，故中第者少，近年河南、山東人中第者多，殆勝漢人爲官。"俄以廉能遷户部郎中，進官二階。頃之，授左司郎中，改刑部侍郎、山東東路轉運使。[8]

[1]曹州：治所在今山東省曹縣西北。　濟陰：縣名。爲曹州州治所在地。

[2]范縣主簿兼尉：主簿，縣令的副佐，正九品。尉，掌巡捕盜賊，正九品。金代縣分上、中、下三等，范縣爲下縣，以主簿兼尉，治所在今河南省范縣。

[3]安肅：縣名。治所在今河北省徐水縣。

[4]右司都事：右司屬官。掌本司受事付事，檢勾稽失，省署文牘，兼知省内宿直檢校架閣等事。正員二人，正七品。

[5]侍御史：御史臺屬官。掌奏事，判臺事。正員二人，從五品。

[6]右司員外郎：右司屬官。佐掌本司奏事，總察兵、刑、工三部受事付事，兼帶修注官。正六品。

[7]南人礦直：南人，指金朝統治下中原地區原北宋的漢人。礦直，礦，通"曠"。

[8]山東東路轉運使：山東東路轉運司長官。治於益都府，治所在今山東省青州市。

章宗即位，初置九路提刑司，驛召赴闕，授山東東西路提刑使。[1]揚庭性疾惡，纖介不少容。[2]明昌改元，詔諸路提刑使入見，親問所察事條，至揚庭則斥之曰："爾何治之煩也。"明年，下除洺州防禦使，時歲歉民飢，揚庭諭蓄積之家令出所餘以糶之，飢者獲濟，洺人爲之立石頌德。改陝西西路轉運使，[3]表乞致仕，上曰："揚庭能幹者也，當何如?"右丞劉瑋言其疾，[4]遂許之。卒年六十七。

[1]山東東西路提刑使：山東東西路提刑使長官。治於濟南府，在今山東省濟南市。

[2]纖介：即"纖芥"，細微之意。

[3]陝西西路轉運使：陝西西路轉運司長官。陝西西路轉運司全稱爲陝西東西路轉運司，治於平涼府，治所在今甘肅省平涼市。

[4]右丞：尚書省屬官。爲執政官，輔佐宰相治理尚書省政務。正二品。　劉瑋：本書卷九五有傳。

贊曰：裴滿亨以進士選奉御，能陳唐、虞致治之道於宮庭燕私之地，又能斥中貴梁道兒之姦。斡勒忠以吏道致身，始終不交權貴。世宗自立於遼東，歸者如市，張大節獨守正不赴。韓錫出守河間，面諭皇族之居彼者恣睢不道，俾繩以法，佞者必希旨以市權，錫下車宣布告戒而已。是皆有識之士，不爲富貴所移者也。巨構骪骳，[1]賀揚庭骨鯁，大定於二人而屢評南北士習之優劣，亶其然乎。張亨始以繆庸見薄，晚以論列稱賞，亦砥礪之功歟。鄧儼專務謀身，上下稱黠，致仕又求進用，弗可改也夫。

[1]骪骳：曲折委婉。

閻公貞字正之，大興宛平人。[1]大定七年擢進士第，調朝邑主簿。[2]由普潤令補尚書省令史，[3]察廉，升同知亳州防禦事，[4]改中都左警巡使。[5]以政績聞，遷同知武定軍節度使。[6]明昌初，召爲大理正，[7]累進大理卿。[8]承安元年，遷翰林侍讀學士，[9]仍兼前職，命與登聞檢院賈益同看讀陳言文字。[10]

公貞居法寺幾十年，詳慎周密，未嘗有過舉。被命校定律令，多所是正，金人以爲法家之祖云。

[1]大興：府名。治所在今北京市。　宛平：縣名。治所在大興府府治所在地。

[2]朝邑：縣名。治所在今陝西省大荔縣東。

[3]普潤：縣名。治所在今陝西省麟游縣西北。

[4]亳州：治所在今安徽省亳州市。

[5]中都左警巡使：警巡院屬官。掌平理獄訟，警察所部，總判院事。本書卷五七《百官志三》警巡院長官爲使一員，中都警巡院長官分左、右使，正六品。

[6]武定軍：州軍名。治於奉聖州，治所在今河北省涿鹿縣。

[7]大理正：大理寺屬官。正六品。

[8]大理卿：大理寺長官。掌審斷天下奏案，詳斷疑獄。正四品。

[9]翰林侍讀學士：翰林學士院屬官。掌制撰詞命，凡應奉文字，銜内帶“知制誥”。從三品。

[10]賈益：本書卷九〇有傳。

焦旭字明鋭，沃州柏鄉人。[1]第進士，調安喜主簿。[2]再轉大興令，[3]攝左警巡事，以杖親軍百人長，有司議其罪當杖決，世宗曰："旭親民吏也，若因杖有官人復行杖之，何以行事？其令收贖。"改良鄉令。[4]世宗幸春水，[5]見石城、玉田令皆年老不治，[6]謂宰臣曰："縣令最親民，當得賢才。畿甸尚如此，天下可知矣。"平章政事石琚薦旭幹能可甄用，[7]上然之，召爲右警巡使。[8]

[1]沃州：治所在今河北省趙縣。　柏鄉：縣名。治所在今河北省柏鄉縣。

[2]安喜：縣名。治所在今河北省定州市。

[3]大興：縣名。治所在今北京市西城區南部、豐臺區中部一帶。

[4]良鄉：縣名。治所在今北京市房山區良鄉鎮。

[5]春水：女真皇帝春季狩獵的場所。

[6]玉田：縣名。治所在今河北省玉田縣。

[7]石琚：本書卷八八有傳。

[8]右警巡使：中都警巡院屬官。正六品。

旭爲人剛果自任，不避權勢。初，旭部民訴良，旭以無文據付本主，道逢監察御史訴其事，語涉訛亂，即收付旭，旭釋之不問，爲御史所劾，削官兩階，杖百八十，出爲大名府推官。[1]尋授右三部檢法司正，[2]代韓天和爲監察御史，[3]時御史臺言：[4]"監察糾彈之司，天和諸科出身，難居是職。"上命別舉，中丞李晏薦旭剛正可任，[5]遂授之，而改天和獲鹿令。[6]

[1]大名府推官：府屬官。掌紀綱衆務，分判兵、刑、工案事。

正七品。

［2］右三部檢法司正：右三部檢法司屬官。掌披詳法狀。正八品。

［3］韓天和：其他事迹不詳。

［4］御史臺：官署名。中央監察機構。糾察彈劾内外百官善惡，凡内外刑獄所屬理斷不當，有陳述者付臺治之。

［5］中丞：即御史中丞。　李晏：本書卷九六有傳。

［6］獲鹿：縣名。治所在今河北省鹿泉市。

章宗初即位，太傅克寧、[1]右丞相襄請上出獵，[2]旭劾奏其非，上慰諭之，爲罷獵。明昌元年，登聞鼓院初設官，[3]宰執奏司諫郭安民、[4]補闕許安仁及旭皆堪擢用。[5]改侍御史，四遷都水監，以治河防勞進官一階，授西京路轉運使，[6]卒。旭性警敏，練達時政，與王翛、劉仲洙輩世稱能吏云。[7]

［1］太傅：三師之一。師範一人，儀刑四海。正一品。　克寧：女真人。姓徒單。本書卷九二有傳。

［2］右丞相：宰相成員之一。海陵正隆官制確立一省制後，是國家重要輔弼大臣之一，地位僅次於左丞相，掌丞天子，平章萬機。從一品。　襄：女真人。姓完顔，宗室出身。本書卷九四有傳。

［3］明昌元年，登聞鼓院初設官：按本書卷九《章宗紀一》，大定二十九年（1189）二月乙丑"勑登聞鼓院所以達冤枉"。疑此處繫年有誤。登聞鼓院，中央監察機構之一，掌奏進告御史臺、登聞檢院理斷不當事。承安二年（1197）以諫官兼。

［4］司諫：諫院屬官。掌諫正百司非違，糾正官邪。司諫分左右，從五品。據本書卷九《章宗紀一》："左司諫郭安民上疏論三

事。”可知此處當爲“左司諫”。　郭安民：事迹不詳。

［5］補闕：諫院屬官。掌諫正百司非違，糾正官邪。正七品。據卷九六本傳記載，其官職爲左補闕。　許安仁：本書卷九六有傳。

［6］西京路轉運司：治於大同府。

［7］劉仲洙：本卷有傳。

劉仲洙字師魯，大興宛平人。大定三年，登進士第。歷龍門主簿、[1]香河酒税使，[2]再調深澤令。[3]縣近滹沱河，[4]時秋成，水忽暴溢，仲洙極力護塞，竟無害。有盜夜發，居民震驚，仲洙率縣卒生執其一，餘衆遂潰，旦日掩捕皆獲。尋以廉能進官一階，升河北西路轉運司支度判官，[5]入爲刑部主事，[6]六遷右司員外郎，俄轉吏部。世宗謂宰臣曰：“人有言語敏辯而庸常不正者，有語言拙訥而才智通達、存心向正者，如劉仲洙頗以才行見稱，然而口語甚訥也。”右丞張汝霖曰：“人之若是者多矣，願陛下深察之。”二十九年，出爲祁州刺史，[7]以六善爲教，民化之。

［1］龍門：縣名。治所在今河北省赤城縣西。

［2］香河酒税使：金代因遼、宋舊制，實行榷酤，此官爲香河酒使司屬官。掌監知人户釀造麴酒，辦課以佐國用。正八品。

［3］深澤：縣名。治所在今河北省深澤縣。

［4］滹沱河：河名。在今河北省境内。

［5］河北西路轉運司支度判官：轉運司屬官。掌勾判、分判支度案事。正員二人，從六品。河北西路轉運司全稱爲河北東西大名路轉運司，治於河間府。

［6］刑部主事：刑部屬官。掌受事付事，檢勾稽失省署文牘，兼知本部宿直，檢校架閣。正員二人，從七品。金熙宗皇統四年（1144），主事始用漢族士人。世宗大定三年（1163），用進士，非特旨不得擬用吏人。章宗承安五年（1200），增女真主事一人。

［7］祁州：治所在今河北省安國市。

章宗即位，除中都西京等路提刑副使。[1]先是，田穀等以黨罪廢錮者三十餘家，[2]仲洙知其冤，上書力辨，帝從之，迺復穀官爵而黨禁遂解。明昌二年，授并王傅、[3]兼同知大同府事，尋改平陽，[4]移德州防禦使。[5]轉運郭邦傑、[6]節度李晏皆舉仲洙以自代。升爲定海軍節度使。[7]歲饑，仲洙表請開倉，未報，先爲賑貸，有司劾之，罪以贖論。時仲洙兄仲淵以罪責石州，[8]仲洙上書請以萊易石，朝廷義而不許。久之，以年老乞致仕，累表方聽。泰和八年卒，年七十五。

仲洙性剛直，果於從政，尤長於治民，所在皆有功迹，蓋一時之能吏云。

［1］中都西京等路提刑副使：官名。正四品。中都西京等路提刑司治於大同府。

［2］田穀：本書卷八九有傳。

［3］并王傅：親王府屬官。正四品。　并王：封爵名。明昌格，大國封號第五位。這裏指完顏永中，世宗子。本書卷八五有傳。

［4］平陽：府名。治所在今山西省臨汾市。

［5］德州：治所在今山東省德州市。

［6］郭邦傑：曾任通州刺史、右司郎中，官至刑部尚書。

［7］定海軍：州軍名。治於萊州，治所在今山東省萊州市。

[8]劉仲淵：曾任刑部侍郎、同修國史，世宗大定五年（1165）以禮部侍郎任賀宋正旦使。　石州：治所在今山西省離石縣。

李完字全道，朔州馬邑人。[1]經童出身，[2]復登詞賦進士第。調澄城主簿，[3]有遺愛，民爲立祠。用廉遷定襄令，[4]召補尚書省令史。時以縣令闕人廉問，世宗選能吏八人按行天下，完其一也。明昌初，爲監察御史。故事，臺令史以六部令史久次者補，[5]吏皆同類，莫肯舉劾。完言："尚書省令史，正隆間用雜流，大定初以太師張浩奏請，[6]始純取進士，天下以爲當。今乞以三品官子孫及終場舉人，委臺官辟用。"上納其言。擢尚書省都事，出爲同知横海軍節度使事、河間府治中。[7]提刑司言："完習法律，有治劇材，軍民無間語。"升沁州刺史，[8]仍以璽書褒諭。遷同知廣寧府。[9]初，遼濱民崔元入城飲不歸，[10]求得屍於水中，有司執同飲者訊之，皆誣服，提刑司疑其冤，以獄畀完。[11]完廉得其賊乃舟師也，遂免同飲人。改北京臨潢路提刑副使。[12]

承安二年，遷陝西西路轉運使，尋授南京路按察使，卒。完長於吏治，所至姦惡屏迹，民皆便之。

[1]朔州：治所在今山西省朔州市。　馬邑：縣名。治所在今山西省朔州市東。

[2]經童出身：經童爲科舉科目之一，年十三歲以下兒童可應試，所貴在年幼而能誦經多者。

[3]澄城：縣名。治所在今陝西省澄城縣。

[4]定襄：縣名。治所在今山西省定襄縣。

[5]臺令史、六部令史：即御史臺和六部的吏員。

[6]太師：三師之首。師範一人，儀刑四海。正一品。

[7]河間府治中：治中不見《百官志》記載，金世宗後期，逐漸以治中取代府少尹，掌通判府事。官品當與少尹同，正五品。

[8]沁州：治所在今山西省沁縣。

[9]同知廣寧府事：掌通判府事。正四品。廣寧府治所在今遼寧省北寧市。

[10]遼濱：地名。屬沈州，今遼寧省沈陽市附近。

[11]畀（bì）：付托、委派之意。

[12]北京臨潢路提刑副使：北京臨潢路提刑司屬官。治於臨潢府。

馬百禄字天錫，通州三河人。[1]父柔德，[2]天會初第進士，累遷翰林修撰，[3]坐田瑴黨免官，迨世宗朝解黨禁，復召用焉。百禄幼志學，事繼母以孝聞，登大定三年詞賦進士第，調武清主簿。[4]由龍山令召補尚書省令史，[5]不就，改榷貨副使、[6]平陽府判官，[7]入爲國子博士。[8]朝廷以宰縣日清白有治迹，特遷官一階，升同知北京路轉運事。[9]委録南北路刑獄，[10]所至無冤。召爲尚書户部員外郎，與同知河北東路轉運事李京爲中都等路推排使。[11]明昌初，遷耀州刺史，[12]吏民畏愛。提刑司以狀聞，授韓王傅、[13]同知安武軍節度事。[14]俄改兼同知興平軍，[15]以提刑司復舉廉，升孟州防禦使，再遷南京路提刑使。御史臺以剛直能幹聞，轉知河中府。[16]承安四年致仕，卒。謚曰貞忠。

[1]通州：治所在今北京市通州區。　三河：縣名。治所在今河北省三河市。

[2]柔德：即馬柔德。其他事迹不詳。

[3]翰林修撰：翰林學士院屬官。分掌詞命文字，分判院事，銜内帶“同知制誥”。不限員，從六品。

[4]武清：縣名。治所在今天津市武清縣。

[5]龍山：縣名。治所在今遼寧省建昌縣北。

[6]榷貨副使：榷貨務屬官。掌發賣給隨路香茶鹽鈔引。從七品。

[7]平陽府判官：府官。從六品。

[8]國子博士：國子學屬官。分掌教授生員、考藝業。正員二人，正七品。

[9]北京路轉運使：北京路轉運司長官。治於大定府，治所在今内蒙古自治區寧城縣。

[10]南北路：金代路的名稱中衹有河東路有南北之稱，因此可能是指河東南、北路，即今山西省一帶地區。

[11]河北東路轉運使：河北東路轉運司長官。河北東路轉運司全稱河北東西大名等路轉運司，治於真定府，治所在今河北省正定縣。　李京：其他事迹不詳。　中都等路推排使：臨時委派的官職。金世宗大定四年（1164），以“民之貧富變更，賦役不均”，始在全國範圍内實行通檢推排。本書卷一〇七《高汝礪傳》載：“國朝自大定通檢後，十年一推物力，惟其貴簡静而重勞民耳。”金朝自大定四年以來約十年左右進行一次通檢推排，臨時委官實行之。

[12]耀州：治所在今陝西省耀縣。

[13]韓王：封爵名。明昌格，次國封號第四位。這裏指即帝位前的衛紹王完顔永濟，本書卷一三有紀。

[14]安武軍：州軍名。治於冀州，在今河北省冀州市。

[15]興平軍：州軍名。治於平州，在今北京市順義區。

[16]河中府：治所在今山西省永濟市西。

楊伯元字長卿，開封尉氏人。[1]登大定三年進士第，調鄢城主簿。[2]升榆次令，[3]召爲大理評事，累除定海軍節度副使，用廉超授同知河東北路轉運事，[4]入爲尚書刑部員外郎，以憂免，起爲遼州刺史。[5]明昌元年，移涿州。[6]久之，擢工部侍郎，四遷安武軍節度使。泰和三年致仕，卒。

[1]尉氏：縣名。治所在今河南省尉氏縣。

[2]鄢城：縣名。治所在今河南省鄢城縣。

[3]榆次：縣名。治所在今山西省晋中市。

[4]河東北路轉運司：治於太原府。

[5]遼州：治所在今山西省左權縣。

[6]涿州：治所在今河北省涿州市。

伯元以才幹多被委注，[1]凡兩爲推排定課使，[2]累爲審録官，[3]人稱其平。每有疑獄，必專遣决，明辯多中理。賜謚曰達。

[1]委注：垂注，關切。

[2]推排定課使：金朝自大定四年（1164）以來約十年左右進行一次通檢推排，臨時委官實行之。

[3]審録官：《百官志》不載，卷四五《刑志》記載："審録之官，非止理問重刑，凡訴訟案牘，皆當閲實是非，囚徒不應囚繫則當釋放，官吏之罪即以狀聞，失糾察者嚴加懲斷，不以贖論。"審録官是金朝設置地方監察機構之前，朝廷派往各地審理冤案的

官員。

劉璣字仲璋，益都人也。[1]登天德三年進士第。大定初，爲太常博士，[2]改左拾遺，[3]兼許王府文學。[4]璣奏王府事，世宗責之曰："汝職掌教道，何預奏事！"因命近侍諭旨永中曰：[5]"卿有長史，[6]而令文學奏事何也？後勿復爾。"累除同知漕運司事，[7]嘗奏言："漕户顧直太高，虚費官物，宜約量裁損。若減三之一，歲可省官錢一十五萬餘貫。"世宗是其言。授户部員外郎，條上便宜數事，世宗謂宰臣曰："璣言河堤種柳可省每歲堤防之費，及言官錢利害，甚可取。前後户部官往往偷延歲月，如璣者不可多得，卿等議其可者行之。璣向言漕運省費事，盡心公家，不厚賞無以勸來者。"乃賜錢三千貫。擢濰州刺史，[8]徙知濟州。[9]

[1]益都：府名。治所在今山東省青州市。

[2]太常博士：太常寺屬官。掌檢討典禮。正員二人，正七品。

[3]左拾遺：諫院屬官。掌諫正百司非違，糾正官邪。正七品。

[4]許王府文學：親王府屬官。掌贊導禮儀，資廣學問。正員二人，從七品。許王，封爵名。大定格，大國封號第十位。這裏指完顔永中。

[5]永中：女真人。姓完顔氏，世宗子。本書卷八五有傳。

[6]長史：親王府屬官。掌警嚴侍從，兼總統本府之事。從五品。

[7]同知漕運司事：漕運司屬官。漕運司設提舉、同提舉，同知或比同提舉，掌催督起運綱船。正六品。

[8]濰州：治所在今山東省濰坊市。

[9]濟州：金代世宗大定二十九年（1189）以前，有兩個濟州，一在今山東省濟寧市，一在吉林省農安縣，後者二十九年以後更名爲隆州。劉璣所任的知濟州當是設在今山東省濟寧市的濟州。

未幾，遷同知北京留守事，[1]坐曲法放免奴婢訴良者，左降管州刺史。[2]世宗謂宰臣曰："璣爲人何如？"參知政事程輝曰：[3]"璣執强跋扈，嘗追濟南府官錢，以至委曲生意而害及平民。"上曰："朕聞璣在北京，凡奴隸訴良，不問契券真僞輒放爲良，意欲徼福於冥冥，則在己之奴何爲不放？"又曰："璣放朕之家奴，意欲以此邀福，存心若是，不宜再用。"

[1]同知北京留守事：路官。帶同知本府尹兼本路兵馬都總管，佐掌一路軍、政事務。正四品。

[2]管州：治所在今山西省静樂縣。

[3]程輝：本書卷九五有傳。

明昌二年，入爲國子司業，[1]乞致仕，不許，轉國子祭酒，[2]尋擢太常卿，以昏耄不任職爲御史臺所糾罷。承安二年卒，年八十二。兄琉。[3]

[1]國子司業：國子監屬官。正五品。

[2]國子祭酒：國子監長官。掌學校。正四品。

[3]琉：即劉琉。本傳後有附傳。

琉字伯玉，幼名太平。以功臣子補閤門祗候，[1]遭父喪求終制，會海陵篡立，不許，改充護衛。[2]海陵忌宗室，琉坐與往來，斥居鄉里。

[1]閤門祗候：宣徽院下屬閤門屬官。正員二十五人。

[2]護衛：有皇帝護衛、東宫護衛、妃護衛、東宫妃護衛之分，由殿前左、右衛將軍與衛尉司掌爾。選取五品至七品官子孫及宗室並親軍、諸局分承應人，有才行及善射者充任。

世宗即位，琉晝夜兼馳上謁，世宗大悦，以爲護衛十人長。往招宗叙、白彦敬、紇石烈志寧，[1]皆相繼來附。還報，上喜其有功，呼其小字而謂之曰："太平所至，庶幾能贊朕致太平矣。"改御院通進。[2]與烏居仁等往南京發遣六宫百司，[3]琉建議留尚書右丞紇石烈良弼經略淮右，[4]餘皆北來，詔從之。丁母憂，起復，三遷武庫署令。[5]車駕幸西京，留琉爲中都總管判官。[6]再轉近侍局使，[7]遷太子少詹事，[8]兼引進使，[9]賜襲衣。未幾，爲陝西統軍都監，[10]賜厩馬、金帶，皇太子以馬與幣爲贐。[11]召爲同知宣徽院事，[12]遷太子詹事、[13]右宣徽使，[14]與張僅言典領昭德皇后園陵，[15]襄事，太子贈以厩馬。轉左宣徽使，[16]以疾求補外，除定海軍節度使，以其弟太府監璋爲同知宣徽院事。[17]琉朝辭，上曰："卿舊臣，今補外，寧不惻然。東萊瀕海，[18]風物亦佳，卿到必得調養。朕用卿弟在近密，如見卿也。"仍賜厩馬、金帶、綵十端、絹百匹。卒官，年五十七。琉柩過京畿，勅有司致祭，賻銀三百兩、重綵三十端。

[1]宗叙：女真人。姓完顔，宗室出身。本書卷七一有傳。

白彦敬：部羅火部族人。本書卷八四有傳。　紇石烈志寧：女真人。本書卷八七有傳。

［2］御院通進：宣徽院閤門屬官。掌諸進獻禮物及薦享編次位序。從七品。

［3］烏居仁：海陵王朝任同知宣徽事，世宗朝任客省使、禮部尚書。

［4］紇石烈良弼：女真人。本書卷八八有傳。

［5］武庫署令：武庫署長官。掌收貯諸路常課甲仗。從六品。

［6］中都總管判官：掌紀綱總府衆務，分判兵案之事。從五品。

［7］近侍局使：近侍局屬官。掌侍從，承勅令，轉進奏帖。從五品。

［8］太子少詹事：東宮屬官。掌總統東宮内外庶務。從四品。

［9］引進使：掌進外方人使貢獻禮物事。正五品。

［10］陝西統軍都監：陝西路統軍司屬官。《百官志》無載，職掌與官品不詳。陝西路統軍司置於京兆府，治所在今陝西省西安市。

［11］皇太子：即完顔允恭。本書卷一九有紀。　贐：送行時贈送的財物。

［12］同知宣徽院事：宣徽院屬官。正四品。

［13］太子詹事：東宮屬官。掌總統東宮内外庶務。從三品。

［14］右宣徽使：宣徽院長官。掌朝會、燕享，凡殿庭禮儀及監知御膳。正三品。

［15］張僅言：張覺之子。本書卷一三三有傳。　昭德皇后：女真人。烏林荅氏，世宗皇后。本書卷六四有傳。

［16］左宣徽使：宣徽院長官。正三品。

［17］以其弟太府監瑋爲同知宣徽院事：本書卷九五《劉瑋傳》，“遷户部員外郎……就升郎中。改同知宣徽院事”。官職與此異。

［18］東萊：指山東東路的萊州。

康元弼字輔之，大同雲中人。[1]幼敏學，善屬文，登正隆二年進士第。調汝陽簿，改崇義軍節度判官。[2]由垣曲縣令補尚書省令史，[3]累遷同知河北西路轉運使事，召爲大理丞。[4]

[1]大同：府名。治所在今山西省大同市。　雲中：縣名。大同府治所所在地。

[2]崇義軍節度判官：州軍官。掌紀綱，節鎮衆務，僉判兵馬之事，兼判兵、刑、工案事。正七品。崇義軍，州軍名。治所在今遼寧義縣。

[3]垣曲縣：治所在今山西省垣曲縣南（黄河北岸）。

[4]大理丞：大理寺屬官。掌審斷天下奏案，詳斷疑獄。從六品。

大定二十七年，河決曹、濮間，[1]瀕水者多墊溺，朝廷遣元弼往視，相其地如盎，而城在盎中，水易爲害，請命於朝以徙之，卒改築於北原，曹人賴焉。出爲弘州刺史，[2]閲歲授大理少卿。[3]先是，衛州爲河所壞，[4]增築蘇門以寓州治。[5]水既退，民不樂遷，欲復歸衛，於是遣元弼按視，還言治故城便，遂復其舊。轉祕書少監，[6]兼著作郎，[7]改通州刺史，[8]兼領漕事。

[1]濮：州名。治所在今山東省鄄城縣。

[2]弘州：治所在今河北省陽原縣。

[3]大理少卿：大理寺屬官。從五品。

[4]衛州：治所在今河南省衛輝市。

[5]蘇門：縣名。治所當在今河南省輝縣市之南。

[6]祕書少監：秘書監屬官。掌經籍圖書。正五品。

[7]著作郎：官名。掌修日曆。從六品。

[8]通州：治所在今北京市通州區。

章宗立，尊孝懿皇后爲皇太后，[1]以元弼舊臣詔充副衛尉。[2]再轉大理卿，以喪去，起復爲尚書刑部侍郎，[3]兼鄆王傅，[4]遷南京路轉運使。承安三年致仕，卒。

[1]孝懿皇后：女真人。姓徒單氏，顯宗完顏允恭之妻。本書卷六四有傳。

[2]副衛尉：太后兩宫屬官。從四品。

[3]刑部侍郎：刑部屬官。正四品。

[4]鄆王：封爵名。明昌格，次國封號二十一位。

移剌益字子遷，本名特末阿不，中都路胡魯土猛安人也。[1]以廕補國史院書寫，[2]積勞調徐州録事，[3]召爲樞密院知法，[4]三遷翰林修撰。時北邊有警，詔百官集尚書省議之，太尉克寧鋭意用兵，益言天時未利，宜俟後圖。御史臺舉益剛正可任，遂兼監察御史。未幾，改户部員外郎。

[1]中都路胡魯土猛安：女真社會行政建置名。胡魯土，《金史論稿》第一卷認爲可能是和魯忽吐，原在咸平路（今遼寧省開原市一帶），後遷至中都路（今京津一帶地區）（張博泉等《金史論稿》第一卷，吉林文史出版社 1986 年版，第 320 頁）。

[2]國史院書寫：國史院屬官。《百官志》無載，官品不詳。

[3]徐州録事：本書卷五七《百官志三》州吏有“抄事”，無“録事”，或抄事即録事。徐州治所在今江蘇省徐州市。

[4]樞密院知法：樞密院屬官。掌斷各司取法之事。正員二人，從八品。

明昌三年，畿内饑，擢授霸州刺史，[1]同授刺史者十一人，既入謝，詔諭之曰：“親民之職惟在守令，比歲民饑，故遣卿等往撫育之。其資序有過者有弗及者，朕不計此，但以材選，爾其知之。”既至，首出俸粟以食饑者，于是倅以下及郡人遞出粟以佐之，且命屬縣視以爲法，多所全活。郡東南有堤久頹圮，水屢爲害，益增修之，民以爲便，爲益立祠。升遼東路提刑副使。[2]五年，宋主新立，[3]詔以泗州當使客所經，守臣宜擇人，宰臣進擬數人，皆不合上意，上曰：“特末阿不安在？此人可也。”即授防禦使。

[1]霸州：治所在今河北省霸州市。

[2]遼東路提刑副使：遼東路提刑司屬官。遼東路提刑司全稱東京咸平等路提刑司，治於咸平府。

[3]宋主：指宋寧宗趙擴。1195年至1224年在位。

召爲尚書户部侍郎，尋轉兵部。[1]屬群牧人叛，命益同殿前都點檢充往招降之。[2]承安二年，邊鄙弗寧，上御便殿，召朝官四品以上入議，[3]益謂：“守爲便。天子之兵當取萬全，若王師輕出，少有不利，非惟損大國之威，恐啓敵人侵玩之心。”出爲山東西路轉運使。[4]有勅使按鷹于山東，益奏：“乞止令調於近甸，何必驚遠方耳目。”書聞，上命有司治使者罪。遷河東南北路按察使。舊制，在位官有不任職，委所屬上司體訪。州府長貳幕職，許互相舉申。益上言以爲“傷禮讓之風，亦恐同官因之不睦，别生姦弊。乞止令按察司糾劾，似爲得體”。又言：“隨路點軍官與富人飲會，公通獻遺，宜依准監臨官於所部内犯罪究治。”上皆納焉。泰和二年，卒于官。

[1]兵部侍郎：兵部屬官。佐掌兵籍、軍器、城隍、鎮戍、厩牧、鋪驛、車輅、儀仗、郡邑圖志、險阻、障塞、遠方歸化之事。正四品。

[2]殿前都點檢：殿前都點檢司長官，例兼侍衛親軍都指揮使。掌行從宿衛，關防門禁，督攝隊仗，總判司事。正三品。　兖：女真人。姓完顔氏，宗室出身。章宗明昌二年（1191）七月曾以同簽大睦親府任賀宋生辰使。

[3]承安二年，邊鄙弗寧，上御便殿，召朝官四品以上入議：按本書卷一〇《章宗紀二》，承安二年（1197）八月“以邊事未寧，辛巳，詔集六品以上官於尚書省”。與此異。

[4]山東西路轉運使：山東西路轉運司長官。山東西路轉運司治於益都府，治所在今山東省青州市。

贊曰：閻公貞定金律令，楊伯元定金推排，人皆以平稱之，難矣。焦旭畿内小官，聽斷不受御史風指，遂罹深憲。大臣請人主遊獵，劾奏其非，爲之罷獵，誠有古人之風焉。李完、康元弼無他足稱，完論臺令史一事，元弼論曹、衛兩城，各當其可。馬百禄初坐黨廢，晚著治跡。劉璣初以理財得幸，晚以曲法得罪，人有前後遭遇不同，而百禄求福不回，非璣所及也。劉琉以大定之立馳赴行在，雖終身榮寵，蓋一趨時之士耳。劉仲洙剛而訥於言，移剌益剛而敢言。益以志寧北伐爲不可，仲洙釋田豰黨禍三十家。《語》曰“剛毅木訥近仁”，[1]豈不信哉。

[1]《語》：書名。《論語》，是孔子弟子及後學關於孔子言行思想的記録，共二十篇。語出《論語·子路》。

金史　卷九八

列傳第三十六

完顏匡　完顏綱　完顏定奴

完顏匡本名撒速，始祖九世孫。[1]事豳王允成，[2]爲其府教讀。[3]大定十九年，[4]章宗年十餘歲，[5]顯宗命詹事烏林荅愿擇德行淳謹、[6]才學該通者，使教章宗兄弟。閱月，愿啓顯宗曰："豳王府教讀完顏撒速、徐王府教讀僕散訛可二人，[7]可使教皇孫兄弟。"[8]顯宗曰："典教幼子，須用淳謹者。"已而，召見于承華殿西便殿，[9]顯宗問其年，對曰："臣生之歲，海陵自上京遷中都，[10]歲在壬申。"[11]顯宗曰："二十八歲爾，詹事乃云三十歲何也？"匡曰："臣年止如此，詹事謂臣出入宮禁，故增其歲言之耳。"顯宗顧謂近臣曰："篤實人也。"命擇日，使皇孫行師弟子禮。七月丁亥，宣宗、[12]章宗皆就學，顯宗曰："每日先教漢字，至申時漢字課畢，教女直小字，[13]習國朝語。"因賜酒及綵幣。頃之，世宗詔匡、[14]訛可俱充太子侍讀。[15]

［1］始祖：即完顔函普，女真歷史上第一位有記載的皇室祖先。本書卷一《世紀》有紀。

［2］豳王：封爵名。大定格，次國封號第六位。　允成：女真人。即完顔永成，世宗子。本書卷八五有傳。

［3］教讀：親王府屬官。官品不詳。

［4］大定：金世宗年號，章宗即位後仍沿用一年（1161—1189）。

［5］章宗：廟號。即完顔麻達葛，漢名璟。金朝第六任皇帝，1189 年至 1208 年在位。

［6］顯宗：廟號。完顔允恭，金世宗長子。本書卷一九《世紀補》有紀。　詹事：東宮屬官。即太子詹事。掌總統東宫内外庶務。從三品。　烏林荅願：女真人。世宗時曾以近侍局使爲賀宋正旦使出使宋朝，章宗朝任山東路統軍使、御史大夫、尚書左丞、平章政事。雖位至高官，《金史》却未立傳。

［7］徐王：封爵名。大定格，次國封號第十一位。此時徐王爲完顔永蹈，世宗子。　僕散訛可：女真人。章宗朝任翰林修撰兼右拾遺。

［8］皇孫：指章宗、宣宗等兄弟。

［9］承華殿：中都皇城内大殿名。

［10］海陵：封號。即完顔迪古迺，漢名亮。金朝第四任皇帝。1149 年至 1161 年在位。　上京：金代前期的京師，治所在今黑龍江省阿城市白城古城址。　中都：金海陵王貞元元年（1153）至金宣宗貞祐二年（1214）爲金朝的國都，治所在今北京市。

［11］壬申：即公元 1152 年。實際海陵抵達燕京，改稱中都是在癸酉年，即貞元元年（1153）。

［12］宣宗：廟號。即完顔吾睹補，漢名珣。金朝第八任皇帝，1213 年至 1223 年在位。

［13］女直小字：女真字分大、小兩種，大字爲完顔希尹等創造，小字爲金熙宗創造。

[14]世宗：廟號。即完顔烏禄，漢名雍。金朝第五任皇帝。1161年至1189年在位。

[15]太子侍讀：東宫屬官。官品不詳。

寢殿小底駝滿九住問匡曰：[1]“伯夷、叔齊何如人？”[2]匡曰：“孔子稱夷、齊求仁得仁。”[3]九住曰：“汝輩學古，惟前言是信。夷、齊輕去其親，不食周粟餓死首陽山，[4]仁者固如是乎？”匡曰：“不然，古之賢者行其義也，行其道也。伯夷思成其父之志以去其國，叔齊不苟從父之志亦去其國。武王伐紂，[5]夷、齊叩馬而諫。紂死，殷爲周，[6]夷、齊不食周粟遂餓而死。正君臣之分，爲天下後世慮至遠也，非仁人而能若是乎？”是時，世宗如春水，[7]顯宗從，二人者馬上相語，遂後。顯宗遲九住至，問曰：“何以後也？”九住以對，顯宗嘆曰：“不以女直文字譯經史，何以知此。主上立女直科舉，[8]教以經史，乃能得其淵奥如此哉。”稱善者良久，謂九住曰：“《論語》‘知之爲知之，不知爲不知，是知也’。[9]汝不知不達，務辯口以難人。由是觀之，人之學、不學，豈不相遠哉。”

[1]寢殿小底：疑爲入寢殿小底，近侍局下屬小吏。　駝滿九住：女真人。其他事迹不詳。

[2]伯夷、叔齊：人名。商孤竹君子。《史記》卷六一有傳。

[3]孔子：即孔丘，字仲尼（公元前551—前479），春秋魯國人。見《史記》卷四七《孔子世家》。

[4]首陽山：《史記·伯夷列傳》“集解”引馬融説，謂在河東蒲阪華山之北，河曲之中。曹大家謂在隴西首。戴延之謂在洛陽東

北。《説文》謂在遼西，今多從此説。

［5］武王：姬發，西周王朝第一位王。　紂王：帝辛，商朝最後一位王。

［6］殷：又稱商，朝代名（約公元前16—前11世紀）。　周：指西周，朝代名（約公元前11世紀—前771）。

［7］春水：金朝皇帝春季狩獵的地方。當在距中都不甚遠之處，不能確指。

［8］女直科舉：金世宗大定十三年（1173）始開設女真進士科舉，每場策一道，免鄉試、府試，止赴會試、御試。大定二十年定制，以策、詩試三場，策用女真大字，詩用女真小字。

［9］《論語》：是孔子弟子及後學關於孔子言行思想的記録，共二十篇。語出《論語·爲政》。

顯宗嘗謂中侍局都監蒲察查刺曰：[1]“入殿小底完顔訛出、[2]侍讀完顔撒速，與我同族，汝知之乎？”對曰：“不知也。”顯宗曰：“撒速，始祖九世孫。訛出，保活里之世也。[3]始祖兄弟皆非常人，汝何由知此。”

［1］中侍局都監：東宫屬官。掌東宫内之禁令、省察宫人廪賜給納諸物、轄侍人等。正九品。　蒲察查刺：女真人。其他事迹不詳。

［2］入殿小底：東宫屬吏。官品不詳。　完顔訛出：女真人。其他事迹不詳。

［3］保活里：女真人。姓完顔氏，金始祖完顔函普弟。

顯宗命匡作《睿宗功德歌》，[1]教章宗歌之，其詞曰：“我祖睿宗，厚有陰德。國祚有傳，儲嗣當立。滿朝疑懼，獨先啓策。徂征三秦，[2]震驚來附。富平百萬，[3]望風奔仆。靈恩光被，時雨春暘。神化周浹，春生冬藏。”蓋取宗翰與睿宗定策立熙宗，[4]及平陝西大破張浚于富平也。[5]二十三年三月萬春節，[6]顯宗命章宗歌此詞侑觴，[7]世宗愕然曰：“汝輩何因知此？”顯宗奏曰：“臣伏讀《睿宗皇帝實録》，欲使兒子知創業之艱難，命侍讀撒速作歌教之。”世宗大喜，顧謂諸王侍臣曰：“朕念睿宗皇帝功德，恐子孫無由知，皇太子能追念作歌以教其子，嘉哉盛事，朕之樂豈有量哉！卿等亦當誦習，以不忘祖宗之功。”命章宗歌數四，酒行極歡，乙夜乃罷。

[1]睿宗：廟號。即完顔宗輔，世宗父。本書卷一九《世紀補》有紀。

[2]三秦：指今陝西之地。

[3]富平：地名。在今陝西省富平縣北，金太宗天會年間宋金曾在此大戰。

[4]宗翰：女真人。姓完顔氏。本書卷七四有傳。　熙宗：廟號。即完顔合剌，漢名亶。金朝第三任皇帝。1136 年至 1149 年在位。太宗天會十年（1132）商議立熙宗爲儲嗣的主要人物是宗翰與宗幹。

[5]及平陝西大破張浚于富平：“平”，原作“乎”，《永樂大典》卷六七六四《申王》作“平”。殿本、局本作“乎”。中華點校本據改爲“平”，今從之。張浚，南宋初年著名將相，宋高宗朝與孝宗朝皆任尚書右僕射、同中書門下平章事兼知樞密院事，都督諸路軍馬。《宋史》卷三六一有傳。

[6]萬春節：金世宗的誕辰日，大定年間每年三月。

［7］侑觴：侑，通宥。侑觴，勸酒。

二十五年，匡中禮部策論進士。[1]是歲，世宗在上京，顯宗監國。三月甲辰，御試，前一日癸卯，讀卷官吏部侍郎李晏、[2]棣州防禦使把内剌、[3]國史院編修官夾谷衡、[4]國子助教尼厖古鑑進稟，[5]策題問“契敷五教，[6]臯陶明五刑，[7]是以刑措不用、比屋可封。今欲興教化，措刑罰，振紀綱，施之萬世，何術可致?”匡已試，明日入見，顯宗問對策云何，匡曰：“臣熟觀策問敷教、措刑兩事，不詳‘振紀綱’一句，秪作兩事對，策必不能中。”顯宗命匡誦所對策，終篇，曰：“是亦當中。”匡曰：“編修衡、助教鑑長於選校，必不能中。”已而，匡果下第。顯宗惜之，謂侍臣曰：“我只欲問教化、刑罰兩事，乃添振紀綱一句，命刪去，李晏固執不可，今果誤人矣。”謂侍正石敦寺家奴、唐括曷荅曰：[8]“侍讀二十一年府試不中，我本不欲侍讀再試，恐傷其志，今乃下第，使人意不樂。”是歲初取止四十五人，顯宗命添五人，僕散訛可中在四十五人，後除書畫直長。[9]匡與訛可俱爲侍讀，匡被眷遇特異，顯宗謂匡曰：“汝無以訛可登第怏怏，但善教金源郡王，[10]何官不可至哉!”是歲，顯宗薨，章宗判大興尹，[11]封原王，[12]拜右丞相，[13]立爲皇太孫。匡仍爲太孫侍讀。二十八年，匡試詩賦，漏寫詩題下注字，不取，特賜及第，除中都路教授，[14]侍讀如故。

［1］禮部策論進士：禮部是主持科舉的衙門，策論進士即女真

科舉進士。

［2］吏部侍郎：吏部屬官。爲尚書的副佐，佐掌禮樂、祭祀、學校、貢舉、册命、天文、釋道、使官之事。正四品。　李晏：本書卷九六有傳。

［3］棣州防禦使：州長官。掌一州軍、政事務。從四品。棣州治所在今山東省惠民縣北。　把内剌：女真人。其他事迹不詳。

［4］國史院編修官：國史院屬官。掌編修國史。正員八人，女真族、漢族各四員，正八品。　夾谷衡：女真人。本書卷九四有傳。

［5］國子助教：國子監屬官。掌教誨諸生。正員二人，女真人、漢人各一員，正八品。　尼厖古鑑：女真人。本書卷九五有傳。

［6］契敷五教：契，人名。傳説是商族的始祖帝嚳子，由其母簡狄吞玄鳥卵而生。舜時賜姓子氏，封於商。敷，陳述。五教，父義、母慈、兄友、弟恭、子孝。

［7］臯陶明五刑：臯陶，人名。傳説爲舜的臣，掌刑獄之事。五刑，墨、劓、剕、宫、大辟。

［8］侍正：東宫屬官。掌冠帶衣服、左右給使之事。正七品。石敦寺家奴、唐括曷荅：二人皆爲女真人。其他事迹不詳。

［9］書畫直長：書畫局長官。掌御用書畫紙劄。正八品。

［10］金源郡王：封爵名。郡王封號第一位。此處指顯宗子完顔璟（即章宗）。

［11］大興尹：府長官。大興府爲中都治所，府尹兼中都路兵馬都總管府事，掌宣風導俗，肅清所部，總判府事。正三品。大興府治所在今北京市。

［12］原王：封爵名。大定格，次國封號第十五位。

［13］右丞相：宰相成員之一，是國家重要輔弼大臣，地位僅次於左丞相。掌丞天子，平章萬機。從一品。

［14］中都路教授：學官。掌教誨諸生。官品或比國子學教授，正八品。

章宗即位，除近侍局直長，[1]歷本局副使、局使，[2]提點太醫院，[3]遷翰林直學士。[4]使宋，[5]上令權更名弼，以避宋祖諱，[6]事載《本紀》。遷祕書監，[7]仍兼太醫院、近侍局事，再兼大理少卿。[8]遷簽書樞密院事，[9]兼職如故。承安元年，[10]行院于撫州。[11]河北西路轉運使温昉行六部事，[12]主軍中餽餉，屈意事匡，以馬幣爲獻，及私以官錢佐匡宴會費，監察御史姬端脩劾之，[13]上方委匡以邊事，遂寢其奏。三年，入奏邊事，居五日，還軍。尋入守尚書左丞，[14]兼修國史，進《世宗實録》。[15]

[1]近侍局直長：近侍局屬官。佐掌侍從等事。正八品。

[2]本局副使、局使：近侍局屬官。掌侍從，承勑令，轉進奏帖。副使，從六品。使，從五品。

[3]提點太醫院：宣徽院所屬太醫院長官。掌諸醫藥，總判院事。正五品。

[4]翰林直學士：翰林學士院屬官。掌制撰詞命，凡應奉文字，銜内帶“知制誥”。不限員，從四品。

[5]使宋：於章宗明昌四年（1193）十一月爲賀宋正旦使。

[6]宋祖：指宋太祖趙匡胤，960年至976年在位。

[7]祕書監：秘書監長官。掌經籍圖書。從三品。

[8]大理少卿：大理寺屬官。掌審斷天下奏案，詳斷疑獄。從五品。

[9]簽書樞密院事：樞密院屬官。掌國家軍務機密之事。正三品。

[10]承安：金章宗年號（1196—1200）。

[11]行院：官署名。即行樞密院，樞密院在地方的臨時機構。

章宗承安元年（1196），因對西北部族用兵，首開於撫州。宣宗以後遍布全國，多設於軍事要地。　撫州：治所在今内蒙古自治區烏蘭察布市興和縣。

［12］河北西路轉運使：轉運司長官。掌稅賦錢穀、倉庫出納、權度量衡之制。正三品。河北西路轉運司全稱河北東西大名等路轉運司，治於真定府，今河北省正定縣。　温昉：章宗朝曾任太府少監、户部侍郎等職。　行六部事：行部長官。臨時官職。章宗以來，因用兵、河防等事涉及諸路，臨時設行尚書省，或設行六部，到金末遍布全國。據本書卷一〇《章宗紀二》記載：承安二年（1197）三月“壬午，命尚書户部侍郎温昉佩金符，行六部尚書於撫州”。時間是承安二年，官職是户部侍郎，均與此處記載不符。

［13］監察御史：御史臺屬官。掌糾察内外官員非違之事。正員十二人，正七品。　姬端脩：又作宗端脩。本書卷一〇〇有傳。

［14］尚書左丞：尚書省屬官。爲執政官，宰相的副佐，佐治省事。正二品。按《章宗紀》承安四年，簽樞密院事完顏匡爲尚書右丞，泰和三年（1203）正月以右丞爲左丞。此處左丞當爲右丞之誤。

［15］進《世宗實録》：“實録”，元刻本作“寶録”，《永樂大典》卷六七六四《申王》亦作“實録”。按卷一〇《章宗紀二》，明昌四年（1193）八月“辛亥，國史院進《世宗實録》”。此又重見，故錢大昕《元史藝文志》、施國祁《金史詳校》皆以完顏匡所進爲《顯宗實録》。

章宗立提刑司，[1]專糾察黜陟，當時號爲外臺，匡與司空襄、[2]參政揆奏：[3]“息民不如省官，聖朝舊無提刑司，皇統、[4]大定間每數歲一遣使廉察，郡縣稱治。自立此官，冀達下情，今乃是非混淆，徒煩聖聽。自古無提點刑獄專薦舉之權者，若陛下不欲遽更，不宜使兼采訪廉能之任。歲遣監察體究，仍不時選使廉訪。”上從其議，於是監察體訪之使出矣。

[1]提刑司：地方監察機構。《大金國志》卷三八《提刑司九處》載，章宗大定二十九年（1189）六月於全國設九處提刑司：中都西京路（西京置司）、南京路（南京置司）、北京臨潢路（臨潢置司）、東京咸平府路（咸平置司）、上京路（上京置司）、河東南北路（汾州置司）、河北東西大名等路（河間置司）、陝西諸路（平涼置司）以及山東東西路（濟南置司）。掌審察刑獄，察舉官吏，舉廉能，劾不法，糾正官邪，勸農桑。

[2]司空襄：司空，官名。三公之一。論道經邦，燮理陰陽。正一品。襄，姓完顔氏，女真宗室。本書卷九四有傳。

[3]參政：即參知政事，尚書省屬官。爲執政官，丞相的副佐，佐治尚書省事。正員二人，從一品。　揆：女真人。姓僕散。本書卷九三有傳。

[4]皇統：金熙宗年號（1141—1149）。

初，匡行院于撫州，障葛將攻邊境，[1]會西南路通事黄摑按出使烏都椀部知其謀，[2]奔告行院爲之備，迎擊障葛，敗其兵。按出與八品職，遷四官。匡遷三官。匡奏乞以所遷三官讓其兄奉御賽一，[3]上嘉其義，許之。改樞密副使，[4]授世襲謀克。[5]

[1]障葛：或爲北方游牧民族的部落名，或爲部落首領名。

[2]西南路通事：地方官府低級官吏。金朝是多民族的政權，各民族之間語言不同，通事如同今日的翻譯。　黄摑按出：女真人。其他事迹不詳。　烏都椀部：部族名。當爲北方游牧民族的部

族，具體不詳。

[3]奉御：近侍局下屬吏員。　賽一：女真人。姓完顏。其他事迹不詳。

[4]樞密副使：樞密院屬官。佐掌國家軍務機密之事。從二品。

[5]世襲謀克：女真族世爵。受封人有領地、封户。謀克相當於縣。

宋主相韓侂胄。[1]侂胄嘗再爲國使，頗知朝廷虛實。及爲相，與蘇師旦倡議復讎，[2]身執其咎，繕器械，增屯戍，初未敢公言征伐，乃使邊將小小寇鈔以嘗試朝廷。泰和五年正月，[3]入確山界奪民馬。[4]三月，焚平氏鎮，[5]剽民財物，掠鄧州白亭巡檢家貲，[6]持其印去。遂平縣獲宋人王俊，[7]唐州獲宋諜者李忭，[8]俊襄陽軍卒，[9]忭建康人。[10]俊言宋人於江州、鄂、岳屯大兵，[11]貯甲仗，修戰艦，期以五月入寇。忭言侂胄謂大國西北用兵連年，公私困竭，可以得志，命修建康宫，勸宋主都建康節制諸道。河南統軍司奏請益兵爲之備。[12]詔平章政事僕散揆爲河南宣撫使，[13]籍諸道兵，括戰馬，臨洮、德順、秦、鞏各置弓手四千人。[14]詔揆遺書宋人曰："奈何興兵?"宋人辭曰："盜賊也。邊臣不謹，今黜之矣。"

[1]韓侂（tuō）胄：宋人。南宋寧宗朝官至太師、平章軍國事。《宋史》卷四七四有傳。

[2]蘇師旦：宋人。南宋寧宗朝安遠軍節度使，領閤門事，主張對金開戰。

[3]泰和：金章宗年號（1201—1208）。

[4]確山：縣名。治所在今河南省確山縣。

[5]平氏鎮：鎮名。在今河南省唐河縣平氏鎮。

[6]鄧州白亭：鄧州治所在今河南省鄧州市。白亭，鎮名。在今河南省尉氏縣白亭鎮。

[7]遂平縣：治所在今河南省遂平縣。　王俊：宋軍士兵。

[8]唐州：治所在今河南省唐河縣。　李仵：宋軍士卒。

[9]襄陽：宋府名。治所在今湖北省襄樊市。

[10]建康：宋府名。治所在今江蘇省南京市。

[11]江州、鄂、岳：宋州名。江州治所在今江西省九江市，鄂州治所在今湖北省武漢市，岳州治所在今湖南省岳陽市。

[12]河南統軍司：官署名。督統金朝駐守河南一帶的軍隊，治所在開封府，即今河南省開封市。

[13]平章政事：金代宰相成員之一，丞相的副佐，掌丞天子，平章萬機。正員二人，從一品。　僕散揆：女真人。本書卷九三有傳。　河南宣撫使：宣撫司長官。掌鎮撫人民，譏察邊防軍旅，審録重刑事。正三品。河南宣撫司亦駐開封府。

[14]臨洮、德順、秦、鞏：臨洮，府名。治所在今甘肅省臨洮縣。德順，州軍名。治於臨洮府。秦，州名。治所在今甘肅省天水市。鞏，州名。治所在今甘肅省隴西縣。

宋人將啓邊釁，太常卿趙之傑、[1]知大興府承暉、[2]中丞孟鑄皆曰：[3]“江南敗衄之餘，自救不暇，恐不敢敗盟。”匡曰：“彼置忠義保捷軍，[4]取先世開寶、天禧紀元，[5]豈忘中國者哉！”大理卿畏也曰：[6]“宋兵攻圍城邑，動輒數千，不得爲小寇。”上問參政思忠，[7]思忠極言宋人敗盟有狀，與匡、畏也合，上以爲然。及河南統軍使紇石烈子仁使宋還，[8]奏宋主修敬有加，無他志。

上問匡曰："於卿何如？"匡曰："子仁言是。"上愕然曰："卿前議云何，今乃中變邪？"匡徐對曰："子仁守疆圉，不妄生事，職也。《書》曰'有備無患'，[9]在陛下宸斷耳。"於是，罷河南宣撫司，僕散揆還朝。[10]

[1]太常卿：太常寺長官。熙宗皇統三年（1143）正月始置，掌管太廟、廩犧、郊社、諸陵、大樂等官屬。從三品。　趙之傑：金章宗泰和五年（1205）十一月爲賀宋正旦使。

[2]知大興府：知府一職，本書《百官志》不載。世宗大定年間始設，官品高於同知，或低於府尹。章宗朝及以後，不授府尹，以知府事代之，掌宣風導俗，肅清所部，總判府事。官品或與府尹同，正三品。　承暉：女真人。姓完顔氏，宗室出身。本書卷一〇一有傳。

[3]中丞：即御史中丞，御史臺屬官。御史大夫的副佐，佐掌糾察朝儀，彈劾官邪，審刑獄不當之事。從三品。　孟鑄：本書卷一〇〇有傳。

[4]忠義保捷軍：宋軍名。具體不詳。

[5]開寶、天禧：開寶，北宋太祖趙匡胤的年號（968—976）。天禧：北宋真宗趙恒的年號（1017—1021）。

[6]大理卿：大理寺長官。掌審斷天下奏案，詳斷疑獄。正四品。　畏也：女真人。即蒲察思忠。本書卷一〇四有傳。

[7]參政：女真人。指參知政事獨吉思忠。本書卷九三有傳。

[8]河南統軍使：統軍司長官。掌督領軍馬，鎮攝封陲，分營衛，視察奸。正三品。　紇石烈子仁：女真人。章宗朝曾任知興中府事、河南路統軍使、元帥左監軍、右副元帥、樞密使，泰和五年（1205）以河南路統軍使爲賀宋生日使。

[9]《書》：《尚書》，以下語見《尚書·説命中》。

[10]罷河南宣撫司，僕散揆還朝：按本書卷一二《章宗紀

四》，泰和五年（1205）八月辛卯，因宣撫使僕散揆之奏請，“詔罷宣撫司”。九月戊子，“以河南路統軍使紇石烈子仁等爲賀宋生日使”。又卷六二《交聘表下》同。可知罷宣撫司在前，子仁使宋在後。此處敘事顛倒。《金史詳校》卷八下，“此係抄胥之稍解文字者誤脱而率補於此”。

六年二月，宋人陷散關，[1]取泗州、[2]虹縣、靈壁。[3]四月，復詔僕散揆行省事于汴，[4]制諸軍。頃之，以匡爲右副元帥。[5]揆請匡先取光州，[6]還軍懸瓠，[7]與大軍合勢南下。匡奏："僕散揆大軍渡淮，宋人聚兵襄、沔以窺唐、鄧，[8]汴京留兵頗少，有掣肘之患，請出唐、鄧。"從之。遣前鋒都統烏古論慶壽以騎八千攻棗陽，[9]遣左翼提控完顏江山以騎五千取光化，[10]右翼都統烏古孫兀屯取神馬坡，[11]皆克之。匡軍次白虎粒，[12]都統完顏按帶取隨州，[13]烏古論慶壽扼赤岸，[14]斷襄、漢路。[15]宋隨州將雷太尉遁去，[16]遂克隨州。於是，宋鄧城、樊城戍兵皆潰。[17]賜詔獎諭，戒諸軍毋虜掠、焚壞城邑。匡進兵圍德安，[18]分遣諸將徇下安陸、應城、雲夢、漢川、荆山等縣，[19]副統蒲察攻宜城縣取之。[20]十二月敗宋兵二萬人于信陽之東，[21]詔曰："卿總師出疆屢捷，殄寇撫降，日闢土宇。彼恃漢、江以爲險阻，箠馬而渡，如涉坦途，荆、楚削平，不爲難事，雖天佑順，亦卿籌畫之効也。益宏遠圖，以副朕意。"匡進所獲女口百人。詔匡權尚書右丞，[22]行省事，右副元帥如故。

[1]散關：大散關，長城關口名。在今陝西省寶鷄市南。

[2]泗州：原作“泗川”，《永樂大典》卷六七六四《申王》引文與局本作“泗州”。中華點校本據改之，今從之。泗州治所在今江蘇省盱眙縣北。

[3]虹縣、靈壁：縣名。虹縣治所在今安徽省泗縣，靈壁治所在今安徽省靈璧縣。

[4]行省事：行省長官。爲臨時官職。金章宗以來，因用兵、河防等事涉及諸路，臨時設行尚書省。　汴：汴京，即南京。

[5]右副元帥：元帥府長官之一。掌征討之事。正二品。

[6]光州：宋州名。治所在今河南省潢川縣。

[7]懸瓠：城名。在今河南省汝南縣城。又地名，在縣北二里汝水之曲。

[8]襄：即宋襄陽府。　沔：宋州名。治所在今陝西省略陽縣。

[9]前鋒都統：軍官名。掌統兵作戰。　烏古論慶壽：女真人。本書卷一〇一有傳。　棗陽：宋州軍名。治所在今湖北省棗陽市。

[10]左翼提控：統兵官。　完顔江山：女真人。其時官職爲總押鄧州軍馬事。　光化：宋州軍名。治所在今湖北省丹江口市東南。

[11]右翼都統：統軍官。當爲一路軍的指揮官。　烏古孫兀屯：女真人。本書卷一二一有傳。　神馬坡：具體地點不詳。

[12]白虎粒：所在地不詳。

[13]都統：統兵官。　完顔按帶：女真人。其他事迹無考。　隨州：宋州名。治所在今湖北省隨州市。

[14]赤岸：山名。在江蘇六合縣西南四十里。《中國歷史地圖集》置於錢塘東北。

[15]襄、漢路：襄，襄陽。漢，漢水。

[16]雷太尉：宋人。其他事迹不詳。

[17]鄧城：宋地名。在今湖北省襄樊市北。　樊城：宋地名。在今湖北省襄陽縣。

[18]德安：宋府名。治所在今湖北省安陸市。

[19]安陸：宋縣名。治所在今湖北省安陸市。　應城：宋縣名。治所在今湖北省應城市。　雲夢：宋縣名。治所在今湖北省雲夢縣。　漢川：宋縣名。治所在今湖北省漢川縣北。　荆山：宋縣名。治所在今安徽省懷遠縣北。

[20]蒲察：女真人。其他事迹不詳。　宜城縣：治所在今湖北省宜城市。

[21]信陽：宋州軍名。治所在今河南省信陽市。

[22]權尚書右丞：尚書省執政官。輔佐宰相治理尚書省政務。正二品。權，代理。

吴曦以蜀、漢内附，[1]詔匡先取襄陽以屏蔽蜀、漢。完顔福海破宋援襄陽兵於白石硲，[2]遂取穀城縣。[3]僕散揆得疾，遂班師，至蔡，[4]疾革，詔右丞相宗浩代之。[5]七年二月，揆薨。匡久圍襄陽，士卒疲疫，會宗浩至汴，匡乃放軍朝京師，[6]轉左副元帥，[7]賜宴于天香殿，[8]還軍許州。[9]九月，宗浩薨，匡爲平章政事，兼左副元帥，封定國公，[10]代宗浩總諸軍，行省于汴京。

[1]吴曦：宋人。時爲宋朝四川宣撫副使，知興州，兼陝西、河東招撫使，後降金。《宋史》卷四七五有傳。

[2]完顔福海：女真人。其他事迹無考。　白石硲：地名。具體不詳。

[3]穀城縣：宋縣名。治所在今湖北省穀城縣。

[4]蔡：州名。治所在今河南省汝南縣。

[5]宗浩：女真人。姓完顔氏，宗室出身。本書卷九三有傳。

[6]京師：指中都，治所在今北京市。

[7]左副元帥：元帥府長官之一。掌征討之事。正二品。

[8]天香殿：本書僅一見，當爲中都城内大殿。

[9]許州：治所在今河南省許昌市。

[10]定國公：封爵名。明昌格，小國封號第四位。

初，僕散揆初至汴，既定河南諸盗，乃購得韓侂胄族人元靚，[1]使行間於宋。元靚渡淮，宋督視江、淮兵馬事丘崈奏之宋主。[2]是時，宋主、侂胄見兵屢敗以爲憂，欲乞盟無以爲請，得崈奏，即命遣人護元靚北歸，因請議和。崈使其屬劉祐送元靚申和議于揆，[3]揆曰："稱臣割地，獻首禍之臣，然後可。"宋主因密諭丘崈，使歸罪邊將以請焉。及宗浩代揆，方信孺至，[4]宗浩以方信孺輕佻不可信，移書宋人，果欲請和當遣朱致和、吴琯、李大性、李壁來。[5]侂胄得報大喜過望，乃召張巖于建康，[6]罷爲福建觀察使，[7]歸罪蘇師旦，貶之嶺南。[8]是時，李壁已爲參政，[9]不可遣。朱致和、吴琯已死，李大性知福州，[10]道遠不能遽至。乃遣左司郎中王柟來，[11]至濠州，[12]匡使人責以稱臣等數事。柟以宋主、侂胄情實爲請，依靖康二年正月請和故事，[13]世爲伯姪國，增歲幣爲三十萬兩、匹，犒軍錢三百萬貫，蘇師旦等俟和議定當函首以獻。柟至汴，以侂胄書上元帥府，[14]匡復詰之，柟懇請曰："此事實出朝旨，非行人所專。"匡察其不妄，乃具奏。章宗詔匡移書宋人，當函侂胄首贖淮南地，改犒軍錢爲銀三百萬兩。於是，宋吏部侍郎史彌遠定計殺韓侂胄，[15]彌遠知國政，和好自此成矣。

［1］元靚：宋人。其他事迹不詳。

［2］宋督視江、淮兵馬事：宋官名。臨時委任的官職。　丘崈（chóng）：宋人。《宋史》卷三九八有傳。　宋主：即宋寧宗趙擴。1195年至1224在位。

［3］劉祐：宋人。其他事迹不詳。

［4］方信孺：宋人。阿附丞相韓侂胄，主張對金開戰。《宋史》卷三九六有傳。

［5］朱致和、吴琯、李大性、李璧：南宋寧宗朝官員。朱致和，本書卷六二《交聘表下》、卷九三《宗浩傳》、《宋史》卷三七《寧宗紀》都作"朱致知"。吴琯，其他事迹無考。李大性，户部尚書，主張不輕易對金用兵。《宋史》卷三九五有傳。李璧，《宋史》作李壁，又據《西山先生真文忠公文集》卷四一《李壁神道碑》"璧"爲"壁"之誤。曾任參知政事，雖主張不宜輕易舉兵，但不敢忤韓侂胄，被削官三秩。《宋史》卷三九八有傳。

［6］張巖：宋人。任督視江、淮軍馬。《宋史》卷三九六有傳。

［7］福建觀察使：宋官名。爲榮職，並非實職。福建，宋路名。治所在今福建省福州市。

［8］嶺南：泛指五嶺以南地區。

［9］參政：宋官名。輔佐大政，參庶政。

［10］知福州：宋官名。掌一州政務，宣布條教，勸課農桑，總管賦役、錢穀、獄訟之事。福州，宋州名。治所在今福建省福州市。

［11］左司郎中：宋官名。掌受付吏、户、禮三部之事，舉正文書稽失，分治省事。　王柟：宋人。《宋史》卷三九五有傳。

［12］濠州：宋州名。治所在今安徽省鳳陽縣。

［13］靖康：宋欽宗的年號（1126—1127）。

［14］元帥府：海陵王天德二年（1150）十二月改制以後，元帥府是全國最高軍事統帥機關，掌征討之事。兵興始置，兵罷則省。

[15]吏部侍郎：宋官名。分左右選，左選掌文臣之未改官者，右選掌武臣之未升朝者。　史彌遠：宋人。《宋史》卷四一四有傳。

於是，廷議諸軍已取關隘不可與。王柟以宋参政錢象祖書來，[1]略曰：

竊惟昔者修好之初，蒙大金先皇帝許以畫淮爲界。今大國遵先皇帝聖意，自盱眙至唐、鄧畫界仍舊，[2]是先皇帝惠之于始，今皇帝全之于後也。然東南立國，吴、蜀相依，[3]今川、陝關隘大國若有之，[4]則是撤蜀之門户，不能保蜀，何以固吴？已增歲幣至三十萬，通謝爲三百萬貫，以連歲師旅之餘，重以喪禍，豈易辦集。但邊隙既開和議，區區悔艾之實，不得不黽勉遵承。又蒙聖畫改輸銀三百萬兩，在本朝宜不敢固違，然傾國資財，竭民膏血，恐非大金皇帝棄過圖新、兼愛南北之意也。

[1]錢象祖：宋人。宋寧宗朝官至左丞相。

[2]盱眙：宋州軍名。治所在今江蘇省盱眙縣。

[3]吴、蜀：宋地名。吴，指長江中下游。蜀，指四川、雲貴一帶。

[4]川、陝：地名。指今四川、陝西。

主上仁慈寬厚，謹守信誓，豈有意於用兵。止緣侂胄啓釁生事，迷國罔上，以至於斯。是以奮發英斷，大正國典，朋附之輩誅斥靡貸。今大國欲使斬送侂胄，是未知其亡死也。[1]侂胄實本庸愚，怙權輕信，有誤國事，而致侂胄誤國者蘇師旦也。師旦既貶，侂胄尚力庇之，囑方信孺妄言已死，近推究其事，師旦已行斬首。儻大國終惠川、陜關隘，所畫銀兩悉力祗備，師旦首函亦當傳送，以謝大國。

本朝與大國通好以來，譬如一家叔姪，本自協和，不幸奴婢交鬬其間，遂成嫌間。一旦猶子翻然改悟，斥逐奴隸，引咎謝過，則前日之嫌便可銷釋，奚必較錙銖豪末，反傷骨肉之恩乎？惟吴、蜀相爲首尾，關隘繫蜀安危，望敢備奏，始終主盟，使南北遂息肩之期，四方無兵革之患，不勝通國至願。

[1]是未知其亡死也："亡死"，殿本作"已死"，當從殿本。

是時，陜西宣撫司請增新得關隘戍兵萬人。[1]王柟狀稟，如蒙歸川、陜關隘，韓侂胄首必當函送，遵上國之命。匡奏曰："關隘之事，臣初亦惑之，今當增戍萬人，壁壘之役，饋餫之勞，費用必廣。祖宗所以不取者，以關隘僅能自保耳，非有益於戰也。設能入寇，縱之平地，以鐵騎蹂之，無一得脱。彼哀祈不已者，以前日負固尚且摧覆，今遂失之，是無一日之安也。必謂兵力得之不可還賜，則漢上諸郡皆膏腴耕桑之地，棗陽、光化歸順之民數萬户，較之陜右輕重可知，[2]獨在陛下決之耳。"詔報曰："侂胄渠魁，既請函首，宋之悔服可謂誠矣。"匡乃遣王柟還，復書曰："宋國負渝盟之罪，自陳悔艾，主上德度如天，不忍終絶，優示訓諭，許以更成，所以覆護鎮撫之恩至深至厚。昨奉聖訓，如能斬送韓侂胄，徐議還淮南地。來書言韓侂胄已死，將以蘇師旦首易之，飾辭相紿如此。[3]至于犒軍銀兩欲俟歸關隘然後祗備，是皆有咈聖訓。[4]及王柟狀稟，如蒙歸還川、陝關隘，其韓侂胄首必當函送。聖訓令斬送侂胄首者，本欲易淮南地，[5]陝西關隘不預焉。王柟所陳亦非元畫事理，不敢專決，具奏。奉旨‘朕以生靈爲念，已貰宋罪，[6]關隘區區豈足深較，既能函送韓侂胄首，陝西關隘可以還賜’。今恩訓如此，其體大國寬仁矜恤曲從之意，倐追誓書，[7]賫遣通謝人使赴闕。”

[1]陝西宣撫司：官署名。金章宗泰和六年（1206）始置，節制陝西右監軍、右都監兵馬公事。八年改爲安撫使，掌鎮撫人民、譏察邊防軍旅、審録重刑事。陝西宣撫司，治於平凉府，治所在今甘肅省平凉市。

[2]陝右：地名。指陝西西部。

[3]紿：欺騙。

[4]咈：違背、違逆。

[5]本欲易淮南地：原無“淮”字，從上文有“徐議還淮南地”之語，中華點校本據文義補“淮”字，今從之。

[6]貰：赦免、寬縱。

[7]倐追誓書：北監本、殿本、局本爲“追倐誓書”，中華點校本據乙正，當以“追倐”爲是。

王柟之歸也，匡要以先送叛亡驅掠，然後割賜淮南、川、陝，及彼誓書草本有犯廟諱字及文義有[illegible]如體製者，諭令改之。宋人以叛亡驅掠散在州縣，一旦拘刷，未易聚集。今已四月，農事已晚，邊民連歲流離失所，扶携道路，即望復業，過此農時，遂失一歲之望。歲幣犒軍物多，非旬月可辦。錢象祖復以書來，略曰："竊見大金皇帝前日聖旨，如能斬送韓侂胄首，沿淮之地並依皇統、大定已畫爲定。又睹今來聖旨，既能送侂胄首，陝西關隘可并還賜。以此仰見聖慈寬大，初無必待發遣驅掠官兵，然後退兵交界之語。誓書草本添改處，先次録本齎呈，并將侂胄首函送，及管押納合道僧、李全家口一并發還。[1]欲望上體大金皇帝畫定聖旨，先賜行下沿邊及陝西所屬，候侂胄首到界上，即便抽回軍馬，歸還淮南及川、陝關隘地界。所有驅掠官兵留之何益，見已從實刷勘發還。其使人禮物歲幣等已起發至真、揚間，[2]伺候嘉報，迤邐前去界首，以俟取接。"

[1]納合道僧：女真人。其他事迹不詳。　李全：金末有一李全，與其當爲兩人，此人其他事迹不詳。

[2]真、揚：宋州名。真州治所在今江蘇省儀征市，揚州治所在今江蘇省揚州市。

匡得錢象祖書，即具奏，詔報曰："朕以生靈之故已從請，稱臣割地尚且闊略，區區小節何足深較。其侂胄、師旦首函及諸叛亡至濠州，即聽通謝人使入界，軍馬即當徹還，[1]川、陝關隘俟歲幣犒軍銀絹至下蔡，[2]畫日割賜。"匡得詔書，即以諭宋人，使如詔書從事。

[1]徹：同“撤”。

[2]下蔡：縣名。治所在今安徽省鳳臺縣。

泰和八年閏四月乙未，[1]宋獻韓侂胄、蘇師旦首函至元帥府，匡遣平南撫軍上將軍紇石烈貞以侂胄、師旦首函露布以聞。[2]五月丁未，遣户部尚書高汝礪、[3]禮部尚書張行簡奏告天地，[4]武衛軍都指揮使徒單鏞奏告太廟，[5]御史中丞孟鑄告社稷。[6]是日，上御應天門，[7]立黄麾仗，受宋馘。尚書省奏露布，[8]親王百官起居上表稱賀。獻馘廟社，[9]以露布頒中外。竿侂胄、師旦首并二人畫像于通衢，百姓縱觀，然後漆其首藏之軍器庫。[10]丙辰，匡朝京師，進官兩階，賜玉帶、金一百兩、銀一千五百兩、重幣三十端。罷元帥府仍爲樞密院。[11]六月癸酉，宋通謝使許弈、吴衡等入見。[12]癸未，以宋人請和詔天下。

[1]泰和八年閏四月乙未：原脱“閏”字，中華點校本據本書卷一二《章宗紀四》與《歷代長術輯要》補“閏”字，今從之。

[2]平南撫軍上將軍：臨時任命的軍隊將領名。　紇石烈貞：女真人。金章宗朝曾任刑部尚書，明昌六年（1195）十一月爲賀宋正旦使出使宋朝。

[3]户部尚書：户部長官。掌户籍、物力、鹽鐵、酒麴、礦冶、榷場、市易、度支、國用、俸禄、錢帛、貢賦、租税、積貯、度量衡等。正三品。　高汝礪：本書卷一〇七有傳。

[4]禮部尚書：禮部長官。正三品。　張行簡：本書卷一〇六有傳。

[5]武衛軍都指揮使：武衛軍爲京師城防軍，都指揮使掌防衛

都城，警捕盗賊。從三品。　徒單鏞：女真人。其他事迹不詳。　太廟：皇帝的祖廟。

[6]御史中丞：御史臺屬官。佐掌糾察朝儀，彈劾官邪，審刑獄不當之事。從三品。　孟鑄：本書卷一〇〇有傳。　社稷：社爲土神，稷爲穀神。

[7]應天門：京師中都宫城正門。

[8]尚書省：官署名。金海陵王以後爲金朝最高權力機關。

[9]廟社：指太廟、社稷。

[10]軍器庫：官署名。隸屬京師所在的大興府，金宣宗貞祐三年（1215）改屬軍器監。

[11]樞密院：官署名。海陵天德二年（1150）十二月設置，爲金朝最高軍事機構。掌武備機密之事。

[12]許奕、吴衡：宋人。許奕，《宋史》卷四〇六有傳。吴衡，其他事迹不詳。

十一月丙辰，章宗崩，匡受遺詔，立衛紹王。[1]其遺詔略曰："皇叔衛王，[2]承世宗之遺體，鍾厚慶於元妃，[3]人望所歸，歷數斯在。今朕上體太祖皇帝傳授至公之意，[4]付畀寶祚，即皇帝位於柩前。載惟禮經有嫡立嫡、無嫡立庶，今朕之内人見有娠者兩位，已詔皇帝，如其中有男當立爲儲貳，如皆是男子，擇可立者立之。"丁巳，衛紹王即位。戊午，章宗内人范氏胎氣有損。[5]大安元年四月，[6]平章政事僕散端、[7]左丞孫即康奏：[8]"承御賈氏産期已出三月，[9]有人告元妃李氏令賈氏詐稱有身。"[10]詔元妃李氏、承御賈氏皆賜死。初，章宗大漸，匡與元妃俱受遺詔立衛王，匡欲專定策功，遂構殺李氏。數日，匡拜尚書令，[11]封申王。[12]大安元年十二月，薨。

[1]衛紹王：封號。即完顏興勝，漢名允濟（永濟），世宗第七子，爲章宗叔輩。金朝第七任皇帝。1209年至1213在位。

[2]皇叔衛王：即衛紹王。　衛王：封爵名。明昌格，次國封號第三位。

[3]元妃：后妃封號。正一品第一位。此指世宗妃李氏，渤海族人，李石之女，衛紹王母。本書卷六四有傳。

[4]太祖：廟號。即完顏阿骨打，漢名旻。金朝開國皇帝。1115年至1123年在位。

[5]范氏：其他事迹不詳。

[6]大安：金衛紹王年號（1209—1211）。

[7]僕散端：女真人。本書卷一〇一有傳。

[8]孫即康：本書卷九九有傳。

[9]承御賈氏：承御，皇宫内嬪妃名稱。賈氏，其他事迹不詳。

[10]元妃李氏：李師兒，章宗的寵妃，出身宫籍監奴。本書卷六四有傳。

[11]尚書令：尚書省長官。正一品。但此職雖官位極高，却無甚實權。

[12]申王：封爵名。明昌格，小國封號第六位。

匡事顯宗，深被恩遇。自章宗幼年，侍講讀，最親幸，致位將相，怙寵自用，官以賄成。承安中，撥賜家口地土，匡乃自占濟南、真定、代州上腴田，[1]百姓舊業輒奪之，及限外自取。上聞其事，不以爲罪，惟用安州邊吴泊舊放圍場地、[2]奉聖州在官閑田易之，[3]以向自占者悉還百姓。宣宗嘗謂侍臣曰："撒速往年嘗受人玉吐鶻，然後與之官，此豈宰相所爲哉！"

［1］濟南：府名。治所在今山東省濟南市。　真定：府名。治所在今河北省正定縣。　代州：治所在今山西省代縣。

［2］安州：治所在今河北省安新縣南。　邊吴泊：位於今河北省高陽縣西北。

［3］奉聖州：治所在今河北省涿鹿縣。

完顔綱本名元奴，字正甫。明昌中，爲奉御，[1]累官左拾遺。[2]詔三叉口置捺鉢，[3]綱上疏諫，疏中有云“賊出没其間”，詔尚書省詰問，所言不實，章宗以綱諫官，不之罪。

［1］奉御：近侍局下屬吏員。舊名入寢殿小底，大定十二年（1172）更此名，十六員。

［2］左拾遺：掌諫正百司非違，糾正官邪。正七品。

［3］三叉口：地名。　捺鉢：遼金時期皇帝狩獵納涼避暑的地點或行宫稱爲捺鉢。此捺鉢位於今河北省赤城縣境内。

遷刑部員外郎，[1]綱言：“諸犯死罪除名移推相去二百里，并犯徒罪連逮二十人以上者並令就問，曾經所屬按察司審讞者移推别路，[2]官亦依上就問。凡告移推之人皆已經本路按察審訖，即當移推别路。按察司部分廣闊，如上京路移推臨潢路，[3]最近亦往復二三千里，北京留守司移推西北路招討司，[4]最近亦須數月。乞依舊制，令移推官司追取其人歸問。”從之。

［1］刑部員外郎：刑部屬官。正員二人，一員掌律令格式、審定刑名、關津譏察、赦詔勘鞫、追征給没等事；一員掌宫户、監户

（官奴婢口）、配吏、良賤身份訴訟、城門啓閉、官吏改正、功賞捕亡等事務。

[2]按察司：地方監察機構。按察司原爲提刑司，章宗承安四年（1199）改稱按察司。按察使掌審察刑獄、照刷案牘、糾察濫官污吏豪猾之人、私鹽酒麯並應禁之事，兼勸農桑。

[3]上京路：治所在今黑龍江省阿城市白城。　臨潢路：又稱臨潢府路，治所在今内蒙古自治區巴林左旗林東鎮古城址。

[4]北京留守司：路級地方機構。掌一路軍政事務。北京，原遼中京大定府舊址，金初承用遼制稱中京，海陵貞元元年（1153）改中京爲北京。熙宗天眷元年（1138）曾改遼上京爲北京，海陵天德二年（1150）又改稱臨潢府路，世宗以後併入北京路。北京大定府治所在今内蒙古自治區寧城縣境内。　西北路招討司：官署名。金代於北部邊地設有三處招討司，統領當地駐軍，招懷降附，征討携離。西北路招討司爲其中之一，隸屬西京路，治所在今内蒙古自治區錫林郭勒盟正藍旗。

故事，使夏國者夏人饋贈禮物，[1]視書幾道以爲多寡。泰和元年，綱爲賜夏主生日使，[2]章宗命齎三詔，左司員外郎孫椿年奏詔爲一道，[3]尋自陳首，上責宰臣曰：“椿年忽略，卿等奈何不奏也。”轉工部郎中，[4]上言：“太府監官兼尚食局官，[5]乞於少府監依此例，[6]注能幹官一員兼儀鸞局官，[7]儀鸞局官一員兼少府監官，相須檢治。”從之。四年，詔綱與喬宇、宋元吉編類陳言文字，[8]綱等奏，“凡關涉宫庭及大臣者摘進，其餘以省臺六部各爲一類”，凡二十卷。遷同簽宣徽院事。[9]

[1]夏國：指西夏王朝（1038—1227）。

［2］賜夏主生日使：金夏兩朝每逢當朝皇帝生日都要互派使者，以示祝賀。此爲臨時官職，以他官兼之。

［3］左司員外郎孫椿年奏詔爲一道："奏詔"，原作"詔奏"，中華點校本據文意乙正，今從之。左司員外郎，左司屬官。掌本司奏事，總察吏、户、禮三部受事付事，兼帶修起居注官。正六品。孫椿年，章宗朝曾任監察御史，衛紹王時曾任都轉運使。

［4］工部郎中：工部屬官。佐掌修造營建法式、諸作工匠、屯田、山林川澤之禁、江河堤岸、道路橋梁之事。從五品。

［5］太府監：官署名。掌出納國家財用錢穀之事。　尚食局：官署名。隸屬宣徽院，掌總知御膳之事。

［6］少府監：官署名。掌邦國百工營造之事。

［7］儀鸞局：官署名。隸屬宣徽院，掌殿庭鋪設、帳幕、香燭等事。

［8］喬宇：章宗朝曾任知登聞檢院、禮部侍郎。　宋元吉：章宗朝曾任南京路轉運使。

［9］同簽宣徽院事：宣徽院屬官。掌朝會、燕享，凡殿庭禮儀及監知御膳。正五品。

六年，與宋連兵，陝西諸將頗相異同，以綱爲蜀漢路安撫使、都大提舉兵馬事，[1]與元帥府參決西事，調羌兵之未附者。[2]於是，知鳳翔府事完顔昱、[3]同知平凉府事蒲察秉鉉分駐鳳翔諸隘，[4]通遠軍節度使承裕、[5]秦州防禦使完顔璘屯成紀界，[6]知臨洮府事石抹仲温駐臨洮，[7]同知臨洮府事术虎高琪、[8]彰化軍節度副使把回海備鞏州諸鎮，[9]乾州刺史完顔思忠扼六盤，[10]陝西路都統副使斡勒牙剌、[11]京兆府推官蒲察秉彝戍虢、華，[12]扼潼關蒲津，[13]陝西都統完顔忠本名㮚懶、[14]同知京兆府事烏古論兖州守京兆要害，[15]以鳳翔、臨洮路蕃漢弓箭手及緋翮翅軍散據邊陲。[16]“緋翮翅”，軍名也。元帥右監軍充、右都監蒲察貞分總其事。[17]

[1]蜀漢路安撫使：安撫司長官。掌鎮撫人民、譏察邊防軍旅、審録重刑事。從一品。蜀漢路，本書卷五五《百官志一》記載金設十路宣撫司，泰和八年（1208）改爲安撫司。又以按察使兼安撫使，金代設九路按察司。然而無論十路宣撫司，還是九路按察司，都没有蜀漢路。可推知蜀漢路安撫使爲臨時官職，其主要職掌是協調諸軍對宋作戰。　都大提舉兵馬事：臨時官職。當爲軍事長官。

[2]羌：西北部少數民族名稱。

[3]鳳翔府：治所在今陝西省鳳翔縣。　完顔昱：女真人。其他事迹不詳。

[4]同知平凉府事：掌通判府事。從四品。平凉府治所在今甘肅省平凉市。　蒲察秉鉉：女真人。又任河州防禦使。

[5]通遠軍節度使：州軍官。從三品。通遠軍，州軍名。治所在今甘肅省隴西縣。　承裕：女真人。姓完顔氏，宗室出身。本書卷九三有傳。

[6]秦州防禦使：州長官。掌一州軍、政事務。從四品。秦州治所在今甘肅省天水市。　完顔璘：女真人。其他事迹不詳。然本書卷一二《章宗紀四》記載同一件事，完顔璘的官職爲隴州防禦使，隴州治所在今陝西省千陽縣西北。　成紀：縣名。秦州治所所在縣，即今甘肅省天水市。

[7]臨洮府：臨洮路首府。治所在今甘肅省臨洮市。　石抹仲温：契丹人。本書卷一〇三有傳。本傳記載石抹仲温此時的官職亦爲知臨洮府事，但本書卷一二《章宗紀四》載其官職爲臨洮路兵馬都總管，即以知府事兼兵馬都總管。

[8]术虎高琪：女真人。本書卷一〇六有傳。

[9]彰化軍節度副使：州軍官。節度使的副佐。從五品。　把回海：女真人。其他事迹不詳。　鞏州：治所在今甘肅省隴西縣。

[10]乾州刺史：州長官。掌一州財政訴訟、宣導風俗等各種政務，獨不領兵。正五品。乾州治所在今陝西省乾縣。　完顔思忠：女真人。曾任德順州刺史。　六盤：山名。在今寧夏回族自治區固原市西南。

[11]陝西路都統副使：陝西路統軍司屬官。正四品。　斡勒牙剌：女真人。其他事迹不詳。

[12]京兆府推官：府屬官。掌紀綱衆務，分判刑、工案事。正七品。京兆府，京兆府路治府，治所在今陝西省西安市。　蒲察秉彝：女真人。其他事迹不詳。　虢、華：州名。虢州治所在今河南省盧氏縣。華州治所在今陝西省華縣。虢、華亦爲二山名。

[13]潼關：地名。在今陝西省潼關。　蒲津：縣名。當在今陝西省榆林市一帶，亦作蒲澤。

[14]都統：統兵官。　完顔忠：女真人。其他事迹不詳。

[15]烏古論兖州：女真人。章宗朝曾任商州刺史，宣宗朝任陝西安撫副使。

[16]緋翮翅軍：軍隊名稱。或爲禁軍的一種。

[17]元帥右監軍：元帥府屬官。掌征討作戰之事。正三品。　充：女真人。姓完顔氏，金章宗朝曾任河南路統軍使、陝西統軍使、元帥右監軍等職，章宗承安五年（1200）以河南統軍使爲宋弔祭使出使宋朝。　右都監：元帥府屬官。從三品。　蒲察貞：女真人。其他事迹不詳。

宋吴曦以兵六千攻鹽川，[1]鞏州戍將完顔王善、[2]隊校僕散六斤、[3]猛安龍延常擊走之，[4]斬首二百級。七月，吴曦兵五萬由保坌、姑蘇等路寇秦州，[5]承裕、璘以騎千餘擊之，曦兵大敗，追奔四十里。曦别兵萬人入來遠鎮,[6]术虎高琪破之。

[1]鹽川：原作“鹽州”，本書卷一二《章宗紀四》爲“鹽川”。《金史詳校》卷八下,“‘鹽州’當作‘鹽川’”。中華點校本據改。今從之。鹽川爲鎮名，在今甘肅省隴西縣西。

[2]完顔王善：女真人。本書卷一二《章宗紀四》泰和六年(1206）六月乙亥下記此事作“完顔王喜”，二者必有一誤。

[3]隊校：統兵官。　僕散六斤：女真人。其他事迹不詳。

[4]猛安：軍事長官名稱。統兵數百至千人。　龍延常：其他事迹不詳。

[5]保坌、姑蘇：地名。當在秦州之南，具體不詳。

[6]來遠鎮：地名。在今甘肅省武山縣西南。

青宜可者,[1]吐蕃之種也。[2]宋取河湟,[3]夏取河西四郡,[4]部落散處西鄙，其魯黎族帥曰泠京,[5]據古疊州,[6]有四十三族、十四城、三十餘萬户，東鄰宕昌,[7]北接臨洮、積石,[8]南行十日至笋竹大山,[9]蓋蠻境也。西行四十日至河外，俗不論道里而以日計之云。泠京卒，子耳骨延嗣,[10]宋不能制，縻以官爵。傳六世至青宜可，尤勁勇得衆，以宋政令不常，有改事中國之意。曹佛留爲洮州刺史。[11]佛留材武有智策，能結諸羌。青宜可畏慕佛留，以父呼之，請舉國内附，朝廷以宋有盟不許，厚賜金帛以撫之。

[1]青宜可：西羌人。章宗、宣宗朝任疊州副都總管、總管等羈縻州官職。

[2]吐蕃：我國西南少數民族的名稱，今藏族的前身。

[3]河湟：指黄河、湟水兩河流域之地。

[4]河西四郡：泛指黄河以西之地。

[5]魯黎族：西羌部族的名稱。　冷京：其他事迹不詳。

[6]古疊州：金代於其地有疊州城，在今甘肅省迭部縣。

[7]宕昌：寨名。位於今甘肅省宕昌縣北。

[8]積石：州名。治所在今青海省循化撒拉族自治縣。

[9]笄竹大山：所在地不詳。

[10]耳骨延：羌人。其他事迹不詳。

[11]曹佛留：其他事迹無考。　洮州：治所在今甘肅省臨潭縣。

明昌間，屬羌已彪殺郡佐反，[1]是時綱爲奉御，奉詔與曹佛留計事，因召青宜可會兵擊破已彪。曹佛留遷同知臨洮尹，[2]兼洮州刺史。子普賢爲洮州管内巡檢使。[3]綱屢以事至洮，佛留每謂綱言青宜可願内屬，出其至情，綱輒奏之，上終不納。

[1]已彪：羌人。其他事迹不詳。

[2]同知臨洮府尹：掌通判府事。從四品。

[3]曹普賢：其他事迹不詳。　洮州管内巡檢使：州屬官。掌巡查盗賊之事。正七品。本書卷五七《百官志三》記載各州設都巡檢使，此處似缺一“都”字。

及綱部署陝西，上密勑經略西事。於是，曹佛留已死，普賢爲懷羌巡檢使。[1]綱至洮，馳召普賢攝同知洮州事。普賢傳箭入羌中，青宜可大喜，率諸部長，籍其境土人民，詣綱請内屬。綱奏其事，上以青宜可爲疊州副都總管,[2]加廣威將軍。[3]詔青宜可曰:“卿統有部人,世爲雄長,嚮風慕義,背僞歸朝,願効純誠,恒輸忠力,緬懷嘉矚,式厚褒旌。覽卿進上所受僞牌,朝廷之馭諸蕃固無此例,欲使卿有以鎮撫部族、增重觀望,是以時加改命,[4]賜金牌一、銀牌二,到可祗承,服我新恩,永爲藩衛。”曹普賢真授同知洮州事,綱遷拱衛直都指揮使,[5]遷三階,安撫、都大提舉如故。以商州刺史烏古論兖州領、[6]普賢押領、青宜可勾當。詔曰:“完顔綱,初行時汝未知朝廷有青宜可之事,獨言可以招撫,必獲其用,既而果來効順。今汝勿以青宜可兵勢重大,卑屈失體,亦勿以蕃部而藐視之。”

[1]懷羌巡檢使:當屬散巡檢。掌巡查盜賊之事。正九品。

[2]疊州副都總管:羈縻州官名。疊州屬於羈縻州,建置官職與普通州不同,以少數民族的酋長擔任,世代相襲。

[3]廣威將軍:武散官。正五品上階。

[4]是以時加改命:“時”,南監本、北監本、局本作“特”。

[5]拱衛直都指揮使:拱衛直使司屬官。掌神衛軍,謹嚴儀衛。從四品。

[6]商州:治所在今陝西省商洛市。

九月,詔安慰陝西,略曰:“京兆、鳳翔、臨洮三路,應被宋兵逼脅,背國從僞,或没落外境,若能自歸者,官吏依舊勾當,百姓各令復業,元抛地土依數給付。及受宋人旗榜結構等,或值驚擾因而避役逃亡,未發覺者,許令所在官司陳首,並行釋免,更不追究,軍前可用之人隨宜任使。限外不首，復罪如初。”

宋程松遣别將曲昌世襲方山原，[1]自率兵數萬分道襲和尚原、西山寨、龍門等關。[2]是日，大霧四塞，既又暴雨，和尚原、西山寨、龍門關戍兵不知宋兵來，松遂據之。蒲察貞遣行軍副統裴滿阿里、[3]同知隴州事完顔孛論以兵千人伏方山原下，[4]萬户奥屯撒合門、[5]美原縣令术虎合沓别將壯士五百，[6]取間道潛登，出宋兵上，自高而下，宋兵大駭，伏兵合擊，遂破之。貞乃分遣术虎合沓、部將完顔出軍奴率兵千人出黄兒谷取和尚原，[7]同知會州事女奚列南家、[8]押軍猛安粘割撒改率兵千人出大寧谷取西山寨，[9]貞自以兵七百由中路取龍門等關。程松已焚閣道，貞且脩道、且進兵，至小關，[10]松將楊廷據險注射，[11]貞不得前，令行軍副統裴滿阿里爲疑兵，潛遣猛安胡信率甲士五十人繞出其後，[12]反擊之，宋兵大亂，遂斬廷于陣。宋兵走二里關，[13]復敗。宋將彭統領宋兵走龍門，[14]追擊大破之。合沓乘夜潛登和尚原絶頂，宋人驚以爲神，皆散走，破其衆二千，生獲數十人。南家斬木開道以登西山，再與宋兵遇，皆敗之，[15]遂盡復故地。

[1]程松：宋人。《宋史》卷三九六有傳。　曲昌世：宋人。其他事迹無考。　方山原：地名。在今陝西省寶鷄市西。

[2]和尚原：地名。在今陝西省寶鷄市南。　西山寨、龍門關：地名。所在地不詳。

[3]行軍副統：即行軍副都統，統兵官。　裴滿阿里：女真人。其他事迹無考。

［4］同知隴州事：通判州事。正七品。隴州治所在今陝西省千陽縣西北。　完顏孛論：女真人。其他事迹無考。

［5］萬户：軍官名。佩帶金牌，統兵近萬人。　奥屯撒合門：女真人。其他事迹無考。

［6］美原縣令：縣長官。掌按察所部，勸課農桑，平理獄訟，捕除盜賊，宣導風化，兼管常平倉及通檢推排簿籍等事。正七品。美原縣，後魏之土門縣，唐改美原縣，元并入富平，治所在今陝西省蒲城縣西。　术虎合沓：女真人。其他事迹無考。

［7］完顔出軍奴：女真人。其他事迹無考。　黄兒谷：地名。所在地不詳。

［8］會州：治所在今甘肅省靖遠縣南。　女奚列南家：女真人。其他事迹無考。

［9］押軍猛安：軍官名。統兵千人左右。　粘割撒改：女真人。其他事迹無考。　大寧谷：地名。具體不詳。

［10］小關：地名。具體不詳。

［11］楊廷：宋人。其他事迹無考。

［12］胡信：其他事迹無考。

［13］二里關：地名。具體不詳。

［14］彭統：宋人。其他事迹無考。

［15］皆敗之：原脱“之”字，南監本、北監本、殿本、局本作“皆敗之”。中華點校本據殿本補。是，從之。

宋吴曦將馮興、楊雄、李珪以步騎八千人入赤谷，[1]將寇秦州。承裕、完顔璘、河州防禦使蒲察秉鉉逆擊，[2]破之。宋步兵趨西山，[3]騎兵走赤谷。承裕分兵躡宋步兵，宋步兵據山搏戰，部將唐括按荅海率二百騎馳擊之，[4]甲士蒙葛挺身先入其陣，[5]衆乘之，宋步兵大潰，殺數百人，追者至皂郊城，[6]斬首二千級。猛安把添奴追宋騎兵，[7]殺千餘人，馮興僅以身免，楊雄、李珪皆爲金軍所殺。[8]十月，綱以蕃、漢步騎一萬出臨潭，[9]充以關中兵一萬出陳倉，[10]蒲察貞以岐、隴兵一萬出成紀，[11]石抹仲温以隴右步騎五千出鹽川，完顔璘以本部兵五千出來遠。

[1]馮興、楊雄、李珪：宋人。馮興與楊雄其他事迹不詳，李珪爲吴曦的親信。　赤谷：地名。在今甘肅省天水市西南。

[2]河州：治所在今甘肅省臨夏市東北、東鄉縣西南。

[3]西山：地名。當在赤谷附近。

[4]唐括按荅海：女真人。其他事迹不詳。

[5]蒙葛：女真人。又作蒙括，其他事迹不詳。

[6]皂郊城：地名。又稱皂郊堡，在今甘肅省天水市南。

[7]把添奴：女真人。其他事迹不詳。

[8]李珪皆爲金軍所殺：記載有誤。《宋史》卷四七五《吴曦傳》記載，吴曦叛宋降金受封爲蜀王。宋寧宗開禧三年（1207），部將楊巨源等人殺吴曦，“賊黨……李珪……等皆誅之”。由此可知李珪並非死於金宋戰場。

[9]臨潭：縣名。治所在今甘肅省臨潭縣西南。

[10]關中：地名。指今陝西省關中地區。　陳倉：山名。在陝西省和尚原北。

[11]岐：即岐山，在今陝西省鳳翔縣東北。　隴：指今甘肅一帶。

初，吴玠、吴璘俱爲宋大將，[1]兄弟父子相繼守西土，得梁、益間士衆心。璘孫曦太尉、[2]昭武軍節度使、[3]成都、潼川府、夔、利等州路宣撫副使，[4]泰和六年出兵興元,[5]有窺關、隴之志，誘募邊民爲盜，遣諜以利餌鳳翔卒温昌,[6]結三虞候軍爲内應。[7]昌詣府上變。曦遣諸將出秦、隴間，與綱等諸軍相拒。上聞韓侂胄忌曦威名，可以間誘致之，梁、益居宋上游，可以得志于宋，封曦蜀國王,[8]鑄印賜詔，詔綱經略之。其賜曦詔曰：

[1]吴玠、吴璘：宋人。二人於《宋史》卷三六六有傳。

[2]太尉：宋官名。爲三公之首，位於太傅之上，爲宰相、親王使相加官，其特拜者不預政事。又是武階之首。

[3]昭武軍節度使：宋官名。宋朝節度使是用以尊崇親王將相大臣的稱號，並非實職。

[4]成都、潼川府、夔、利等州路宣撫副使：不常置，宣撫使之副，掌宣布威靈、撫綏邊境及統護將帥、督視軍旅之事。成都，宋府名。治所在今四川省成都市。潼川府，宋府名。治所在今四川省三臺縣。夔，宋州名。治所在今重慶市奉節縣。利，宋州名。治所在今四川省廣元市。

[5]興元：宋府名。治所在今陝西省漢中市。

[6]温昌：其他事迹無考。

[7]三虞候軍：本書卷五二《選舉志二》作三虞候順德軍，具體不詳。

[8]蜀國王：封爵名。大定格，大國封號第十八位。本書卷九《章宗紀一》，明昌二年（1191）詔：“國號犯漢、遼、唐、宋等名不得封臣下。”“蜀”也在廢改之列。此時因吴曦以蜀地降金，故特復用“蜀國王”號。

宋自佶、桓失守,[1]構竄江表,[2]僭稱位號，偷生吴會，[3]時則乃祖武安公玠捍禦兩川。[4]洎武順王璘嗣有大勳，[5]固宜世胙大帥，遂荒西土，長爲藩輔，誓以河山，後裔縱有欒黶之汰，猶當十世宥之。然威略震主者身危，功蓋天下者不賞，自古如此，非止于今。

[1]佶、桓：佶，即北宋徽宗趙佶，1101 年至 1125 年在位；桓，即欽宗趙桓，1126 年至 1127 年在位。

[2]構：即南宋高宗趙構。1127 年至 1162 年在位。

[3]吴會：地名。指今長江流域。

[4]武安公：謚號。爲吴玠死後的謚號。　兩川：地名。東川、西川的合稱。

[5]武順王：《宋史》卷三六六《吴璘傳》記載，吴璘生前宋高宗封其爲新安郡王，死後追封信王。武順王爲何時封號不詳。

卿家專制蜀漢，積有歲年，猜嫌既萌，進退維谷，代之而不受，召之而不赴，君臣之義已同路人，譬之破桐之葉不可以復合，騎虎之勢不可以中下矣。此事流傳，稔於朕聽，每一思之未嘗不當饋歎息，而卿猶偃然自安。且卿自視翼贊之功孰與岳飛？[1]飛之威名戰功暴于南北，一旦見忌，遂被叁夷之誅，可不畏哉。故智者順時而動，明者因機而發，與其負高世之勳見疑于人，惴惴然常懼不得保其首領，曷若順時因機，轉禍爲福，建萬世不朽之業哉。

[1]岳飛：《宋史》卷三六五有傳。

今趙擴昏孱，[1]受制强臣，比年以來頓違誓約，增屯軍馬，招納叛亡。朕以生靈之故，未欲遽行討伐，姑遣有司移文，復因來使宣諭，而乃不顧道理，愈肆憑陵，虔劉我邊陲，[2]攻剽我城邑。是以忠臣扼腕，義士痛心，家與爲讎，人百其勇，失道至此，雖欲不亡得乎？朕已分命虎臣，臨江問罪，長驅並騖，飛渡有期，此正豪傑分功之秋也。

[1]趙擴：即南宋寧宗。1195年至1224年在位。
[2]虔劉：劫、殺。

卿以英偉之姿，處危疑之地，必能深識天命，洞見事機，若按兵閉境不爲異同，使我師併力巢穴而無西顧之虞，則全蜀之地卿所素有，當加封册，一依皇統册構故事。[1]更能順流東下，助爲掎角，則旌麾所指盡以相付。天日在上，朕不食言。今送金寶一鈕，至可領也。

[1]皇統册構：皇統元年（1141）金宋議和，劃定疆界，宋向金納歲幣稱臣。二年，金曾遣宣徽使劉筈爲江南封册使，以衮冕圭寶玉册康王（構）爲宋帝。本書卷七七《宗弼傳》載册文曰："命爾爲帝，國號宋，世服臣職，永爲屏翰。嗚呼欽哉，其恭聽朕命。"

綱次臨江被詔，[1]進至水洛，[2]訪得曦族人端，[3]署爲水洛城巡檢使，[4]遣持詔間行諭曦。曦得詔意動，程松尚在興元，未敢發，詐稱杖殺端，以蔽匿其事。松兵既敗，曦乃遣掌管機宜文字姚圓與端奉表送款。[5]綱遣前京兆府録事張仔會吴曦于興州之置口，[6]曦言歸心朝廷無他，張仔請以告身爲報，曦盡出以付之，仍獻階州。[7]

［1］臨江：宋州軍名。治所在今江西省清江縣。又宋砦（寨）名，在今甘肅省岷縣南。此當指後者。

［2］水洛：縣名。治所在今甘肅省莊浪縣。

［3］吴端：其他事迹無考。

［4］水洛城巡檢使：當屬散巡檢。掌巡邏城邑，擒捕盜賊之事。正九品。

［5］掌管機宜文字：宋官名。當爲低級官吏。　姚圓：宋人。其他事迹無考。

［6］京兆府録事：地方低級官吏。　張仔：其他事迹無考。興州：北宋州名，南宋更爲沔州。治所在今陝西省略陽縣。置口：地名。位於今陝西省略陽縣西。

［7］階州：宋州名。治所在今甘肅省隴南市武都區。

朝廷以曦初附，恃中國爲援，欲先取襄陽以爲蜀漢屏蔽，乃詔右副元帥匡先攻襄陽，詔略曰："陝西一面雖下四州，吴曦之降朕所經略。自大軍出境，惟卿所部力戰爲多，方之前人無所愧謝。今南伐之事責成卿等，區區俘獲不足羨慕，果能爲國建功，豈止一身榮寵，後世子孫亦保富貴。"匡得詔，乃移兵趨襄陽。十二月，曦遣果州團練使郭澄、[1]仙人關使任辛奉表及蜀地圖志、吴氏譜牒來上。[2]

［1］果州團練使：宋官名。掌一州軍政事，爲武將兼銜，官階高於刺史，低於防禦使。　郭澄：宋人。其他事迹無考。

［2］仙人關使：宋官名。掌關禁。仙人關，地名，在今陝西省略陽縣北。　任辛：宋人。其他事迹無考。

七年正月，召綱赴京師，以爲陝西宣撫副使，進三階。還軍，吴曦遣郭澄進謝恩表、誓表、賀全蜀歸附三表，親王百官稱賀，朝廷以詔答之，并賜誓詔。郭澄朝辭，諭澄曰："汝主効順，以全蜀歸附，朕甚嘉之。然立國日淺，恐宋兵侵軼，人心不安，凡有當行事務已委宣撫完顔綱移文計議。或有緊急，即差人就去講究。大定間，汝主嘗以事入覲，今亦多歲，朕嘉汝主之義，懷想不忘，欲得其繪像，如見其面。今已遣使封册，俟回日附進。可以此意歸諭汝主。"詔以同知臨洮府事术虎高琪爲封册使，翰林直學士喬宇副之。詔高琪曰："卿以邊面宣力，加之讀書，蜀人識卿威名，勿以財賄動心，失大國體。檢制隨去奉職，勿有違枉生事。"

頃之，宋安丙殺吴曦。[1]上聞曦死，遣使責綱，詔曰："曦之降，自當進據仙人關，以制蜀命，且爲曦重。既不據關，復撤兵，[2]使丙無所憚，是宜有今日也。"於是，詔贈曦太師，[3]命德順州刺史完顔思忠招魂葬于水洛縣。[4]以曦族兄端之子爲曦後。詔諭陝西軍士，略曰："汝等爰自去冬，出疆用命，擐披甲胄，冒涉艱險，直取山外數州，[5]比之他軍實有勤効。界外屯駐日久，負勞苦，恩賞未行，有司申奏不明，以致如此。朕已令增給賞物，以酬爾勞。惟是餘賊未殄，猶須經略。眷我師徒，久役未解，深懷憫念，寤寐弗忘。汝等益思體國之忠，奮敵愾之勇，協心畢力，建立功勳；高爵厚禄，朕所不吝。”

［1］安丙：宋人。《宋史》卷四〇二有傳。

［2］復撤兵：“撤”，原作“撒”，南監本、北監本、殿本、局本作“撤”。中華點校本據改。今從上諸本改。

［3］太師：三公之一，師範一人，儀刑四海。正一品。

［4］德順州：治所在今甘肅省静寧縣。

［5］山外：山當是金宋邊界上的嶓冢山，在今甘肅省天水市南。

宋人復陷階州、西和州，[1]綱至鳳翔，詔徹五州之兵退保要害，[2]五州之民願徙内地者厚撫集之。以近侍局直長爲四川安慰使。[3]蒲察貞撤黄牛戍，[4]宋安丙乘之，連兵來襲，遂陷散關，鞏州鈐轄兀顔阿失死之。[5]詔奪綱官一階，降兵部侍郎，[6]權宣撫副使。遣户部侍郎尼厖古懷忠按治綱以下將吏。[7]懷忠未至陕西，綱、貞遣兵潛自昆谷西山養馬澗入，[8]四面攻之，復取散關，斬宋將張統領、于團練。[9]綱遣使奏捷，詔書獎諭，貞等釋不問。

［1］西和州：治所在今甘肅省西和縣。

［2］五州：指西和州、階州、成州、鳳州以及洮州。

［3］近侍局直長：近侍局屬官。掌侍從，承勑令，轉進奏帖。正八品。中華點校本認爲官職下人名脱落，是。　四川安慰使：當爲臨時官職。

[4]黄牛戍：地名。位於陝西省大散關西南。

[5]鞏州鈐轄：掌統一州兵馬。官品不詳。　兀顔阿失：女真人。其他事迹無考。

[6]兵部侍郎：兵部屬官。佐掌兵籍、軍器、城隍、鎮戍、厩牧、鋪驛、車輅、儀仗、郡邑圖志、險阻、障塞、遠方歸化之事。正四品。

[7]户部侍郎：户部屬官。正四品。　尼厖古懷忠：女真人。其他事迹無考。

[8]昆谷西山養馬澗：地名。所在地不詳。

[9]張統領、于團練：宋人。名字脱落，其他事迹無考。

八年，宋獻韓侂胄、蘇師旦首，詔以陝西關隘還之，宋罷兵。綱還京師。是歲，章宗崩，衛紹王即位，除陝西路按察使，[1]累官尚書左丞。至寧元年，[2]綱行省事于縉山，[3]徒單鎰使人謂綱曰：[4]"高琪駐兵縉山甚得人心，士皆思奮，與其行省親往，不若益兵爲便。"綱不聽。徒單鎰復使人止之曰："高琪措畫已定，彼之功即行省之功。"綱不從。綱至縉山遂大敗。

[1]陝西路按察使：按察司長官。掌審察刑獄、照刷案牘、糾察濫官污吏豪猾之人、私鹽酒麯並應禁之事，兼勸農桑，與副使、簽事更出巡案。正三品。陝西路按察司治於平凉府，在今甘肅省平凉市。

[2]至寧：金衛紹王年號（1213）。

[3]縉山：縣名。治所在今河北省懷來縣東北。

[4]徒單鎰：女真人。本書卷九九有傳。

胡沙虎斬關入中都，[1]遷衛紹王于衛邸，命綱子安和作家書，[2]使親信人召綱。綱至，囚之憫忠寺，[3]明日，押至市中，使張霖卿數以失四川、敗缙山之事，[4]殺之。

[1]胡沙虎：女真人。姓紇石烈氏。本書卷一三二有傳。

[2]安和：女真人。本名和尚，時任奉御。

[3]憫忠寺：中都寺院名。

[4]張霖卿：其他事迹無考。

貞祐四年，綱子權復州刺史安和上書訟父冤，[1]略曰："先臣綱在章宗時，招懷西羌青宜可等十八部族，取宋五州，吴曦以全蜀歸朝。胡沙虎無故見殺，奪其官爵。"詔下尚書省議："謹按元年詔書云，胡沙虎屢害良將，正謂綱輩也。"乃追復尚書左丞。弟定奴。

[1]復州：治所在今遼寧省瓦房店市。

定奴與兄綱俱知名，充護衛，[1]除平凉府判官，[2]累官同知真定府。[3]從平章政事僕散揆伐宋，[4]加平南虎威將軍。[5]兵罷，遷河南東路副統軍，[6]三遷武勝軍節度使，[7]入爲右副點檢。[8]大安二年，遷元帥右都監，救西京，[9]改震武軍節度使。[10]元帥奥屯襄敗績，[11]定奴坐失期及不以軍敗實奏，降河州防禦使。[12]遷鎮西軍節度使、[13]河東北路按察轉運使。[14]宣宗即位，改知歸德府。[15]貞祐二年，[16]改知河南府，[17]兼河南副統軍。尋遷河南統軍使，兼昌武軍節度使。[18]請内外五品以上舉能幹之士充河北州縣官。改簽樞密院事、[19]殿前都點檢、兼侍衛親軍都指揮使。[20]復爲簽樞密院事、行院事兼知歸德府事，改兼武寧軍節度使，[21]行院于徐州。[22]召爲刑部尚書、[23]參知政事。興定三年，薨。

[1]護衛：有皇帝護衛、東宫護衛、妃護衛、東宫妃護衛之分，由殿前左、右衛將軍與衛尉司掌領。選取五品至七品官子孫及宗室並親軍、諸局分承應人，有才行及善射者充任。

[2]平凉府判官：府屬官。掌紀綱衆務，分判吏、户、禮案事，專掌通檢推排簿籍。從六品。

[3]真定府：治所在今河北省正定縣。

[4]僕散揆：女真人。本書卷九三有傳。

[5]平南虎威將軍：金章宗泰和六年（1206）伐宋時任命的軍官，軍還則罷。

[6]河南東路副統軍：統軍司屬官。佐督領軍馬，鎮攝封陲，分營衛，視察奸。正四品。本書卷二五《地理志中》記載南京路（河南路）不分東西。《百官志》記載，統軍司條下衹有河南統軍司，亦不分東、西路，但在提舉圉牧所條下有河南東路、河南西路。本書卷九三《承裕傳》記載，承裕任河南東路統軍使，從承裕同時兼任知歸德府事可知，河南東路統軍司設在歸德府，治所在今河南省商丘市。本書有關河南東、西路統軍司的記載都集中在泰和年間，大約河南統軍司衹在章宗泰和年間分東、西路。

[7]武勝軍：州軍名。治所在今河南省鄧州市。

[8]右副點檢：殿前都點檢司屬官。即殿前右副都點檢，兼侍衛親軍副都指揮使。掌宫掖及行從。從三品。

[9]西京：治所在今山西省大同市。

[10]震武軍：州軍名。治所在今山西省代縣。

[11]奥屯襄：女真人。本書卷一〇三有傳。

[12]河州防禦使：州長官。掌一州軍、政事務。從四品。河州，州名。治所在今甘肅省臨夏市東北。

[13]鎮西軍：州軍名。治所在今内蒙古自治區烏蘭察布市清水河縣。

[14]河東北路按察轉運使：按察使與轉運使原爲兩個官職，由一人兼任，掌審察刑獄，糾察濫官污吏、賦稅錢穀之事。正三品。河東北路轉運司治於太原府，位於今山西省太原市。

[15]歸德府：治所在今河南省商丘市。

[16]貞祐：金宣宗年號（1213—1217）。

[17]河南府：府名。治所在今河南省洛陽市。

[18]昌武軍：州軍名。治所在今河南省許昌市。

[19]簽樞密院事：即簽書樞密院事，樞密院屬官。掌國家軍務機密之事。正三品。

[20]殿前都點檢、兼侍衛親軍都指揮使：殿前都點檢司長官，例兼侍衛親軍都指揮使。掌行從宿衛，關防門禁，督攝隊仗，總判司事。正三品。

[21]武寧軍：州軍名。治所在今江蘇省徐州市。

[22]徐州：治所在今江蘇省徐州市。

[23]刑部尚書：刑部長官。正三品。

贊曰：章宗伐宋之役，三易主帥，兵家所忌也，宋不知乘此以爲功，猶曰有人焉？韓侂胄心彊智踈，蘇師旦謀淺任大，函首燕、薊，[1]南北皆曰賊臣，何哉？完顔匡、完顔綱皆泰和終功之臣，然匡隳忠于大安，[2]綱罔難于至寧，富貴之惑人乃如此邪？

[1]燕、薊：地名。指今北京市與河北省一帶。

[2]隳（hūi）：毁壞。

金史　卷九九

列傳第三十七

徒單鎰　賈鉉　孫鐸　孫即康　李革

徒單鎰本名按出，上京路速速保子猛安人。[1] 父烏輦，[2] 北京副留守。[3] 鎰穎悟絶倫，甫七歲，習女直字。[4] 大定四年，[5] 詔以女直字譯書籍。五年，翰林侍講學士徒單子温進所譯《貞觀政要》《白氏策林》等書。[6] 六年，復進《史記》《西漢書》，[7] 詔頒行之。選諸路學生三十餘人，[8] 令編修官温迪罕締達教以古書，[9] 習作詩、策。鎰在選中，最精詣，遂通契丹大小字及漢字，[10] 該習經史。久之，樞密使完顔思敬請教女直人舉進士，[11] 下尚書省議。[12] 奏曰："初立女直進士科，且免鄉、府兩試，其禮部試、廷試，止對策一道，限字五百以上成。在都設國子學，諸路設府學，並以新進士充教授，[13] 士民子弟願學者聽。歲久，學者當自衆，即同漢人進士三年一試。"從之。十三年八月，[14] 詔策女直進士，問以求賢爲治之道。侍御史完顔蒲涅、[15] 太常博士李晏、[16]應奉翰林文字阿不罕德甫、移剌傑、[17]中都路都轉運副使奚蹈考試，[18]鎰等二十七人及第。鎰授兩官，餘授一官，上三人爲中都路教授，[19]四名以下除各路教授。

[1]上京路速速保子猛安：女真社會行政建置名。日本學者三上次男《金代女真研究》認爲，速速保子與本書卷八七《徒單合喜傳》中的上京速蘇海水是一地，贊同池内宏《金史世紀研究》認爲速蘇海水是阿勒楚喀河（今阿什河）上游的一個支流的觀點（黑龍江人民出版社 1984 年版，第 468 頁）。張博泉《金史論稿》認爲速蘇海水謂按出虎水（今阿什河）上游一支流，似可信。又指出保子在此似可作兩方面的理解：一是泡子的記音，與此水稱海義合；二是堡子之誤，其義爲村（吉林文史出版社 1986 年版，第 284 頁）。本書卷七〇《習不失傳》作“蘇速海春”當是“村”的同音字。

[2]烏輦：即徒單烏輦。女真人。其他事迹不詳。

[3]北京副留守：路級長官副佐，帶本府少尹兼本路兵馬副都總管。佐掌一路軍、政事務。從四品。　北京：在今内蒙古自治區寧城縣境内。

[4]女直字：即女真字。女真字有大、小兩種，金太祖天輔三年（1119）頒行的由女真人完顔希尹等創製的女真字，謂之大字。其後熙宗又創製另一種女真字，謂之小字，兩種文字同時並行。

[5]大定：金世宗年號（1161—1189），章宗即位後仍沿用一年。

[6]翰林侍講學士：翰林學士院屬官。掌制撰詞命，凡應奉文字，銜内帶“知制誥”。從三品。　徒單子温：女真人。平章政事徒單合喜之侄，金世宗時曾任安化軍節度使。

[7]《史記》《西漢書》：《史記》，西漢司馬遷著；《西漢書》

即《漢書》，東漢班固撰，全書未完班固死於獄中，後其妹班昭續成。

[8]選諸路學生三十餘人：中華點校本據本書卷五一《選舉志》策論進士條和女直學條記載考證認爲，此上當脱“九年”二字。是。

[9]編修官：國史院屬官。掌修國史。正員八人，女真人、漢人各四員。正八品。　温迪罕締達：女真人。本書卷一〇五有傳。

[10]契丹大小字：契丹文字分爲兩種，遼太祖耶律阿保機神册五年（920），命耶律突吕不等製契丹文字，利用漢字加以增減而製成，於當年九月頒行，爲契丹大字。數年後，約天贊年間（922—926）遼太祖弟迭剌利用回鶻文字製成另一種文字，爲契丹小字。兩種文字同時並用。

[11]樞密使：樞密院長官。掌國家軍務機密之事。從一品。　完顔思敬：女真人。本書卷七〇有傳。

[12]尚書省：官署名。海陵王正隆官制改革以後，是金朝最高權力機構。

[13]教授：國子學、府學的屬官。掌教授學生。

[14]十三年八月：原作“九年”，本書卷一〇五《温迪罕締達傳》記載，大定“十三年設女直進士科，是歲徒單鎰等二十七人登第”。又卷五一《選舉志一》策論進士條亦有相關的記載。《金史詳校》卷八下，“九年”當作“十三年”。據此，中華點校本將“九年”改爲“十三年”。今從之。

[15]侍御史：御史臺屬官。掌奏事，判臺事。正員二人，從五品。　完顔蒲涅：女真人。金世宗大定十四年（1174）四月曾以勸農副使爲橫賜高麗使。

[16]太常博士：太常寺屬官。掌檢討典禮。正七品。　李晏：本書卷九六有傳。

[17]應奉翰林文字：翰林學士院屬官。分掌詞命文字。從七品。　阿不罕德甫：女真人。金世宗大定十八年（1178）四月曾以

太子左贊善爲横賜夏國使。　移剌傑：契丹人。金世宗時曾任修起居注、翰林修撰。

［18］中都路都轉運副使：都轉運司屬官。掌稅賦錢穀、倉庫出納、權度量衡之制。正五品。　奚蹓（yí）：人名。其他事迹不詳。蹓，“頤”的異體字。

［19］中都路：治所在今北京市。

十五年，詔譯諸經，著作佐郎温蒂罕締達、[1]編修官宗璧、[2]尚書省譯史阿魯、[3]吏部令史楊克忠譯解，[4]翰林修撰移剌傑、[5]應奉翰林文字移剌履講究其義。[6]鎰自中都路教授選爲國子助教。[7]左丞相紇石烈良弼嘗到學中與鎰談論，[8]深加禮敬。丁母憂，起復國史院編修官。

［1］著作佐郎：秘書監下屬著作局屬官。掌修日曆。正七品。

［2］宗璧：女真人。又作崇璧，姓完顔氏，金章宗明昌二年（1191）十一月以豳王傅爲賀宋正旦使。

［3］尚書省譯史：尚書省屬官。下級官吏。　阿魯：女真人。其他事迹不詳。

［4］吏部令史：吏部屬下吏員。　楊克忠：本書卷一〇五《温蒂罕締達傳》記載此事作“吏部令史張克忠”。

［5］翰林修撰：翰林學士院屬官。分掌詞命文字，分判院事，銜内帶“同知制誥”。不限員，從六品。

［6］移剌履：契丹人。本書卷九五有傳。

［7］國子助教：國子學屬官。掌教誨諸生。正員二人，女真人、漢人各一員。正八品。

［8］左丞相：尚書省屬官。爲國家重要輔弼大臣，掌丞天子，平章萬機。從一品。　紇石烈良弼：女真人。本書卷八八有傳。

世宗嘗問太尉完顔守道曰：[1]“徒單鎰何如人也？”守道對曰：“有材力，可任政事。”上曰：“然，當以劇任處之。”又曰：“鎰容止温雅，其心平易。”久之，兼修起居注，[2]累遷翰林待制，兼右司員外郎。[3]獻《漢光武中興賦》，世宗大悦曰：“不設此科，安得此人。”

[1]世宗：廟號。即完顔烏祿，漢名雍。金朝第五任皇帝。1161年至1189年在位。　太尉：三公之一，論道經邦，燮理陰陽。正一品。　完顔守道：女真人。本書卷八八有傳。

[2]修起居注：記注院屬官。掌記帝王言行，一般以他官兼之。

[3]右司員外郎：右司屬官。右司郎中的副佐，佐掌本司奏事，總察兵、刑、工三部受事付事，兼帶修注官。正六品。

章宗即位，[1]遷左諫議大夫，[2]兼吏部侍郎。[3]明昌元年，[4]爲御史中丞。[5]無何，拜參知政事，兼修國史。[6]鎰言：“人生有欲，不限以制則侈心無極。今承平日久，當慎行此道，以爲經久之治。”

[1]章宗：廟號。即完顔麻達葛，漢名璟。金朝第六任皇帝。1189年至1208在位。

[2]左諫議大夫：諫院長官。掌諫正百司非違，糾正官邪。正四品。

[3]吏部侍郎：吏部屬官。爲吏部尚書副佐，掌文武選授、勛封、考課、出給制誥之政。正四品。

[4]明昌：金章宗年號（1190—1196）。

[5]御史中丞：御史臺屬官。爲御史大夫的副佐，佐掌糾察朝

儀，彈劾官邪，審刑獄不當之事。從三品。

[6]參知政事：尚書省屬官。執政官，爲宰相的副佐，佐治尚書省事。正員二人，從二品。　修國史：國史院屬官。掌修國史，判院事。

章宗鋭意于治平，鎰上書，其略曰："臣竊觀唐、虞之書，[1]其臣之進言於君曰'戒哉''懋哉'，曰'吁'，曰'都'。既陳其戒，復導其美。君之爲治也，必曰'稽于衆，舍己從人'。[2]既能聽之，又能行之，又從而興起之。君臣上下之間相與如此。陛下繼興隆之運，撫太平之基，誠宜稽古崇德，留意於此，無因物以好惡喜怒，無以好惡喜怒輕忽小善，不恤人言。夫上下之情有通塞，天地之運有否泰，唐陸贄嘗陳隔塞之九弊，[3]上有其六，下有其三。陛下能慎其六，爲臣子者敢不慎其三哉。上下之情既通，則大綱舉而群目張矣。"進尚書右丞，[4]修史如故。

[1]唐、虞之書：唐，唐堯，又曰陶唐氏。虞，虞舜，又曰有虞氏。其書指《尚書》之《堯典》《舜典》。

[2]稽于衆，舍己從人：語出《尚書·大禹謨》。

[3]陸贄：唐人。唐德宗朝官至中書侍郎、門下同平章事。新、舊《唐書》卷一七、一三九皆有傳。

[4]尚書右丞：尚書省屬官。執政官，爲宰相的副佐，佐治尚書省政務。正二品。

三年，罷爲横海軍節度使，[1]改定武軍節度使，[2]知平陽府事。[3]先是，鄭王永蹈判定武軍，[4]鎬王永中判平陽府,[5]相繼得罪,連引者衆,上疑其有黨,或命節度定武,[6]繼又知平陽焉。改西京留守。[7]承安三年,[8]改上京留守。[9]五年,上問宰臣:"徒單鎰與崇浩孰優?"[10]平章政事張萬公對曰:[11]"皆才能之士,鎰似優者,鎰有執守,崇浩多數耳。"上曰:"何謂多數?"萬公曰:"崇浩微似趨合。"上曰:"卿言是也。"頃之,鎰拜平章政事,封濟國公。[12]

[1]三年,罷爲横海軍節度使:按本書卷九《章宗紀一》,明昌二年(1191)十二月"己丑,尚書右丞徒單鎰罷"。此處繫年當是"二年"之誤。横海軍節度使,州軍官名。總管一州軍政事務,掌鎮撫諸軍防刺,總判本鎮兵馬之事,兼本州管内觀察使事。從三品。横海軍,州軍名。治所在今河北省滄州市東南。

[2]定武軍:州軍名。治所在今河北省定州市。

[3]知平陽府事:知府事,本書《百官志》不載。世宗大定年間始設,官品高於同知,或低於府尹。章宗朝及以後,不授府尹,以知府事代之,掌宣風導俗,肅清所部,總判府事。官品或與府尹同,正三品。平陽府治所在今山西省臨汾市。

[4]鄭王:封爵名。大定格,次國封號第二位。　永蹈:女真人。即完顏允蹈,金世宗之子,章宗時避其父顯宗諱,改名永蹈。本書卷八五有傳。

[5]鎬王:封爵名。明昌格,大國封號第四位。　永中:女真人。即完顏允中,金世宗之子,章宗時避其父顯宗諱,改名永中。本書卷八五有傳。

[6]或命節度定武:《金史詳校》卷八下:"'或'當作'故'"。

[7]西京留守:路級長官,兼本路兵馬都總管。掌管一路軍政事務。正三品。西京治所在今山西省大同市。

［8］承安：金章宗年號（1196—1200）。

［9］上京：金前期都城。治所在今黑龍江省阿城市。

［10］崇浩：女真人。又作宗浩，姓完顏氏。本書卷一〇〇《宗端脩傳》云："章宗避睿宗諱上一字，凡太祖諸子皆加'山'爲'崇'。"章宗朝，宗浩改爲崇浩。本書卷九三有傳。

［11］平章政事：尚書省屬官。爲丞相的副佐，掌丞天子，平章萬機。正員二人，從一品。　張萬公：本書卷九五有傳。

［12］濟國公：封爵名。明昌格，小國封號第二位。

淑妃李氏擅寵，[1]兄弟恣横，朝臣往往出入其門。是時烈風昏曀連日，詔問變異之由。鎰上疏略曰："仁、義、禮、智、信謂之五常，父義、母慈、兄友、弟敬、子孝謂之五德。今五常不立，五德不興，縉紳學古之士棄禮義，忘廉恥，細民違道畔義，迷不知返，背毀天常，骨肉相殘，動傷和氣，此非一朝一夕之故也。今宜正薄俗，順人心，父父子子夫夫婦婦，各得其道，然後和氣普洽，福禄荐臻矣。"因論："爲政之術，其急有二。一曰正臣下之心。竊見群下不明禮義，趨利者衆，何以責小民之從化哉。其用人也，德器爲上，才美爲下，兼之者待以不次，才下行美者次之，雖有才能，行義無取者，抑而下之，則臣下之趨向正矣。其二曰導學者之志。教化之行，興于學校。今學者失其本真，經史雅奥，委而不習，藻飾虚詞，釣取禄利，乞令取士兼問經史故實，使學者皆守經學，不惑於近習之靡，則善矣。"又曰："凡天下之事，叢來者非一端，形似者非一體，法制不能盡，隱於近似，乃生異論。孔子曰：'義者天下之斷也。'[2]記曰：'義爲斷之節。'[3]伏望陛下臨制萬機，事有異議，少凝聖慮，尋繹其端，則裁斷有定，而疑可辨矣。"鎰言皆切時弊，上雖納其說，而不能行。

[1]淑妃李氏：即李師兒，其後晋封爲元妃。本書卷六四有傳。施國祁《金史詳校》卷八下："淑當作元。"淑妃，后妃封號第三位。正一品。

[2]義者天下之斷也：語出《禮記・表記》，但原文爲"義者天下之制也"。

[3]義爲斷之節：語出《禮記・喪服四制》，與原文亦略有出入。

上問漢高帝、光武優劣。[1]平章政事張萬公對曰："高祖優甚。"鎰曰："光武再造漢業，在位三十年，無沈湎冒色之事。高祖惑戚姬，[2]卒至于亂。由是言之，光武優。"上默然。鎰蓋以元妃李氏隆寵過盛，[3]故微諫云。泰和四年，[4]罷知咸平府。[5]五年，改南京留守。[6]六年，徙知河中府，[7]兼陝西安撫使。[8]

[1]漢高帝：廟號。名劉邦，西漢開國皇帝。前206年至前195年在位。　光武：廟號。名劉秀，東漢第一任皇帝。25年至57年在位。

[2]戚姬：漢高祖劉邦的妃，趙王如意母。高祖欲廢太子立如意，戚姬爲吕后所深忌。高祖死後，吕后毒死趙王，截斷戚姬的手脚，挖去眼睛，飲以啞藥，置於厠中，稱爲"人彘"。見《史記・吕后紀》。

［3］元妃李氏：即李師兒，本書卷六四有傳。元妃，后妃封號第一位。正一品。

［4］泰和：金章宗年號（1201—1208）。

［5］咸平府：治所在今遼寧省開原市老城。

［6］南京：治所在今河南省開封市。

［7］河中府：治所在今山西省永濟市西。

［8］陝西安撫使：安撫司長官。掌鎮撫人民、譏察邊防軍旅、審録重刑事，勸農桑。從一品。原爲宣撫使，金章宗泰和八年（1208）改爲安撫使。從下文看徒單鎰此時所任當是陝西宣撫使。

僕散揆行省河南、陝西，[1]元帥府雖受揆節制，[2]實顓方面，上思用謀臣制之，由是升宣撫使一品，鎰改知京兆府事，[3]充宣撫使，陝西元帥府並受節制。[4]詔曰："將帥雖武悍，久歷行陣，而宋人狡獪，亦資筭勝。卿之智略，朕所深悉，且股肱舊臣，故有此寄。宜以長策御敵，厲兵撫民，稱朕意焉。"鎰言："初置急遞鋪本爲轉送文牒，[5]今一切乘驛，非便。"上深然之。始置提控急遞鋪官。[6]自中都至真定、平陽置者，[7]達于京兆。京兆至鳳翔置者，[8]達于臨洮。[9]自真定至彰德置者，[10]達于南京。自南京分至歸德置者，[11]達于泗州、壽州，[12]分至許州置者，[13]達于鄧州。[14]自中都至滄州置者，[15]達于益都府。[16]自此郵達無復滯焉。

［1］行省：即行省事，行省長官。金章宗以來，因用兵、河防等事涉及諸路，臨時設行尚書省。爲臨時官職。

［2］元帥府：官署名。海陵王天德二年（1150）改制以後元帥府是國家最高軍事統帥機構，掌征討之事，兵興始置，兵罷則省。

[3]京兆府：府名。京兆府路治，治所在今陕西省西安市。

[4]陕西元帥府：官署名。元帥府在陕西的行府，掌管駐守在陕西的軍隊，治所當在京兆府。

[5]急遞鋪：官署名。金代一種驛站設置。始置於金章宗泰和六年（1206）六月，本書卷一二《章宗紀四》："初置急遞鋪，腰鈴轉遞，日行三百里，非軍期、河防不許起馬。"用以轉送文檄。

[6]提控急遞鋪：急遞鋪屬官。始置於金章宗泰和六年（1206）十二月，《百官志》不載，當是掌急遞鋪事務之官，官品不詳。

[7]中都：都名。金海陵王貞元元年（1153）至金宣宗貞祐二年（1214）爲金朝的國都，治所在今北京市。　真定：府名。河北西路路治，治所在今河北省正定縣。　平陽：府名。河東南路路治，治所在今山西省臨汾市。

[8]鳳翔：府名。鳳翔路路治，治所在今陕西省鳳翔縣。

[9]臨洮：府名。臨洮路路治，治所在今甘肅省臨洮縣。

[10]彰德：府名。治所在今河南省安陽市。

[11]歸德：府名。治所在今河南省商丘市。

[12]泗州：治所在今江蘇省盱眙縣北。　壽州：治所在今安徽省鳳臺縣。

[13]許州：治所在今河南省許昌市。

[14]鄧州：治所在今河南省鄧州市。

[15]滄州：治所在今河北省滄州市東南。

[16]益都府：山東東路路治，治所在今山東省青州市。

七年，吴曦死，[1]宋安丙分兵出秦、隴間。[2]十月，詔鎰出兵金、房以分掣宋人梁、益、漢、沔兵勢。[3]鎰遣行軍都統斡勒葉禄瓦、[4]副統把回海、完顔擱剌以步騎五千出商州。[5]十一月，葉禄瓦拔鵑嶺關，[6]擱剌别將攻破燕子關新道口,[7]回海取小湖關敖倉,[8]至營口鎮,[9]破宋兵千餘人，追至上津縣,[10]斬首八百餘級，遂取上津縣。葉禄瓦破宋兵二千于平溪,[11]將趨金州。宋王柟以書乞和,[12]詔鎰召葉禄瓦軍退守鶻嶺關。八年正月，宋安丙遣景統領由梅子溪、新道口、朱砂谷襲鶻嶺關,[13]回海、撾剌擊走之，斬景統領于陣。是歲，罷兵。鎰遷特進,[14]賜賚有差。改知真定府事。

[1]吴曦：宋人。時爲宋朝四川宣撫副使，知興州，兼陝西、河東招撫使，後降金。《宋史》卷四七五有傳。

[2]宋：指南宋（1127—1279）。　安丙：宋人。時爲四川宣撫使。《宋史》卷四〇二有傳。　秦：州名。治所在今甘肅省天水市。隴：州名。治所在今陝西省千陽縣西北。

[3]金：宋州名。治所在今陝西省安康市。　房：宋州名。治所在今湖北省房縣。　梁：地名。宋鳳州州治曰梁泉，位於今陝西省鳳縣東。　益：水名。在今陝西省洋縣西。　漢：一曰水名，在陝南石泉、漢陰一帶；一曰州名，治所在今四川省廣漢市。此處當指水名。　沔：州名。治所在今陝西省略陽縣，境内有沔水。

[4]行軍都統：軍官名。掌統兵作戰。　斡勒葉禄瓦：女真人。本書卷一二《章宗紀四》記載此事，葉禄瓦寫作押剌。其他事迹無考。

[5]把回海：女真人。曾任彰化軍節度副使。　完顔撾剌：女真人。此前任陝西統軍判官。　商州：治所在今陝西省商洛市。

[6]鶻嶺關：地名。在今陝西省山陽縣東南。

[7]燕子關新道口：地名。具體地點不詳。

[8]小湖關敖倉：地名。小湖關，不詳。敖倉，在滎陽西北大山上，臨河有大倉。《水經注》稱濟水東逕敖山北，其上有城。秦置倉其中，故云敖倉。

[9]訾口鎮：具體地點不詳。

[10]上津縣：縣名。治所在今陜西省白河縣北，湖北省鄖西縣西。

[11]平溪：地名。具體地點不詳。

[12]王柟：宋人。《宋史》卷三九五有傳。

[13]景統領：宋人。名脱落，其他事迹不詳。　梅子溪、朱砂谷：地名。具體地點不詳。

[14]特進：文散官。從一品中次階。

大安初，[1]加儀同三司，[2]封濮國公。[3]改東京留守，[4]過闕入見。衛紹王謂鎰曰：[5]"卿兩朝舊德，欲用卿爲相。太尉匡，[6]卿之門人，朕不可屈卿下之。"遷開府儀同三司，[7]佩金符，充遼東安撫副使。[8]三年，改上京留守。平章政事獨吉思忠敗績于會河堡，[9]中都戒嚴，鎰曰："事急矣。"乃選兵二萬，遣同知烏古孫兀屯將之，[10]入衛中都。朝廷嘉之，徵拜尚書右丞相，[11]監修國史。

[1]大安：金衛紹王年號（1209—1211）。

[2]儀同三司：文散官。從一品中階。

[3]濮國公：封爵名。明昌格，小國封號第一位。

[4]東京：治所在今遼寧省遼陽市。

[5]衛紹王：封號。即完顔興勝，漢名允濟，章宗時避其父顯宗諱，改名永濟。金朝第七任皇帝。1209年至1213年在位。

[6]匡：女真人。姓完顔氏，宗室出身。本書卷九八有傳。

[7]開府儀同三司：文散官。從一品上階。

[8]遼東安撫副使：安撫司屬官。佐安撫使掌鎮撫人民、譏察

邊防軍旅、審録重刑事，勸農桑。正三品。

［9］獨吉思忠：女真人。本書卷九三有傳。　會河堡：地名。在會河川附近，即今河北省宣化縣西北。

［10］同知：即同知上京留守事，帶同知本府尹兼本路兵馬都總管。正四品。　烏古孫兀屯：女真人。本書卷一二一有傳。

［11］尚書右丞相：尚書省屬官。爲宰相成員之一，掌丞天子，平章萬機，位僅次於左丞相。從一品。

鎰言："自用兵以來，彼聚而行，我散而守，以聚攻散，其敗必然。不若入保大城，併力備禦。昌、桓、撫三州素號富貴，[1]人皆勇健，可以内徙，益我兵勢，人畜貨財，不至亡失。"平章政事移剌、[2]參知政事梁瑭曰：[3]"如此是自蹙境土也。"衛紹王以責鎰。鎰復奏曰："遼東國家根本，距中都數千里，萬一受兵，州府顧望，必須報可，誤事多矣。可遣大臣行省以鎮之。"衛紹王不悦曰："無故置行省，徒揺人心耳。"其後失昌、桓、撫三州，衛紹王乃大悔曰："從丞相之言，當不至此！"頃之，東京不守，衛紹王自誦曰："我見丞相耻哉！"

［1］昌、桓、撫三州：昌州，治所在今内蒙古自治區錫林郭勒盟太僕寺旗白城子。桓州，治所在今内蒙古自治區錫林郭勒盟正藍旗。撫州，治所在今内蒙古自治區烏蘭察布市興和縣。　富貴：《金史詳校》卷八下，"'貴'當作'實'"。中華點校本改作"富實"。

［2］移剌：契丹人。祇存姓，名脱落，本書其他紀、傳均無載，不詳。

［3］梁瑭：本書卷一二《章宗紀四》泰和六年九月條又作梁

鐺，金章宗時曾任太府監、户部侍郎，衛紹王時任户部尚書、參知政事。

术虎高琪駐兵縉山，[1]甚得人心，士樂爲用。至寧元年，[2]尚書左丞完顏綱將行省于縉山，[3]鎰謂綱曰："行省不必自往，不若益兵爲便。"綱不聽，且行，鎰遣人止之曰："高琪之功即行省之功也。"亦不聽。綱至縉山，遂敗績焉。

[1]术虎高琪：女真人。本書卷一〇六有傳。　縉山：縣名。治所在今北京市延慶縣。

[2]至寧：金衛紹王年號（1213）。

[3]尚書左丞：尚書省屬官。執政官，爲宰相的副佐，佐治尚書省政務。正二品。　完顏綱：女真人。本書卷九八有傳。

頃之，鎰墜馬傷足在告，聞胡沙虎難作，[1]命駕將入省。或告之曰："省府相幕皆以軍士守之，不可入矣。"少頃，兵士索人于閭巷，鎰乃還第。胡沙虎意不可測，方猶豫，不能自定，乃詣鎰問疾，從人望也。鎰從容謂之曰："翼王，[2]章宗之兄，顯宗長子，[3]衆望所屬，元帥决策立之，萬世之功也。"胡沙虎默然而去，乃迎宣宗于彰德。[4]胡沙虎既殺徒單南平，[5]欲執其弟知真定府事銘，[6]鎰説之曰："車駕道出真定，鎬王家在威州，[7]河北人心易摇，徒單銘有變，朝廷危矣。不如與之金牌，奉迎車駕，銘必感元帥之恩。"胡沙虎從之。至寧、貞祐之際，[8]轉敗爲功，惟鎰是賴焉。

[1]胡沙虎：女真人。姓紇石烈氏。本書卷一三二有傳。

[2]翼王：封爵名。明昌格，次國封號第十七位。這裏指完顏珣，金章宗同父異母的兄長。即金宣宗，1213年至1223年在位。

[3]顯宗：廟號。即完顏胡土瓦，漢名允恭，金世宗的長子。本書卷一九有紀。

[4]彰德：府名。治所在今河南省安陽市。

[5]徒單南平：女真人。被殺時任知大興府事。

[6]徒單銘：女真人。本書卷一二〇有傳。

[7]鎬王：這裏指完顏永中，金世宗子。本書卷八五有傳。威州：治所在今河北省井陘縣北。

[8]貞祐：金宣宗年號（1214—1217）。

宣宗即位，進拜左丞相，[1]封廣平郡王，[2]授中都路迭魯都世襲猛安蒲魯吉必剌謀克。[3]鎰尚有足疾，詔侍朝無拜。明年，鎰建議和親。言事者請罷按察司。[4]鎰曰："今郡縣多殘毀，正須按察司撫集，不可罷。"遂止。宣宗將幸南京，鎰曰："鑾輅一動，北路皆不守矣。今已講和，聚兵積粟，固守京師，策之上也。南京四面受兵。遼東根本之地，依山負海，其險足恃，備禦一面，以爲後圖，策之次也。"不從。是歲，薨。詔賻贈從優厚。

鎰明敏方正，學問該貫，一時名士皆出其門，多至卿相。嘗嘆文士委頓，雖巧拙不同，要以仁義道德爲本，乃著《學之急》《道之要》二篇。太學諸生刻之于石。有《弘道集》六卷。

[1]左丞相：尚書省屬官。爲國家重要輔弼大臣，掌丞天子，

平章萬機。從一品。

[2]廣平郡王：封爵名。郡王封號第二位。

[3]中都路迭魯都世襲猛安蒲魯吉必剌謀克：女真世襲爵號。受封者領有人口和封地，爵位由子孫世襲。中都路治所在今北京市。迭魯都，猛安名。日本學者三上次男《金代女真研究》認爲，迭魯都或者就是本書卷六三《昭祖威順皇后傳》中的“活剌渾水敵魯鄉”的敵魯鄉，位於黑龍江省呼蘭河流域（黑龍江人民出版社1984年版，第501頁）。蒲魯吉必剌，謀克名。張博泉《金史論稿》卷一認爲可能是拔魯古水，即今黑龍江省木蘭縣境的佛特庫河（吉林文史出版社1986年版，第319－320頁）。因此該猛安謀克當是從黑龍江省木蘭縣境内遷到今北京市附近。又本書卷一四《宣宗紀上》，至寧元年（1213）閏九月，“授尚書左丞相徒單鎰中都路迭魯猛安”，所授係“猛安”非“謀克”。然世宗後期以來，軍政重臣一般授予世襲謀克，如世宗朝左丞相完顔守道、宣宗朝右丞相僕散端等。衛紹王初年完顔匡雖官至尚書令，仍是世襲謀克爵。疑《宣宗紀》有脱文。

[4]按察司：官署名。地方監察機構。按察司原爲提刑司，章宗承安四年（1199）改稱按察司。掌審察刑獄、照刷案牘、糾察濫官污吏豪猾之人、私鹽酒麴並應禁之事，兼勸農桑。

賈鉉字鼎臣，博州博平人。[1]性純厚，好學問。中大定十三年進士，調滕州軍事判官、[2]單州司候，[3]補尚書省令史。[4]章宗爲右丞相，深器重之，除陝西東路轉運副使。[5]入爲刑部主事，[6]遷監察御史。[7]遷侍御史，[8]改右司諫。[9]上疏論邊戍利害，上嘉納之，遷左諫議大夫兼工部侍郎，[10]與党懷英同刊修《遼史》。[11]

[1]博州：治所在今山東省聊城市。　博平：縣名。治所在今

山東省茌平縣。

［2］滕州軍事判官：《百官志》州官條下僅有“判官”一職，職掌又與軍事無關。但《金史》中軍事判官極爲常見，很少見州判官。是《百官志》脱“軍事”二字，或漏記軍事判官一職，還是傳記記載有誤，很難定奪，存疑。判官掌簽判州事，專管通檢推排簿籍。從八品。滕州治所在今山東省滕州市。

［3］單州司候：州官名。正九品。單州治所在今山東省單縣。

［4］尚書省令史：尚書省下屬吏員。

［5］陝西東路轉運副使：轉運司屬官。正五品。陝西東路轉運司治於京兆府，今陝西省西安市。

［6］刑部主事：刑部屬官。刑部掌律令、刑名、赦詔、懲没、官吏改正，以及宫、監户（官奴婢口）、良賤身份訴訟、功賞捕亡等諸種事務，主事爲刑部下級官員。正員二人，從七品。

［7］監察御史：御史臺屬官。掌糾察内外官員非違之事。正員十二人，正七品。

［8］侍御史：御史臺屬官。掌奏事，判臺事。正員二人，從五品。

［9］右司諫：諫院屬官。從五品。

［10］左諫議大夫：諫院長官。掌諫正百司非違，糾正官邪。正四品。　工部侍郎：工部屬官。工部尚書副佐，佐掌修造營建法式、諸作工匠、屯田、山林川澤之禁、江河堤岸、道路橋梁之事。正四品。

［11］党懷英：本書卷一二五有傳。

鉉上書曰：“親民之官，任情立威，所用決杖，分徑長短不如法式，甚者以鐵刃置於杖端，因而致死。間者陰陽愆戾，和氣不通，未必不由此也。願下州郡申明舊章，檢量封記，按察官其檢察不如法者，[1]具以名聞。

内庭勅斷，亦依已定程式。”制可。復上書論山東采茶事，其大概以爲“茶樹隨山皆有，一切護邏，已奪民利，因而以揀茶樹執誣小民，嚇取貨賂，宜嚴禁止。仍令按察司約束。”上從之。

[1]按察官：金章宗承安四年（1199）改提刑司爲按察司，此時當爲提刑官。

承安四年，遷禮部尚書，[1]諫議如故。是時有詔，凡奉勅商量照勘公事皆期日聞奏。鉉言：“若如此，恐官吏迫於限期，姑務苟簡，反害事體。况簿書自有常程，御史臺治其稽緩，[2]如事有應密，三月未絶者，令具次第以聞。”下尚書省議。如省部可即定奪者，須三月擬奏，如取會案牘卒難補勘者，先具次第奏知，更限一月結絶，違者准稽緩制書罪之。

[1]禮部尚書：禮部長官。掌禮樂、祭祀、學校、貢舉、册命等事。正三品。

[2]御史臺：官署名。中央監察機構。糾察彈劾内外百官善惡，凡内外刑獄所屬理斷不當，有陳述者付臺治之。

上議置相，欲用鉉，宰臣薦孫即康。[1]張萬公曰：[2]“即康及第在鉉前。”上曰：“用相安問榜次？朕意以爲賈鉉才可用也。”然竟用即康焉。

[1]孫即康：本卷有傳。

[2]張萬公：本書卷九五有傳。

泰和二年，興陵崇妃薨，[1]上欲成服苑中，[2]行登門送喪之禮，以問鉉，鉉對曰："故宋嘗行此禮，古無是也。"遂已。改刑部尚書。泰和三年，拜參知政事。亳州醫者孫士明輒用黄紙大書"勅賜神針先生"等十二字，[3]及於紙尾年月間摹作寶樣朱篆"青龍"二字，以誑惑市人。有司捕治款伏。值赦，大理寺議宜准僞造御寶，[4]雖遇赦不應原。已奏可矣。鉉奏："天子有八寶，其文各異，若僞造，不限用泥及黄蠟。今用筆描成青龍二字，[5]既非八寶文，論以僞造御寶，非本法意。"上悟，遂以赦原。明日，上謂大臣曰："已行之事，賈鉉猶執奏，甚可嘉也，群臣亦當如此矣。"

[1]興陵崇妃：金世宗的妃子，姓氏不詳。興陵是世宗的陵寢號。

[2]成服：《儀禮·士喪禮》："三日，成服。"指喪禮於大斂後，死者的所有親屬各依服制穿著應持之服，稱爲"成服"。

[3]亳州：治所在今安徽省亳州市。　孫士明：其他事迹不詳。

[4]大理寺議宜准僞造御寶："僞造"，原作"僞學"，南監本、北監本、殿本、局本作"僞造"。中華點校本據殿本改，是，從之。大理寺，官署名。掌審斷天下奏案，詳斷疑獄。

[5]今用筆描成青龍二字："今"，原作"令"，南監本、北監本、殿本、局本皆作"今"。中華點校本據殿本改，且下文多處"今"誤寫作"令"，一并改正。是，從之。

泰和六年，御試，鉉爲監試官。[1]上曰："丞相崇浩嘗言試題頗易，由是進士例不讀書。朕令以《日合天統》爲賦題。”[2]鉉曰：“題則佳矣，恐非所以牢籠天下士也。”上曰：“帝王以難題窘舉人，固不可，欲使自今積致學業而已。”遂用之。[3]久之，鉉與審官院掌書大中漏言除授事。[4]上謂鉉曰：“卿罪自知之矣。然卿久參機務，補益弘多，不深罪也。”乃出爲安武軍節度使，[5]改知濟南府。[6]致仕。貞祐元年，薨。[7]

[1]監試官：當爲臨時官職。

[2]朕令以《日合天統》爲賦題："令"，南監本、北監本、殿本、局本並作"今"。

[3]遂用之：據施國祁《金史詳校》卷八下："此下當加，九月乞致仕，不許。"

[4]審官院掌書：審官院屬官。審官院掌奏駁除授失當事，掌書爲審官院的下級官吏。　大中：渤海族人。其後改任蒲陰縣令。

[5]安武軍：州軍名。治所在今河北省冀州市。

[6]濟南府：治所在今山東省濟南市。

[7]薨：據施國祁《金史詳校》："此下當加，謚貞憲。"

孫鐸字振之，其先滕州人，徙恩州歷亭縣。[1]鐸性敏好學，遼陽王遵古一見器之，[2]期以公輔。登大定十三年進士第，調海州軍事判官，[3]衛縣丞，[4]補尚書省令史。章宗爲右丞相，語人曰："治官事如孫鐸，必無錯失。"初即位，問鐸安在？有司奏爲右都管，[5]使宋。及還，除同知登聞檢院事。[6]鐸言："凡上訴者皆因尚書省斷不得直，若上訴者復送省，則必不行矣，乞自宸衷斷之。"上以爲然。詔登聞檢院，凡上訴者，每朝日奏十事。詔刊定舊律，鐸先奏《名例》一篇。

［1］恩州歷亭縣：縣名。歷亭縣爲恩州州治，治所在今山東省武城縣東北。

［2］遼陽：府名。東京路路治。　王遵古：渤海族人。金章宗時任澄州刺史、翰林直學士。據本書卷一二八《王政傳》記載，王遵古其父王政爲辰州熊嶽人，本書卷一二六其子王庭筠本傳爲遼東人，此處"遼陽"是以東京路治所遼陽府代指全境。

［3］海州：治所在今江蘇省連雲港市西。

［4］衛縣丞：佐縣令掌按察所部，勸課農桑，平理獄訟，捕除盜賊，宣導風化，兼管常平倉及通檢推排簿籍等事。正八品。衛縣治所在今河南省淇縣東衛賢鎮。

［5］右都管：使宋官名。官職不詳，爲臨時官職。

［6］同知登聞檢院事：登聞檢院屬官。掌奏御進告尚書省、御史臺理斷不當事。正六品。

承安元年，遷左諫議大夫，改河東南路轉運使，[1]召爲中都路都轉運使。[2]初置講議錢穀官十人，[3]鐸爲選首。承安四年，遷户部尚書。[4]鐸因轉對奏曰："比年號令，或已行而中輟，或既改而復行，更張太煩，百姓不信。乞自今凡將下令，再三講究，如有益于治則必行，無恤小民之言。"國子司業紇石烈善才亦言[5]"頒行法令，絲綸既出，尤當固守"。上然之。

［1］河東南路轉運使：轉運司屬官。正三品。河東南路轉運司治於晉安府（絳州），在今山西省新絳縣。

［2］中都路都轉運司：治於大興府，在今北京市。

［3］講議錢穀官：講議所屬官。金章宗承安二年（1197）十月初置講議所官十員，共議錢穀，孫鐸爲十人之一。承安三年正月罷

講議所。

[4]户部尚書：户部長官。掌户籍、物力、鹽鐵、酒麯、礦冶、榷場、市易、度支、國用、俸禄、錢帛、貢賦、租税、積貯、度量衡等。正三品。

[5]國子司業：國子監屬官。掌學校。正五品。　紇石烈善才：女真人。其他事迹不詳。

泰和二年閏十二月，[1]上召鐸、户部侍郎張復亨議交鈔。[2]復亨曰："三合同鈔可行。"鐸請廢不用，詰難久之，復亨議詘。上顧謂侍臣曰："孫鐸剛正人也，雖古魏徵何加焉！"[3]

[1]泰和二年閏十二月：原脱"閏"字，按本書卷四八《食貨志三》，泰和二年（1202）"閏十二月，上以交鈔事，召户部尚書孫鐸、侍郎張復亨，議於内殿"。中華點校本據補"閏"字。是，今從之。

[2]户部侍郎：户部屬官。正四品。　張復亨：金章宗時曾任右拾遺。

[3]魏徵：唐人。《舊唐書》卷七一、《新唐書》卷九七有傳。

三年，御史中丞孫即康、[1]刑部尚書賈鉉皆除參知政事，[2]鐸再任户部尚書。鐸心少之，[3]對賀客誦古人詩曰："唯有庭前老栢樹，春風來似不曾來。"[4]御史大夫下劾鐸怨望，[5]降同知河南府事。[6]改彰化軍節度使，[7]復爲中都轉運使。泰和七年，拜參知政事。

[1]御史中丞：御史臺屬官。御史大夫的副佐。從三品。

[2]賈鉉：本卷有傳。

[3]鐸心少之：少，同小，或作“不足”解。

[4]唯有庭前老栢樹，春風來似不曾來：按此詩爲唐人張在所作，參見《中州集》卷九《孫太師鐸》。

[5]御史大夫：御史臺長官。掌糾察、彈劾百官，復審内外刑獄所屬理斷不當案件。從二品。　卞：女真人。姓完顔氏，宗室出身。本書卷六六有傳。

[6]同知河南府事：掌通判府事。正四品。河南府治所在今河南省洛陽市。

[7]彰化軍：州軍名。治所在今甘肅省涇川縣。

蒲陰縣令大中與左司郎中劉昂、[1]通州刺史史肅、[2]前監察御史王宇、[3]吏部主事曹元、[4]户部員外郎李著、[5]監察御史劉國樞、[6]尚書省都事曹温、[7]雄州都軍馬師周、[8]吏部員外郎徒單永康、[9]太倉使馬良顯、[10]順州刺史唐括直思白坐私議朝政，[11]下獄，尚書省奏其罪。鐸進曰：“昂等非敢議朝政，但如鄭人游鄉校耳。”[12]上悟，乃薄其罪。

[1]蒲陰縣令：縣長官。從七品。蒲陰縣治所在今河北省安國市。　左司郎中：左司長官。熙宗初年爲左司侍郎，天眷三年(1140)更爲郎中，掌吏、户、禮三部受事付事，兼帶修起居注官。正五品。　劉昂：本書卷一二六有傳。

[2]通州刺史：州長官。掌一州財政訴訟、宣導風俗等各種政務，獨不領兵。正五品。通州治所在今北京市通州區。　史肅：此前曾任南皮縣令。

[3]王宇：其他事迹無考。

[4]吏部主事：吏部屬官。掌知管差除，校勘行止，分掌封勳資考之事，惟選事則通署，及掌受事付事，檢勾稽失省署文牘，兼知本部宿直，檢校架閣。正員四人，從七品。熙宗皇統四年（1144），主事始用漢族士人。世宗大定三年（1163），用進士，非特旨不得擬用吏人。章宗承安五年（1120），增女真主事一人。曹元：其他事迹無考。

[5]户部員外郎：户部屬官。正員三人。一員掌户籍、物力、鹽鐵、酒麯、礦冶、榷場、市易等事；一員掌度支、國用、俸禄、錢帛、貢賦、租税、積貯、度量衡等事。從六品。　李著：其他事迹無考。

[6]劉國樞：其他事迹不詳。

[7]尚書省都事：尚書省屬官。提控架閣庫。其官品無載，然本書卷五八《百官志四》記載："燕賜各部官僚以下，日給米糧分例，……監察御史、尚書省都事、大理司直、六部主事各八升。"由此推論，尚書省都事的官品當與監察御史、大理司直相當，同爲正七品。　曹温：其他事迹不詳。

[8]雄州都軍：《百官志》無載，但有"司軍"一職，從九品。馬師周：其父爲章宗朝的參知政事馬琪，師周蔭補爲閤門祗候。見本書卷九五《馬琪傳》。

[9]吏部員外郎：吏部屬官。正員四人，分判曹務及參議事，掌文武選、流外選用、官吏差使行止名簿、封爵制誥，以及掌勛級酬賞、承襲用蔭、循選、致仕、考課、議謚之事。從六品。　徒單永康：女真人。其他事迹無考。

[10]太倉使：太府監屬官，太倉長官。掌九穀廩藏、出納之事。從六品。　馬良顯：其他事迹無考。

[11]順州：治所在今北京市順義區。　唐括直思白：女真人。其他事迹無考。

[12]鄭人游鄉校：見《左傳》襄公三十一年，鄭子産游於鄉校，以論執政。

鐸上言："民間鈔多，宜收斂。院務課程及諸窠名錢須要全收交鈔。[1]秋夏税本色外，盡令折鈔，不拘貫例，農民知之，迤漸重鈔。比來州縣抑配行市買鈔，無益，徒擾之耳。乞罷諸處鈔局，惟省庫仍舊，[2]小鈔無限路分，可令通行。"上覽奏，即詔有司曰："可速行之。"

[1]交鈔：自金海陵王朝始通行的紙幣，分爲大鈔和小鈔兩種。

[2]鈔局、省庫：官署名。均爲經管交鈔的部門。其中省庫指尚書省户部架閣庫，而鈔局指設於各地的交鈔庫。

大安初，議誅黄門李新喜。[1]鐸曰："此先朝用之太過耳。"衛紹王不察，即曰："卿今日始言之何耶？"既而復曰："後當盡言，勿以此介意。"頃之，遷尚書左丞，兼修國史。議鈔法忤旨，猶以論李新喜降濬州防禦使。[2]改安國軍節度使，徙絳陽軍。[3]

[1]黄門：宦官。　李新喜：章宗臨終前參與立衛紹王。

[2]濬州防禦使：州長官。掌一州軍、政事務。從四品。濬州治所在今河南省浚縣。

[3]安國軍：州軍名。治所在今陜西省大荔縣。　絳陽軍：州軍名。治所在今山西省新絳縣。

宣宗即位，召赴闕，以兵道阻。宣宗遷汴，鐸上謁于宜村，[1]除太子太師。[2]有疾，累遣使候問。貞祐三年，致仕。是歲，薨。

[1]宜村：地名。金宣宗貞祐三年（1215）五月自衛州遷於宜村，在今河南省衛輝市黄河北岸。

[2]太子太師：東宫屬官。掌保護東宫，導以德義。正二品。

孫即康字安伯，其先滄州人。[1]石晋之末，[2]遼徙河北實燕、薊，[3]八代祖延應在徙中，[4]占籍析津，[5]實大興，[6]仕至涿州刺史。[7]延應玄孫克構，[8]遼檢校太傅、[9]啓聖軍節度使。[10]

[1]滄州：治所在今河北省滄州市東南東關鎮。

[2]石晋：朝代名。五代石敬塘所建的後晋政權（936—946）。

[3]遼：朝代名（916—1125）。　燕：指燕京，治所在今北京市。　薊：遼州名。治所在今天津市薊縣。

[4]孫延應：其他事迹不詳。

[5]析津：府名。即遼南京所在地，金前期承用此府名，治所在今北京市。

[6]大興：府名。金海陵王遷都更析津府爲大興府，更燕京爲中都，治所亦爲今北京市。

[7]涿州：治所在今河北省涿州市。

[8]孫克構：遼人，其他事迹無考。

[9]檢校太傅：太傅爲三公之一。檢校爲寄銜之意，並非實官。

[10]啓聖軍節度使：遼州軍官名。總轄軍民兩政。啓聖軍，遼州軍名。治所在今内蒙古自治區赤峰市西北。

即康，克構曾孫，中大定十年進士第。章宗爲右丞相，是時，即康爲尚書省令史，由是識其人。章宗即位，累遷户部員外郎，講究鹽法利害，語在《食貨志》。除耀州刺史，[1]入爲吏部左司郎中。[2]

［1］耀州：治所在今陝西省耀縣。

［2］吏部左司郎中：吏部不分左右司，故無此官。或“左司”二字爲衍字，此處爲吏部郎中；或吏部爲尚書省之誤，爲尚書省左司郎中。

上謂宰臣曰：“孫即康向爲省掾，[1]言語拙訥，今才力大進，非向時比也。”宰臣因曰：“即康年已高，幸及早用之。”上問：“年幾何矣？”對曰：“五十六歲。”上復問：“其才何如張萬公？”平章政事守貞對曰：“即康才過之。”上曰：“視萬公爲通耳。”由是遷御史中丞。

［1］省掾：泛指尚書省的官吏。

初，張汝弼妻高陀斡不道，[1]伏誅。汝弼，鎬王永中舅也，上由是頗疑永中。永中府傅、尉奏永中第四子阿离合懣語涉不軌，[2]詔同簽大睦親府事䴵與即康鞫之。[3]第二子神土門嘗撰詞曲，[4]頗輕肆，遂以語涉不遜就逮。家奴德哥首永中嘗與侍妾瑞雲言：[5]“我得天下，以爾爲妃，子爲大王。”䴵、即康還奏，詔禮部尚書張暐覆訊。[6]永中父子皆死，時論冤之。頃之，遷泰寧軍節度使，[7]改知延安府事。[8]

[1]張汝弼：渤海人。世宗元妃張氏的兄弟，本書卷八三有傳。高陀斡：渤海人。本書卷六四《元妃張氏傳》記載："汝弼妻高陀斡以邪言怵永中，畫元妃像，朝夕事之，覬望徼福，及挾左道。"金章宗明昌五年（1194）以謀逆罪伏誅。

[2]傅、尉：親王府屬官。傅又作王傅，掌師範輔導，參議可否，若親王在外，亦兼本京節鎮同知，正四品。尉又作府尉，掌警嚴侍從，兼總統本府之事，從四品。　阿离合懣：女真人。姓完顏氏。其他事迹不詳。

[3]同簽大睦親府事：大睦親府屬官。佐掌敦睦糾率宗室欽奉王命，以宗室出身者擔任。正三品。　騿：姓完顏氏，宗室出身。其他事迹無考。

[4]神土門：女真人。姓完顏氏，漢名璋。其他事迹無考。

[5]德哥：其他事迹無考。　瑞雲：又作瑞雪，其他事迹無考。

[6]張暐：本書卷一〇六有傳。

[7]泰寧軍：州軍名。金世宗大定十九年（1179）更名爲泰安軍，治所在今山東省兖州市。

[8]延安府：治所在今陝西省延安市。

承安五年，上問宰相："今漢官誰可用者？"司空襄舉即康。[1]上曰："不輕薄否？"襄曰："可再用爲中丞觀之。"上乃復召即康爲御史中丞。泰和三年，除參知政事。明年，進尚書右丞。六年，宋渝盟有端，大臣猶以爲小盜竊發不足恤。即康與左丞僕散端、[2]參政獨吉思忠以爲必當用兵，上以爲然。

[1]司空：三公之一。論道經邦，燮理陰陽。正一品。　襄：女真人。姓完顏氏，宗室出身。本書卷九四有傳。

[2]僕散端：女真人。本書卷一〇一有傳。

上問即康、參知政事賈鉉曰："太宗廟諱同音字，[1]有讀作'成'字者，既非同音，便不當缺點畫。睿宗廟諱改作'崇'字，[2]其下却有本字全體，不若將'示'字依《蘭亭帖》寫作'未'字。[3]'充'字合缺點畫，[4]如'統'傍之'充'，似不合缺。"即康奏曰："唐太宗諱世民，[5]偏傍犯如'葉'字作'菜'字，'泯'字作'汦'字。"乃擬"熙宗廟諱從'面'從'且'。[6]睿宗廟諱上字從'未'，下字從'世'。[7]世宗廟諱從'系'。顯宗廟諱如正犯字形，止書斜畫，'沇'字'銃'字各從'口'，'兑''悦'之類各從本傳。"[8]從之，自此不勝曲避矣。進左丞。宋人請和，進官一階。

[1]太宗：廟號。即完顔吴乞買，漢名晟。金朝第二任皇帝。1123年至1135年在位。

[2]睿宗：廟號。即完顔訛里朵，漢名宗輔，又作宗堯，世宗的父親。本書卷一九《世紀補》有紀。

[3]不若將"示"字依《蘭亭帖》寫作"未"字：原脱"不"字，《金史詳校》卷八下，"此上當加'不'"。中華點校本據文意補。今從之。《蘭亭帖》，晋王羲之作，後世視爲書法珍品。參見唐張彦遠《書法要録》三《唐何延之蘭亭記》。

[4]"充"字合缺點畫：中華點校本據文意在此前補"顯宗廟諱允"五字。

[5]唐太宗：廟號。名李世民。唐朝第二任皇帝。627年至649年在位。

[6]熙宗：廟號。即完顔合剌，漢名亶。金朝第三任皇帝。

1136 年至 1149 年在位。

[7]下字從“世”：《金史詳校》卷八下，“世，當作𡈼”。中華點校本據宗堯名“堯”字上半字形改作“𡈼”。

[8]“沇”字“鈗”字各從“口”，“兑”“悦”之類各從本傳：中華點校本疑此處有誤字，疑“沇”當作“兖”，“鈗”當作“銃”，“傳”當作“體”。

舊制，尚書省令史考滿優調，次任回降，崔建昌已優調興平軍節度副使，[1]未回降即除大理司直。[2]詔知除郭邦傑、李蹊杖七十勒停，[3]左司員外郎高庭玉決四十解職，[4]即康待罪，有詔勿問。章宗崩，衛紹王即位，即康進拜平章政事，封崇國公。[5]大安三年，致仕。是歲，薨。遣使致祭。

[1]崔建昌：其他事迹不詳。　興平軍節度副使：州軍官名。佐掌州事。從五品。興平軍，州軍名。治所在今河北省盧龍縣。

[2]大理司直：大理寺屬官。掌参議疑獄，披詳法狀。正員四人，正七品。

[3]知除：官名。《百官志》無載，當爲吏部屬官。　郭邦傑：其他事迹無考。金世宗朝曾有一郭邦傑任通州刺史、右司郎中，章宗明昌年間任刑部尚書、轉運使。與此處郭邦傑似爲兩人。　李蹊：哀宗朝任汝州防禦使、太常卿、参知政事、尚書左丞。

[4]高庭玉：遼東人。大定末進士，曾任左司郎中、河南府治中。

[5]崇國公：封爵名。小國封號，明昌格第七位。

李革字君美，河津人。[1]父餘慶，[2]三至廷試，不遂，因棄去。革穎悟，讀書一再誦，輒記不忘。大定二十五年進士。調真定主簿。[3]察廉，遷韓城令。[4]同知州事納富商賂，[5]以歲課軍須配屬縣，革獨不聽，提刑司以爲能。[6]遷河北東路轉運都勾判官、[7]太原推官。[8]丁母憂，起復，遷大興縣令、[9]中都左警巡使、[10]南京提刑判官、[11]監察御史、同知昭義軍節度事。[12]丁父憂，起復，簽南京按察事。[13]

[1]李革：劉祁《歸潛志》卷六作李鞏。　河津：縣名。治所在今山西省河津市。

[2]餘慶：即李餘慶。其他事迹不詳。

[3]真定主簿：縣令的副佐。正九品。真定，縣名。治所在今河北省正定縣。

[4]韓城：縣名。治所在今陝西省韓城市。

[5]同知州事：通判州事。正七品。

[6]提刑司：官署名。地方監察機構。《大金國志》卷三八《提刑司九處》載，章宗大定二十九年（1189）六月於全國設九處提刑司：中都西京路（西京置司）、南京路（南京置司）、北京臨潢路（臨潢置司）、東京咸平府路（咸平置司）、上京路（上京置司）、河東南北路（汾州置司）、河北東西大名等路（河間置司）、陝西諸路（平凉置司）以及山東東西路（濟南置司），掌審察刑獄，察舉官吏，舉廉能，劾不法，糾正官邪，勸農桑。

[7]河北東路轉運都勾判官：轉運司屬官。掌紀綱衆務，分判勾案。從六品。河北東路轉運司全名爲河北東西大名等路轉運司，治於真定府。

[8]太原推官：府屬官。掌紀綱衆務，分判兵、刑、工案事。正七品。太原，府名。治所在今山西省太原市。

[9]大興縣令：縣長官。爲京師所在縣官。從六品。大興縣治

所在今北京市。

［10］中都左警巡使：警巡院屬官。掌平理獄訟，警察所部，總判院事。《百官志》警巡院長官爲使一員，中都警巡院長官分左、右使。正六品。

［11］南京提刑判官：提刑司屬官。正員二人，從六品。南京提刑司治於開封府，在今河南省開封市。

［12］同知昭義軍節度使：州軍官。通判節度使事。正五品。昭義軍，州軍名。治所在今山西省晋城市。

［13］簽南京按察事：按察司屬官。正五品。

泰和六年，伐宋，尚書省奏："軍興，隨路官，差占者別注，闕者選補，老不任職者替罷，及司、縣各存留强幹正官一員。"革與簽陝西高霖、[1]簽山東孟子元俱被詔，[2]體訪三路官員能否，籍存留正官，行省、行部、元帥府差占員數及事故闕員，[3]老不任職，赴闕奏事。改刑部員外郎，[4]調觀州刺史兼提舉漕運，[5]陝西西路按察副使，[6]大興府治中。[7]知府徒單南平貴幸用事，勢傾中外，遣所親以進取誘革，革拒之。貞祐二年，遷户部侍郎。宣宗遷汴，[8]行河北西路六部事，[9]遷知開封府事，[10]河南勸農使，[11]户部、吏部尚書，[12]陝西行省參議官。[13]

［1］簽陝西：即簽陝西東西路按察事，按察司屬官。陝西東西路按察司治於平凉府。　高霖：其他事迹不詳。

［2］簽山東：即簽山東東西路按察事，按察司屬官。山東東西路按察司治於濟南府，在今山東省濟南市。　孟子元：其他事迹不詳。

［3］行部：官署名。金章宗中期以後，在設行省的同時臨時設

行六部，到金末亦遍布全國，行部爲行六部的簡稱。　元帥府：官署名。海陵王天德二年改制以後元帥府是國家最高軍事統帥機構，掌征討之事，兵興始置，兵罷則省。

[4]刑部員外郎：刑部屬官。正員二人。一員掌律令格式、審定刑名、關津譏察、赦詔勘鞫、追徵給没等事；一員掌宫户、監户（官奴婢口）、配吏、良賤身份訴訟、城門啓閉、官吏改正、功賞捕亡等事務。

[5]觀州：原爲景州，金衛紹王大安年間爲避章宗之諱，改爲觀州，治所在今河北省東光縣。　提舉漕運：以觀州（景州）刺史兼任，掌河倉漕運之事。正五品。

[6]陝西西路按察副使：按察司屬官。正四品。

[7]大興府治中：治中，不見《百官志》記載。金世宗後期，逐漸以治中取代府少尹，掌通判府事。官品當與少尹同，正五品。大興府，金京師所在府，治所在今北京市。

[8]宣宗遷汴：貞祐二年（1214）金宣宗將京師由中都遷至南京，即開封府，又稱汴。

[9]河北西路：治所在真定府。

[10]開封府：治所在今河南省開封市。

[11]河南勸農使：勸農使司屬官。掌勸課力田之事。正三品。

[12]吏部尚書：吏部長官。掌文武選授、勳封、考課、出給制誥之政。正三品。

[13]陝西行省參議官：行省屬官。爲臨時官職，到金末逐漸成爲常設官職。

四年，拜參知政事。革奏："有司各以情見引用斷例，牽合附會，實啓倖門。乞凡斷例敕條特旨奏斷不爲永格者，不許引用，皆以律爲正。"詔從之。是歲，大元兵破潼關，[1]革自以執政失備禦之策，上表請罪。不許，罷爲絳陽軍節度使。興定元年，[2]胥鼎自平陽移鎮陝西，[3]革以知平陽府事，權參知政事，代鼎爲河東行省。[4]

［1］大元：指蒙古汗國。　潼關：地名。在今陝西省潼關縣。

［2］興定：金宣宗年號（1217—1222）。

［3］胥鼎：本書卷一〇八有傳。　平陽：府名。治所在今山西省臨汾市。

［4］河東行省：官署名。統轄黄河以東地區軍政事務，包括河東南、北路，大約相當今山西地區。

是時興兵伐宋，革上書曰："今之計當休兵息民，養鋭待敵。宋雖造釁，止可自備。若不忍小忿以勤遠略，恐或乘之，不能支也。"不納。太原兵後闕食，革移粟七萬石以濟之。二年，宣差粘割梭失至河東，[1]於是晚禾未熟，牒行省耕毁清野。革奏："今歲雨澤及時，秋成可待。如令耕毁，民將不堪。"詔從革奏。十月，平陽被圍，城中兵不滿六千，屢出戰，旬日間傷者過半。徵兵吉、隰、霍三州，[2]不時至。裨將李懷德縋城出降，[3]兵自城東南入。左右請革上馬突圍出。革歎曰："吾不能保此城，何面目見天子！汝輩可去矣。"乃自殺。贈尚書右丞。

［1］粘割梭失：女真人。宣宗朝任監察御史、少府少監。

［2］吉、隰、霍三州：金朝無霍州，吉、隰爲州名。吉州治所在今山西省吉縣。隰州治所在今山西省隰縣。霍當爲霍邑縣，治所在今山西省霍縣。

［3］李懷德：其他事迹不詳。

贊曰：《傳》曰："君子之言，其利博哉。"[1]徒單鎰拱挹一語而宣宗立，厥功懋矣。賈鉉、孫鐸皆舊臣，鉉久致仕，鐸忤旨衛王，皆不復見用。徒單鎰亦外官，惟孫即康詭隨，乃驟至宰相。古所謂斗筲之人，即康之謂矣。鐸論李新喜，其言似漢耿育，[2]有旨哉。貞祐執政李革，可謂君子，其進退之際，有古人爲相之風焉。

［1］《傳》：書名。即《左傳》，春秋時魯國人左丘明所撰。"君子之言，其利博哉"，引自《左傳》昭公三年："君子曰：'仁人之言，其利博哉。'"與原文略有出入。

［2］耿育：漢朝人。成帝時爲議郎。陳湯矯制，發兵殺匈奴郅支單于，丞相匡衡抑其賞。後坐事徙安定，耿育上書爲陳湯頌冤，卒召還湯。

金史　卷一〇〇

列傳第三十八

孟鑄　宗端脩　完顔閭山　路鐸　完顔伯嘉　朮虎筠壽
張煒　高竑　李復亨

孟鑄，大定末，[1]補尚書省令史。[2]明昌元年，[3]御史臺奏薦户部員外郎李獻可、完顔掃合、[4]太府丞徒單繹、[5]宫籍監丞張庸、[6]右警巡使衮、[7]禮部主事蒲察振壽、[8]户部主事郭蜕、[9]應奉翰林文字移剌益、[10]中都鹽鐵判官趙滈、[11]尚書省令史劉昂及鑄十一人皆剛正可用。[12]詔除獻可右司諫，[13]掃合磁州刺史，[14]繹祕書丞，[15]庸中都右警巡使，衮彰國軍節度副使，[16]振壽治書侍御史，[17]蜕同知定武軍節度使事，[18]益翰林修撰，[19]滈都水丞，[20]昂户部主事，鑄刑部主事。[21]累遷中都路按察副使、[22]南京副留守、[23]河平軍節度使。[24]

[1]大定：金世宗年號（1161—1189）。章宗即位後仍沿用一年。

[2]尚書省令史：尚書省下屬吏員。

[3]明昌：金章宗年號（1190—1196）。

[4]御史臺：官署名。中央監察機構。糾察彈劾内外百官善惡，凡内外刑獄所屬理斷不當，有陳述者付臺治之。　户部員外郎：户部屬官。正員二人。一員掌户籍、物力、鹽鐵、酒麯、礦冶、榷場、市易等事；一員掌度支、國用、俸禄、錢帛、貢賦、租税、積貯、度量衡等事。從六品。　李獻可：本書卷八六有傳。　完顔掃合：女真人。漢名完顔齊。本書卷六六有傳。

[5]太府丞：太府監屬官。掌出納國家財用錢穀之事。正員二人，從六品。　徒單繹：女真人。與本書卷一二〇徒單繹同名，非一人。其他事迹不詳。

[6]宫籍監丞：殿前都點檢司下屬宫籍監屬官。掌内外監户（奴婢户）及土地錢帛小大差除。從七品。　張庸：其他事迹不詳。

[7]右警巡使：警巡院屬官。掌平理獄訟，警察所部，總判院事。《百官志》警巡院長官爲使一員，中都警巡院長官分左、右使，正六品。　衮：女真人。姓完顔氏。其他事迹不詳。

[8]禮部主事：禮部屬官。掌受事付事，檢勾稽失省署文牘，兼知本部宿直，檢校架閣。正員二人，從七品。熙宗皇統四年（1144），主事始用漢族士人。世宗大定三年（1163），用進士，非特旨不得擬用吏人。章宗承安五年（1200），增女真主事一人。　蒲察振壽：女真人。其他事迹不詳。

[9]户部主事：户部屬官。正員五人。女真司二員，通掌户度、金倉等事；漢人司三員，佐員外郎分掌各種具體事務。從七品。章宗泰和八年（1208）減一員，宣宗貞祐四年（1216）作八員，五年爲六員。　郭蛻：其他事迹不詳。

[10]應奉翰林文字：翰林學士院屬官。分掌詞命文字。從七品。　移剌益：契丹人。本書卷九七有傳。

[11]中都鹽鐵判官：中都路都轉運司屬官。從六品。　趙鬲：其他事迹不詳。

［12］劉昂：本書卷一二六有傳。

［13］右司諫：諫院屬官。掌諫正百司非違，糾正官邪。從五品。

［14］磁州刺史：州長官。掌一州財政訴訟、宣導風俗等各種政務，獨不領兵。正五品。磁州治所在今河北省磁縣。

［15］祕書丞：秘書監屬官。掌經籍圖書。正六品。

［16］彰國軍節度副使：州軍官名。佐掌州軍政事務。從五品。彰國軍，州軍名。治所在今山西省應縣。

［17］治書侍御史：御史臺屬官。掌奏事，判臺事。正員二人，從六品。

［18］同知定武軍節度使事：州軍官名。通判節度使事。正五品。定武軍，州軍名。治所在今河北省定州市。

［19］翰林修撰：翰林學士院屬官。分掌詞命文字，分判院事，銜内帶“同知制誥”。不限員，從六品。

［20］都水丞：都水監屬官。佐掌川澤、津梁、舟楫、河渠之事。正員二人，内一員外監分治，正七品。

［21］刑部主事：刑部屬官。正員二人，從七品。

［22］中都路按察副使：按察司屬官。掌審察刑獄、照刷案牘、糾察濫官污吏豪猾之人、私鹽酒麯並應禁之事，兼勸農桑。正四品。　中都路按察司：全稱中都西京路按察司，治於大同府，在今山西省大同市。

［23］南京副留守：路級長官副佐，帶本府少尹兼本路兵馬副都總管。從四品。南京治所在今河南省開封市。

［24］河平軍節度使：州軍官名。總管一州軍政事務，掌鎮撫諸軍防刺，總判本鎮兵馬之事，兼本州管内觀察使事。從三品。河平軍，州軍名。治所在今河南省衛輝市。

泰和四年，[1]入爲御史中丞，[2]召見於香閤。[3]上謂鑄曰："朕自知卿，非因人薦舉也。御史責任甚重，往者臺官乃推求細故，彈劾小官，至於巨室重事，則畏徇不言。其勤乃職，無廢朕命。"是歲，自春至夏，諸郡少雨。鑄奏："今歲愆陽，[4]已近五月，比至得雨，恐失播種之期，可依種麻菜法，擇地形稍下處撥畦種穀，穿土作井，隨宜灌溉。"上從其言，區種法自此始。[5]

[1]泰和：金章宗年號（1201—1208）。

[2]御史中丞：御史臺屬官。爲御史大夫的副佐，佐掌糾察朝儀，彈劾官邪，審刑獄不當之事。從三品。

[3]香閣：位於中都皇城内，世宗時經常在此接見近臣。

[4]愆陽：陽氣過盛。多指天旱和酷熱。

[5]區種法自此始：據本書卷五〇《食貨志五》，承安元年（1196）四月"初行區種法"，泰和四年（1204）復議區種，故推行區種法不是始於此時。區種法，一種農業耕種的方法。

無何，奏彈知大興府事紇石烈執中過惡，[1]其文略曰："京師百郡之首，四方取則。知府執中貪殘專恣，不奉法令，自奉聖州罪解以後，[2]怙罪不悛，蒙朝廷恩貸，轉生跋扈。雄州詐奪人馬，[3]平州冒支己俸，[4]無故破魏廷碩家，[5]發其冢墓。拜表以調鷹不赴，祈雨聚妓戲嬉，毆詈同僚，擅令住職，失師帥之體。乞行黜退，以厭人望。"上以執中東宫舊人，[6]頗右之，[7]謂鑄曰："執中粗人，似有跋扈者。"鑄曰："明天子在上，豈容有跋扈之臣？"上悟，詔尚書省問之。[8]

[1]知大興府事：知府事一職，本書《百官志》不載。世宗大定年間始設，官品高於同知，或低於府尹。章宗朝及以後，不授府尹，以知府事代之，掌宣風導俗，肅清所部，總判府事。官品或與府尹同，正三品。大興府，金京師所在府，治所在今北京市。　紇石烈執中：女真人。又名紇石烈胡沙虎。本書卷一三二有傳。

[2]奉聖州罪解：此與紇石烈執中本傳記載有異，本傳載任右副點檢時因肆傲不奉職，降爲肇州防禦使，其後也未轉任奉聖州官職。奉聖州治所在今河北省涿鹿縣。

[3]雄州：治所在今河北省雄縣。

[4]平州：治所在今河北省盧龍縣。

[5]魏廷碩：其他事迹不詳。

[6]東宫舊人：紇石烈執中於金世宗大定八年（1168）充皇太子護衛，出職爲太子僕丞。其時章宗父完顔允恭爲皇太子。

[7]右：通"佑"字。

[8]尚書省：官署名。海陵王正隆官制改革以後，是金朝最高權力機構。

泰和五年，唐、鄧、河南屢有警，[1]議者謂宋且敗盟。[2]六年正月，宋賀正旦使陳克俊等朝辭，[3]上使鑄就館諭克俊以國家涵容之意，果不詳此旨，恐兵未可息也，使以上言達宋主。[4]章宗本無意用兵，[5]故再三諭之。

[1]唐、鄧、河南：唐、鄧，州名。唐州治所在今河南省唐河縣，鄧州治所在今河南省鄧州市。河南，府名。治所在今河南省洛陽市。

[2]宋：指南宋，朝代名（1127—1279）。

[3]宋賀正旦使：宋按例每年派使往金朝賀正旦，當爲臨時官

職。　陳克俊：宋人衛涇《後樂集》卷一《大理少卿陳景俊奉使回轉一官制》，作“陳景俊”。《殿本考證》考《交聘表》及《宋史·寧宗紀》皆作“陳景俊”，認爲“克”當係“景”字之訛。中華點校本認爲陳克俊本名景俊，爲避章宗諱改。

[4]宋主：即宋寧宗，名趙擴。南宋第三任皇帝。1195 年至 1224 年在位。

[5]章宗：廟號。即完顏麻達葛，漢名璟。金朝第六任皇帝。1189 年至 1208 年在位。

鑄論提刑司改按察司，[1]差官覆察，權削望輕。下尚書省議。參知政事賈鉉奏：[2]“乞差監察時，[3]即別遣官偕往，更不覆察，諸疑獄並令按察司從正與決，庶幾可慰人望。”從之。

[1]提刑司改按察司：官署名。爲地方監察機構。《大金國志》卷三八《提刑司九處》，章宗大定二十九年（1189）六月於全國設九處提刑司：中都西京路（西京置司）、南京路（南京置司）、北京臨潢路（臨潢置司）、東京咸平府路（咸平置司）、上京路（上京置司）、河東南北路（汾州置司）、河北東西大名等路（河間置司）、陝西諸路（平涼置司）以及山東東西路（濟南置司）。掌審察刑獄，察舉官吏，舉廉能，劾不法，糾正官邪，勸農桑。承安四年（1199）改提刑司爲按察司。

[2]參知政事：尚書省屬官。爲執政官，宰相的副佐，佐治尚書省事。正員二人，從二品。　賈鉉：本書卷九九有傳。

[3]監察：即監察御史，御史臺屬官。掌糾察内外官員非違之事。正員十二人，正七品。

永豐庫官不守宿，[1]因而被盜；上召登聞鼓院官欲有所問，[2]皆不在。上諭鑄曰："此輩慢法如此，御史臺所職何事也！"復諭御史大夫宗肅及鑄曰：[3]"朕聞唐宰相宿省中，[4]卿等所知也。臺官、六部官、其餘司局亦嘗宿直。[5]今尚書省左右司官宿直，[6]餘亦當準此。"八年，除絳陽軍節度使。[7]至寧元年，[8]復爲御史中丞。

[1]永豐庫：官署名。掌泉貨金銀珠玉出納之事。

[2]登聞鼓院：官署名。中央監察機構之一。掌奏進告御史臺、登聞檢院理斷不當事。

[3]御史大夫：御史臺長官。從二品。　宗肅：女真人。又作崇肅，姓完顏氏，宗室出身。世宗大定十四年（1174）以宿直將軍爲夏國生日使，任寧昌軍節度使，章宗朝任西北路招討使、西京留守、御史大夫。

[4]唐：朝代名（618—907）。

[5]臺官、六部官：臺官即御史臺官。六部官即吏、户、禮、兵、刑、工六部官。

[6]尚書省左右司：官署名。宰執之下分察六部受事付事，兼帶修起居注，設郎中、員外郎等官職。

[7]絳陽軍：州軍名。治所在今山西省新絳縣。

[8]至寧：金衛紹王年號（1213）。

紇石烈執中作亂，召鑄及右諫議大夫張行信俱至大興府，[1]問曰："汝輩向來彈我者耶？"鑄等各以正言答之。執中乃遣還家，曰："且須後命。"既而執中死，鑄亦尋卒。

[1]右諫議大夫：諫院長官之一。掌諫正百司非違，糾正官邪。

正四品。　張行信：本書卷一〇七有傳。

宗端脩字平叔，汝州人。[1]章宗避睿宗諱上一字，[2]凡太祖諸子皆加"山"爲"崇"，[3]改"宗"氏爲"姬"氏。端脩好學，喜名節，中大定二十二年進士第。[4]明昌間，補尚書省令史。承安元年，[5]監察御史孫椿年、武簡職事不修舉，[6]詔以端脩及范鐸代之。[7]

[1]汝州：治所在今河南省汝州市。

[2]睿宗：廟號。本名完顏訛里朵，漢名宗輔，金太祖之子。本書卷一九有紀。

[3]凡太祖諸子皆加"山"爲"崇"：實際改名字中"宗"字爲"崇"字的，不僅是太祖諸子，凡宗室之人名字皆改之，如宗成、宗浩，改爲崇成、崇浩。他們是昭祖後人。太祖，廟號。即完顏阿骨打，漢名旻，金朝開國皇帝，1115年至1123年在位。

[4]中大定二十二年進士第：本書與《中州集》卷八《宗端脩小傳》並作二十二年進士。然《滏水集》卷一一《盤安軍節度副使姬公平叔墓表》，"中大定二十五年進士第"。又卷一三《學道齋記》，"與吾姬伯正父同登大定二十五年進士第"。趙秉文與宗端脩同年，所記可信。　《金史詳校》卷八下亦認爲"二十二當作二十五"。

[5]承安：金章宗年號（1196—1200）。

[6]監察御史：御史臺屬官。掌糾察内外官員非違之事。正員十二人，正七品。　孫椿年：章宗朝曾任監察御史，衛紹王時曾任都轉運使。　武簡：其他事迹不詳。

[7]范鐸：金宣宗朝任權平定州刺史。

是時元妃李氏兄弟干預朝政，[1]端脩上書乞遠小人。上遣李喜兒傳詔問端脩：[2]“小人爲誰，其以姓名對。”端修對曰：“小人者，李仁惠兄弟。”仁惠，喜兒賜名也。喜兒不敢隱，具奏之。上雖責喜兒兄弟，而不能去也。四年，復上書言事，宰相惡之，坐以不經臺官直進奏帖，准上書不以實，削一官，期年後叙。章宗知端脩不爲衆所容，釋之，改大理司直。[3]

[1]元妃李氏：即李師兒。本書卷六四有傳。元妃，后妃封號第一位。正一品。

[2]李喜兒：又名李仁惠，章宗元妃李師兒兄，因李師兒受寵而被擢爲顯近，勢傾朝廷，任提點太醫近侍局使。

[3]大理司直：大理寺屬官。掌參議疑獄，披詳法狀。正員四人，正七品。

泰和四年，遷大理丞，[1]召見于香閣。上謂端脩曰：“汝前爲御史，以幹能見用。汝言多細碎，不究其實，嘗令問汝，亦不汝罪。及爲大理司直，乃能稱職，用是擢汝爲丞，盡乃心力，惟法是守，勿問上位宰執所見何如，汝其志之！”知大興府紇石烈執中陳言，下大理寺議。[2]端脩謂執中言事涉私治罪。詔以端脩別出情見不當，與司直温敦按帶各削一官解職。[3]久之，爲節度副使，[4]卒官。

[1]大理丞：大理寺屬官。從六品。

[2]大理寺：官署名。掌審斷天下奏案，詳斷疑獄。

[3]温敦按帶：女真人。其他事迹無考。

[4]節度副使：其上脱軍名。按《中州集》卷八《宗端脩小傳》云，“以全州節度副使卒官”。本書卷一二三《姬汝作傳》，“全州節度副使端脩之姪孫也”。以金制，軍置節度使，本書卷二四《地理志上》北京路下，“全州，下，盤安軍節度使”。《金史詳校》卷八下，“‘爲’下當加‘盤安軍’”。所脱地名當爲“盤安軍”。盤安軍治於全州，在今内蒙古自治區赤峰市東北。

端脩終以直道不振於時，自守愈篤。妻死不復更娶，獨居二十年，士論高之。汝州司候游彦哲將之官，[1]問爲政。端脩曰：“爲政不難，治氣養心而已。”[2]彦哲不達，端脩曰：“心正則不私，氣平則不暴。爲政之術，盡於此矣。”

[1]汝州司候：《百官志》無載，當爲州屬吏員。　游彦哲：本書僅一見，其他事迹不詳。

[2]治氣養心而已：據元好問《中州集》卷八《宗端脩小傳》爲“治心養氣”。

完顔閭山，蓋州猛安人。[1]明昌二年進士，累調觀察判官，[2]補尚書省令史，知管差除。授都轉運都勾判官，[3]改河東南路轉運都勾判官、[4]南京警巡使。[5]丁母憂，起復南京按察判官，[6]累遷沁南軍節度使，[7]入爲工部尚書。[8]貞祐三年，[9]知京兆府事，[10]充行省参議官。[11]四年，知鳳翔府事。[12]

[1]蓋州：治所在今遼寧省蓋州市。　猛安：女真地方行政建

置，相當於防禦州。

[2]觀察判官：節度州屬官。掌紀綱觀察衆務，分判吏、户、禮案事，通檢推排簿籍。正七品。

[3]都轉運都勾判官：轉運司屬官。掌紀綱衆務，分判勾案。從六品。都轉運，其上有脱文。按本書卷五七《百官志三》都轉運司條下小字注文，“惟中都路置都轉運司，餘置轉運司”。或爲中都路都轉運司，治於中都大興府，治所在今北京市。

[4]河東南路轉運都勾判官：轉運司屬官。河東南路轉運司治於絳州，治所在今山西省新絳縣。

[5]南京警巡使：南京警巡院長官。掌平理獄訟，警察所部，總判院事。正六品。南京治所在今河南省開封市。

[6]南京按察判官：按察司屬官。佐掌審察刑獄、照刷案牘、糾察濫官污吏豪猾之人、私鹽酒麯並應禁之事。正員二人，從六品。

[7]沁南軍：州軍名。治所在今河南省沁陽市。

[8]工部尚書：工部長官。佐掌修造營建法式、諸作工匠、屯田、山林川澤之禁、江河堤岸、道路橋梁之事。從六品。

[9]貞祐：金宣宗年號（1213—1217）。

[10]知京兆府事：府長官。正三品。京兆府，京兆府路治府，治所在今陝西省西安市。

[11]行省參議官：行省屬官。當爲以地方路官身份參與行省事務，爲臨時官職。行省又稱行尚書省，官屬名稱。金章宗以來，因用兵、河防等事涉及諸路，臨時設行尚書省，以掌其事。

[12]鳳翔府：治所在今陝西省鳳翔縣。

興定元年冬，[1]詔陝西行省伐宋，閭山權元帥右都監，[2]參議諸軍事。宋兵千餘人伏吴寨谷，[3]閭山率騎兵掩擊敗之，追襲十五里，殺三百餘，獲牛羊以千計。改知平凉府，[4]敗宋人于步落堝。[5]遷官一階。三年，召爲吏部尚書。[6]廷議選户部官，[7]往往舉聚斂苛刻以應詔。閻山曰："民勞至矣，復用此輩，將何以堪。"識者稱之。三年，[8]朝廷以晋安行元帥府陀滿胡土門暴刻，[9]以閻山代之。是歲十月，卒。

[1]興定：金宣宗年號（1217—1222）。

[2]權元帥右都監：元帥府屬官。掌率兵征討之事。從三品。權，爲臨時代理或未正式任命之意。

[3]吴寨谷：具體地點不詳。

[4]平凉府：治所在今甘肅省平凉市。

[5]步落堝：地名。地點不詳。

[6]吏部尚書：吏部長官。掌文武選授、勳封、考課、出給制誥之政。正三品。

[7]户部：官署名。掌管户籍、物力、鹽鐵、酒麯、礦冶、榷場、市易、度支、國用、俸禄、錢帛、貢賦、租税、積貯、度量衡等事。

[8]三年：《金史詳校》卷八下，"'年'當作'月'"。中華點校本據本書卷一二三《陀滿胡土門傳》、卷一〇八《胥鼎傳》考閻山代胡土門當在三年八月前，又本卷上文已有"三年"二字，疑此"三年"或"三月"之誤，是。

[9]晋安行元帥府：官署名。金衛紹王大安三年（1211）金蒙交戰，金宣宗貞祐二年（1214）遷都南京（今河南省開封市），戰火逐漸擴展到金朝各地，自貞祐三年始於各主要戰場設行元帥府，以統領各地兵馬。　晋安：金末府名。即原絳州，治所在今山西省新絳縣。　陀滿胡土門：女真人。本書卷一二三有傳。

路鐸字宣叔，伯達子也。[1]明昌三年，爲左三部司正。[2]上書言事，召見便殿，遷右拾遺。[3]明年，盧溝河決，[4]鐸請自玄同口以下、丁村以上無修舊堤，[5]縱使分流，以殺減水勢。詔工部尚書胥持國與鐸同檢視。[6]章宗將幸景明宮，[7]是歲民饑，不可行。御史中丞董師中上書諫，[8]鐸與左補闕許安仁繼之，[9]賜對御閤。詔尚書省曰："朕不禁暑熱，欲往山後。今臺諫言民間多闕食，[10]朕初不盡知，既已知之，其忍自奉以重困民哉。"乃罷行。

[1]路伯達：本書卷九六有傳。

[2]左三部司正：左三部檢法司屬官。掌披詳法狀。正八品。

[3]右拾遺：諫院屬官。掌諫正百司非違，糾正官邪。正七品。

[4]盧溝河：即今北京市附近的永定河。

[5]玄同口：地名。地點不詳。　丁村：在河北省鹽山縣東北三十五里。

[6]胥持國：本書卷一二九有傳。

[7]景明宮：金行宮名。爲金帝夏季避暑的行宫，位於今内蒙古自治區錫林郭勒盟正藍旗境内。

[8]董師中：本書卷九五有傳。

[9]左補闕：諫院屬官。掌諫正百司非違，糾正官邪。正七品。許安仁：本書卷九六有傳。

[10]臺諫：指御史臺與諫院等機構。

尚書左丞完顏守貞每論政事，[1]守正不移，與同列不合，罷知東平府事，[2]臺諫因而擠之。鐸上書論守貞賢，可復用，其言太切，召對于崇政殿。[3]既而章宗以鐸書語大臣，於是尚書左丞烏林荅願、[4]參知政事夾谷衡、[5]胥持國奏路鐸以梁冀比右丞相，[6]所言狂妄，不稱諫職。右丞相，夾谷清臣也。[7]上曰："周昌以桀、紂比漢高祖，[8]高祖不以爲忤。路鐸以梁冀比丞相耳。"頃之，守貞入爲平章政事。[9]五年，復與禮部尚書張暐、[10]御史中丞董師中、右諫議大夫賈守謙、[11]翰林修撰完顏撒剌諫幸景明宫，[12]語多激切，章宗不能堪，遣近侍局直長李仁願召凡諫北幸者詣尚書省，[13]詔曰："卿等諫北幸甚善，但其間頗失君臣之體耳。"

[1]尚書左丞：尚書省屬官。爲執政官，宰相的副佐，佐治尚書省政務。正二品。　完顏守貞：女真人。本書卷七三有傳。

[2]東平府：治所在今山東省東平縣。

[3]崇政殿：當爲中都大殿名，但《地理志》無載。

[4]烏林荅願：女真人。金章宗朝曾任山東路統軍使、御史大夫、尚書左丞、平章政事等官職。

[5]參知政事：尚書省屬官。爲執政官，宰相的副佐，佐治尚書省事。正員二人，從二品。　夾谷衡：女真人。本書卷九四有傳。

[6]梁冀：東漢人。字伯卓，漢順帝、桓帝皇后之兄，質帝稱其爲"跋扈將軍"。毒殺質帝，立桓帝，專斷朝政二十餘年，殘暴無度，殺人無數。參見《後漢書》卷三四《梁統傳》附梁冀。　右丞相：尚書省屬官。海陵正隆官制確立一省制後，是國家重要輔弼大臣之一，地位僅次於左丞相，掌丞天子，平章萬機。從一品。

[7]夾谷清臣：女真人。本書卷九四有傳。

[8]周昌：西漢人。漢高祖朝任御史大夫，剛正敢直言。《史記》卷九六有傳。　桀、紂：桀，夏朝最後一位君主。紂，商朝最後一位君主。　漢高祖：廟號。名劉邦，西漢開國皇帝。公元前206年至前195年在位。《史記》《漢書》有紀。

[9]平章政事：尚書省屬官。爲金代宰相成員之一，丞相的副佐，掌丞天子，平章萬機。正員二人，從一品。

[10]張暐：人名。本書卷一〇六有傳。

[11]賈守謙：又作賈益謙。本書卷一〇六有傳。

[12]完顏撒剌：女真人。其他事迹無考。

[13]近侍局直長：近侍局屬官。佐掌侍從等事。正八品。　李仁願：即李喜兒。

是歲，郝忠愈獄起，[1]事密，諫官不能察其詳，議者頗謂事涉鎬王永中，[2]思有以寬解上意。右諫議大夫賈守謙上封事，鐸繼之，尤切直。上優容之，謂鐸曰："汝言諸王皆有覬心，游其門者不無横議，是何言也。但朕不罪諫官耳。"頃之，尚書省奏擬鐸同知河北西路轉運使事，[3]詔再任右拾遺，謂宰相曰："鐸敢言，但識短耳。朕嘗詰責而氣不沮。"鐸因召對，論宰相權太重。上曰："凡事由朕，宰相安得權重。"既而復奏曰："乞陛下勿泄此言，泄則臣虀粉矣。"[4]上曰："宰相安能虀粉人。"至是，章宗並以此言告宰相，雖留再任，宰相愈銜之。改右補闕。

[1]郝忠愈：其他事迹不詳。

[2]鎬王：封爵名。明昌格，大國封號第四位。　永中：姓完顏氏，金世宗之子。本書卷八五有傳。

[3]同知河北西路轉運使事：轉運司屬官。掌税賦錢穀、倉庫出納、權度量衡之制。從四品。河北西路轉運司全稱爲河北東西大名等路轉運司，治於真定府，在今河北省正定縣。

[4]虀粉：碎粉。虀，"齏"的俗字。

自完顏守貞再入相，以政事爲己任，胥持國方幸，尤忌守貞，并忌鐸輩。鐸輩雖嘗爲守貞論辨而不相附。鐸論邊防，守貞以爲掇拾唐人餘論，皆不行。及守貞持鎬王永中事久不決，鐸等亦上言切諫，並指以爲黨。上乃出守貞知濟南府，[1]凡曾薦守貞者皆黜降，謂宰臣曰："董師中謂臺省無守貞不可治，路鐸、李敬義皆稱舉之者。[2]然三人者後俱可用，今姑出之。"上復曰："路鐸敢言，甚有時名，一旦外補，人將謂朕不能容直臣。可選敢言及才識處鐸右者。"參知政事馬琪奏曰：[3]"鐸雖知無不言，然亦多不當理。"上曰："諫官非但取敢言，亦須間有出朕意表者，乃有裨益耳。"於是，吏部尚書董師中出爲陝西西路轉運使，[4]鐸爲南京留守判官。[5]户部郎中李敬義方使高麗還，[6]即出爲安化軍節度副使。[7]詔曰："卿等昨來交薦守貞公正可用，今坐所舉失實耳。"

[1]濟南府：治所在今山東省濟南市。

[2]李敬義：金章宗明昌五年（1194）十二月以户部郎中爲賜高麗生日使。

[3]馬琪：本書卷九五有傳。

[4]陝西西路轉運使：轉運司屬官。正三品。陝西西路轉運司治於平凉府。

[5]南京留守判官：掌紀綱總府衆務，分判兵案之事。從五品。

[6]户部郎中：户部屬官。正員二人。一員掌户籍、物力、鹽鐵、酒麯、礦冶、榷場、市易等事；一員掌度支、國用、俸禄、錢帛、貢賦、租税、積貯、度量衡等事。從五品。　高麗：朝鮮半島

政權名（918—1392）。

［7］安化軍：州軍名。治所在今山東省諸城市。

承安二年，召爲翰林修撰，同看讀陳言文字。上召禮部尚書張暐、大理卿麻安上及鐸，[1]問趙晏所言十事，[2]因問董師中、張萬公優劣。[3]鐸奏：“師中附胥持國以進，趙樞、張復亨、張嘉貞皆出持國門下，[4]嘉貞復趨走襄之門。[5]持國不可復用，若再相，必亂綱紀。”上曰：“朕豈復相此人，但遷官二階使致仕，何爲不可？”持國黨聞之，怒愈甚。改監察御史。

［1］大理卿：大理寺長官。正四品。　麻安上：人名。金章宗明昌五年（1194）曾任大理丞。

［2］趙晏：言事内容與其他事迹不詳。施國祁《金史詳校》卷八下於此處注曰：“疑趙晏爲李晏之誤。”查本書卷九六《李晏傳》，李晏上言十事在章宗即位初年，且皆爲章宗采納，其人於章宗承安二年（1197）卒。趙晏所言十事在承安二年。從時間上看應不是一人。

［3］張萬公：本書卷九五有傳。

［4］趙樞：時胥持國於朝廷得勢，其依附權門，被稱爲“胥門十哲”之一。　張復亨：章宗朝曾任户部侍郎。　張嘉貞：章宗朝曾任右拾遺。

［5］襄：女真人。即完顔襄，本書卷九四有傳。

參知政事楊伯通引用鄉人李浩，[1]鐸劾奏：“伯通以公器結私恩，左司郎中賈益、[2]知除武郁承望風旨，[3]不詳檢起復條例。”涉妄冒，大夫張暐抑之不行。[4]上命同知大興府事賈鉉詰問。[5]張暐、伯通待罪于家。賈鉉奏："近詔書詰問御史大夫張暐。暐言路鐸嘗稟會楊伯通私用鄉人李浩。暐以爲彈絀大臣，須有阿曲實迹，恐所劾不當，臺綱愈壞，令再體察。賈益言除授皆宰執公議，奏稟，不見伯通私任形迹。"於是，詔責鐸言事輕率，慰諭伯通治事如故。

[1]楊伯通：本書卷九五有傳。　李浩：無其他事迹可考。

[2]左司郎中：左司長官，熙宗初年爲左司侍郎，天眷三年（1140）更爲郎中，掌吏、户、禮三部受事付事，兼帶修起居注官。正五品。　賈益：本書卷九〇有傳。

[3]知除：官名。《百官志》無載，或爲吏部官吏。　武郁：曾任監察御史。

[4]大夫：即御史大夫，御史臺長官。

[5]同知大興府事：府屬官。掌通判府事。從四品。大興府治所在今北京市。

頃之，遷侍御史，[1]主奏事。監察御史姬端脩以言事下吏，[2]使御史臺令史郭公仲達意于大夫張暐及鐸。[3]暐與鐸奏事殿上，上問："姬端脩彈事嘗申臺官否？"對曰："嘗來面議。"端脩款伏乃云："秖曾與侍御私議，[4]大夫不知也。"既而端脩杖七十收贖，公仲杖七十替罷。暐、鐸坐奏事不實，暐追一官，鐸兩官，皆解職。頃之，起爲泰定軍節度副使。[5]上謂宰臣曰："凡言事者，議及朕躬亦無妨，語涉宰相，間有憎嫌，何以得進？"詔左司計鐸資考至正五品，[6]即除東平府治中。[7]未幾，景州闕刺史，[8]尚書省已奏郭歧爲之，[9]詔特改鐸爲景州刺史，仍勿送審官院。[10]鐸述十二訓以教民。詔曰："路鐸十二訓皆勸人爲善，遍諭州郡使知之。"遷陜西路按察副使。[11]坐以糾彈之官與京兆府治中蒲察張鐵、[12]總管判官辛孝儉、[13]推官愛剌宴飲，[14]奪一官解職。泰和六年，召爲翰林待制兼知登聞鼓院，[15]累除孟州防禦使。[16]貞祐初，城破，投沁水死。[17]

鐸剛正，歷官臺諫，有直臣之風。爲文尚奇，詩篇温潤精緻，號《虚舟居士集》云。

[1]侍御史：御史臺屬官。掌奏事，判臺事。正員二人，從五品。

[2]姬端脩：又作宗端脩。本卷有傳。

[3]御史臺令史：御史臺下屬吏員。　郭公仲：其他事迹不詳。

[4]秖：即"衹"之意。

[5]泰定軍：州軍名。治所在今山東省兖州市。

[6]左司：官署名。隸屬尚書省，掌本司奏事，總察吏、户、禮三部受事付事。

[7]東平府治中：治中，不見《百官志》記載。金世宗後期，逐漸以治中取代府少尹，掌通判府事。官品當與少尹同，正五品。東平府，山東西路路治府。

[8]景州：治所在今河北省東光縣。　刺史：州長官。掌一州財政訴訟、宣導風俗等各種政務，獨不領兵。正五品。

[9]郭歧：其他事迹不詳。

[10]審官院：官署名。章宗承安四年（1199）設，衛紹王大安二年（1210）罷之。掌奏駁除受失當事，若注擬失當，止令御史臺官論列。

［11］陕西路按察副使：按察司屬官。正四品。陕西路按察司全稱陕西東西路按察司，治於平凉府。

［12］蒲察張鐵：女真人。其他事迹不詳。

［13］總管判官：路屬官。掌紀綱總府務，分判兵案之事。正五品。　辛孝儉：其他事迹不詳。

［14］推官：府屬官。掌紀綱衆務，分判兵、刑、工案事。正七品。　愛剌：其他事迹不詳。

［15］翰林待制：翰林學士院屬官。正五品。　知登聞鼓院：登聞鼓院屬官。從五品。

［16］孟州防禦使：州長官。掌一州軍、政事務。從四品。孟州治所在今河南省孟縣。

［17］投沁水死：施國祁《金史詳校》卷八下，以宣宗本紀不載孟州城破死節之事，認爲當是在貞祐二年（1214）蒙古兵攻打懷州時的事迹。沁水，即今由山西省經河南省沁陽市流入黄河的沁河。

完顔伯嘉字輔之，北京路訛魯古必剌猛安人。[1]明昌二年進士，調中都左警巡判官。[2]孝懿皇后妹晋國夫人家奴買漆不酬直，[3]伯嘉鈎致晋國用事奴數人繫獄。晋國白章宗，章宗曰："姨酬其價，則奴釋矣。"由是豪右屏迹。改寶坻丞。[4]補尚書省令史，除太學助教、[5]監察御史。劾奏平章政事僕散揆。[6]或曰："與宰相有隙，奈何？"伯嘉曰："職分如此。"遷平凉治中。累官莒州刺史。[7]讞屬縣盗，伯嘉曰："饑寒爲盗，得錢二千，經月不使一錢云何？此必官兵捕他盗不獲，誣以準罪耳。"[8]詰之，果然。詔與按察官俱推排物力，[9]召見于香閣。

［1］北京路訛魯古必剌猛安：女真地方行政建置名。北京路，治所在今内蒙古自治區寧城縣大明城。日本學者三上次男《金代女真研究》認爲，訛魯古必剌與《金史》中常見的活剌渾水（即今黑龍江省哈爾濱市北呼蘭河）有關（黑龍江人民出版社 1984 年版，第 494 頁）。如推測不錯，此猛安當從上京路遷到北京路。

［2］中都左警巡判官：警巡院屬官。掌檢稽失，簽判院事。正員二人，正九品。中都，金海陵王貞元元年（1153）至金宣宗貞祐二年（1214）爲金朝的國都，治所在今北京市。

［3］孝懿皇后：顯宗后，徒單氏。本書卷六四有傳。　晋國夫人：又稱並國夫人，徒單氏。其他事迹不詳。

［4］寶坻丞：佐縣令掌按察所部，勸課農桑，平理獄訟，捕除盗賊，宣導風化，兼管常平倉及通檢推排簿籍等事。正八品。寶坻，治所在今天津市寶坻區。

［5］太學助教：國子監屬官。正員四人，正八品。

［6］僕散揆：女真人。本書卷九三有傳。

［7］莒州：治所在今山東省莒縣。

［8］捕他盗不獲，誣以準罪耳：文有脱落之處，施國祁《金史詳校》認爲："當作捕真盗不獲，假他盗誣贓以准罪。"

［9］推排物力：朝廷派出官員去各地清查土地，核實財産。

大安中，三遷同知西京留守，[1]權本路安撫使。[2]貞祐初，遷順義軍節度使。[3]居父母喪，卒哭，起復震武軍節度使兼宣撫副使，[4]提控太和嶺諸隘。[5]副統李鵬飛誣殺彰國軍節度使牙改，[6]詔伯嘉治之。貞祐四年三月，伯嘉奏："西京副統程琢智勇過人，[7]持心忠孝，以私財募集壯士二萬，復取渾源、白登，[8]有恢復山西之志，已命駐于弘州矣。[9]近者靖大中、完顔毛吉打以三千人歸國，[10]各還節度副使。今山西已不守，琢收合餘衆，盡忠於國，百戰不挫。臣恐失機會，輒擬琢昭勇大將軍，[11]同知西京留守事，兼領一路義軍，[12]給以空名勅二十道，許擇有謀略者充州縣。”制可，仍賜琢姓夾谷氏。[13]琢請曰：“前代皆賜國姓，不繫他族，如蒙更賜，榮莫大焉。”詔更賜完顏氏。[14]

[1]同知西京留守：帶同知本府尹兼本路兵馬都總管。佐掌一路軍、政事務。正四品。西京治所在今山西省大同市。

[2]安撫使：安撫司屬官。掌鎮撫人民、譏察邊防軍旅、審録重刑事，勸農桑。從一品。

[3]順義軍：州軍名。治所在今山西省朔州市。

[4]震武軍：州軍名。治所在今山西省代縣。　宣撫副使：宣撫司屬官。佐掌鎮撫人民、譏察邊防軍旅、審録重刑事。正三品。

[5]提控太和嶺諸隘：官名。提控，爲掌管、管理之意。太和嶺，當在山西省代縣北邊，長城從此處經過。

[6]副統：統兵官的一種。　李鵬飛：其他事迹不詳。　彰國軍：州軍名。治所在今山西省應縣。　牙改：其他事迹不詳。

[7]程琢：漢人。宣宗賜其姓完顏，又曰完顏琢。主要事迹見於本傳。

[8]渾源、白登：縣名。渾源縣治所在今山西省渾源縣，白登縣治所在今山西省高陽縣。

[9]弘州：治所在今河北省陽原縣。

[10]靖大中：其他事迹不詳。　完顏毛吉打：其他事迹不詳。

[11]昭勇大將軍：武散官。正四品下階。

[12]義軍：金宣宗時募兵稱爲義軍，是以漢人爲主組成的軍隊。

[13]夾谷氏：女真人姓氏。爲與皇室通婚的八姓氏之一。

[14]完顏氏：女真皇室的姓氏。

是月，伯嘉遷元帥左監軍，知太原府事，[1]河東北路宣撫使。[2]以同知太原府斡勒合打爲彰國軍節度使、[3]宣撫副使。六月，斡勒合打奏："同知西京留守完顏琢恃與宣撫使伯嘉雅善，徙居代州，肆爲侵掠。遥授太原治中、權堅州刺史完顏斜烈私離邊面，[4]臣白伯嘉，伯嘉不悦，遣臣護送粮運于代州。臣請益兵，乃以羸卒數百見付，半無鎧仗。臣復爲言，伯嘉怒臣，榜掠幾死。臣立功累年，頗有寸効，伯嘉挾私陵轢，無復宣撫同僚之禮。臣欲不言，恐他日反爲所誣，無以自明。"上問宰臣，奏曰："太原重鎮，防秋在邇，請勅諭和解。"詔曰："太原兵衝，若以私忿廢國事，國家何賴焉！卿等同心戮力，以分北顧之憂，無執前非，誤大計也。"七月，伯嘉改知歸德府事，[5]合打改武寧軍節度使。[6]御史臺奏："宣撫副使合打訴元帥伯嘉以私忿加箠楚，令本臺廉問，既得其事，遂不復窮治。若合打奏實，伯嘉安得無罪，伯嘉無罪，合打合坐欺罔，乞審正是非，明示黜陟。"宣宗曰："今正防秋，且已。"

[1]太原府：河東北路路治府，治所在今山西省太原市。

[2]河東北路：治所在今山西省太原市。

[3]斡勒合打：女真人。本書卷一〇四有傳。

[4]堅州：金宣宗貞祐三年（1215）九月升繁縣爲堅州，治所在今山西省繁峙縣。　完顏斜烈：女真人。其他事迹不詳。

[5]歸德府：治所在今河南省商丘市。

［6］武寧軍：州軍名。治所在今江蘇省徐州市。

初，河東行省胥鼎奏：[1]“完顔伯嘉屢言同知西京留守兼臺州刺史完顔琢，[2]可倚之以復山西，朝廷遷官賜姓，令屯代北，扼太和嶺。今聞諸隘悉無琢兵，蓋琢挈太原之衆，保五臺剽掠耳。[3]如尚以伯嘉之言爲可信，乞遣琢出太原，或徙之内地，分處其衆，以備不測之變。”宰臣奏：“已遣官體究琢軍，且令太原元帥府烏古論德升召琢使之矣。[4]當以此意報鼎。”無何，德升奏：“琢兵數萬分屯代州諸險，拒戰甚力，其衆烏合，非琢不可制。”胥鼎復奏：“宣差提控古里甲石倫言，[5]琢方招降人，謀復山西，盤桓于忻、代、定襄間，[6]恣爲侵擾，無復行意。發掘民粟，戕殺無辜，雖曰不煩官廩，博易爲名，實則攘劫，欺國害民無如琢者。石倫之言如此，臣已令帥府禁止之矣。”宰臣奏：“所遣官自忻、代來，云不見劫掠之迹，惟如德升言便。”從之。

［1］河東行省：即行省事，行省長官。掌一方軍政事務，爲臨時官職。　胥鼎：本書卷一〇八有傳。

［2］臺州：治所在今山西省五臺縣。

［3］五臺：縣名。治所在今山西省五臺縣。

［4］太原元帥府：即太原行元帥府長官。金衛紹王大安三年（1211）金蒙交戰，金宣宗貞祐二年（1214）遷都南京，戰火逐漸擴展到金朝各地，自貞祐三年始於各主要戰場設行元帥府，以統領各地兵馬。　烏古論德升：女真人。本書卷一二二有傳。

［5］古里甲石倫：女真人。本書卷一一一有傳。

［6］忻：州名。治所在今山西省忻州市。　定襄：縣名。治所

在今山西省定襄縣。

伯嘉至歸德，上言，乞雜犯死罪以下納粟贖免。宰臣奏："伯嘉前在代州嘗行之，蓋一時之權，不可爲常法。"遂寢。俄改簽樞密院事。[1]未閱月，改知河南府事。[2]是時，甫經兵後，乏兵食，伯嘉令輸棗栗菜根足之，皆以爲便。興定元年，知河中府，[3]充宣差都提控，[4]未幾召爲吏部尚書。二年，改御史中丞。

[1]簽樞密院事：樞密院屬官。佐掌國家軍務機密之事。正三品。

[2]河南府：治所在今河南省洛陽市。

[3]河中府：治所在今山西省永濟市。

[4]宣差都提控：本書《百官志》無載，具體不詳。

初，貞祐四年十月，詔以兵部尚書、簽樞密院事蒲察阿里不孫爲右副元帥，[1]備禦潼關、陝州。[2]次澠池土濠村，[3]兵不戰而潰。阿里不孫逸去，亡所佩虎符，變易姓名，匿柘城縣，[4]與其妻妹前韓州刺史合喜男婦紇石烈氏及僕婢三人僦民舍居止。[5]合喜母徒單氏聞之，[6]捕執紇石烈，斷其髮，拘之佛寺中。阿里不孫復亡去。監察御史完顏藥師劾奏：[7]"乞就詰紇石烈及僕婢，當得所在。其妻子見在京師，亦無容不知，請窮治。"有司方繫其家人，特命釋之，詔曰："阿里不孫若能自出，當免極罪。"阿里不孫乃使其子上書，請圖後効。尚書省奏："阿里不孫幸特赦死，當詣闕自陳，乃令其子上書，猶懷顧望。”伯嘉劾之曰：“古之爲將者，受命之日忘其家，臨陣之日忘其身，服喪衣、鑿凶門而出，以示必死。進不求名，退不避罪，惟民是保。阿里不孫膺國重寄，握兵數萬，未陣而潰，委棄虎符，既不得援枹鼓以死敵，又不能負斧鑕而請罪，逃命竄伏，猥居里巷，挾匿婦人，爲此醜行。聖恩寬大，曲赦其死，自當奔走闕庭，皇恐待命。安坐要君，略無忌憚，迹其情罪，實不容誅。此而不懲，朝綱廢矣。乞屍諸市以戒爲臣之不忠者！”宣宗曰：“中丞言是，業已赦之矣。”阿里不孫乃除名。

[1]兵部尚書：兵部長官。掌兵籍、軍器、城隍、鎮戍、厩牧、鋪驛、車輅、儀仗、郡邑圖志、險阻、障塞、遠方歸化之事。正三品。　蒲察阿里不孫：女真人。其他事迹無考。　右副元帥：元帥府長官之一。掌征討之事。正二品。

[2]潼關：地名。位於今陝西省潼關縣。　陝州：治所在今河南省三門峽市西。

[3]沔池：局本作澠池。縣名。治所在今河南省澠池縣。　土濠村：在今河南澠池縣西四十里，今名英豪鎮。

[4]柘城縣：治所在今河南省柘城縣北。

[5]韓州：治所在今吉林省梨樹縣北偏臉城古城址。　合喜：姓氏脱落，從名字看疑爲女真人。其他事迹無考。　紇石烈氏：女真人。名脱落。其他事迹無考。　僦（jiù）：租賃之意。

[6]徒單氏：女真人。名脱落。其他事迹無考。

[7]完顔藥師：女真人。其他事迹無考。

五月，充宣差河南提控捕蝗，[1]許决四品以下。宣宗憂旱。伯嘉奏曰："日者君之象，陽之精，旱熯乃人君自用亢極之象，[2]宰執以爲寃獄所致。夫燮和陰陽，宰相之職，而猥歸咎於有司。高琪武弁出身，[3]固不足論，汝礪輩不知所職，[4]其罪大矣。漢制，災異策免三公，顧歸之有司邪。臣謂今日之旱，聖主自用，宰相諂諛，百司失職，實此之由。"高琪、汝礪深怨之。

[1]宣差河南提控捕蝗：當爲朝廷臨時任命的官職。

[2]旱熯：乾枯、乾旱。

[3]高琪：女真人。即朮虎高琪。本書卷一〇六有傳。

[4]汝礪：即高汝礪。本書卷一〇七有傳。

禮部郎中抹撚胡魯剌以言事忤旨，[1]集五品以上官顯責之。明日，伯嘉諫曰："自古帝王莫不欲法堯、舜而恥爲桀、紂，[2]蓋堯、舜納諫，桀、紂拒諫也。故曰'納諫者昌，拒諫者亡'。胡魯剌所言是，無益於身，所言不是，無損於國。陛下廷辱如此，獨不欲爲堯、舜乎。近日言事者語涉謗訕，有司當以重典，陛下釋之。與其釋之以爲恩，曷若置之而不問。"

[1]禮部郎中：禮部屬官。佐掌禮樂、祭祀、學校、貢舉諸事。從五品。　抹撚胡魯剌：女真人。宣宗朝任禮部侍郎，後爲汾陽軍節度使，權元帥右監軍。

[2]堯、舜：堯即唐堯，又曰陶唐氏。虞即虞舜，又曰有虞氏。

宰相請修山寨以避兵，伯嘉諫曰："建議者必曰據險可以安君父，獨不見陳後主之入井乎？[1]假令入山寨可以得生，能復爲國乎？人臣有忠國者，有媚君者，忠國者或拂君意，媚君者不爲國謀。臣竊論之，有國可以有君，有君未必有國也。”高琪、汝礪聞之，怒愈甚。

[1]陳後主：即陳叔寶，南朝陳國最後一個君主。553年至589年在位。隋文帝開皇九年（589）隋軍攻入陳都建康（今南京市），陳後主與張、孔二寵妃匿入景陽宫井中，被隋軍捉住，帶回長安。

十二月，以御史中丞、權參知政事、元帥左監軍，[1]行尚書省、元帥府于河中，控制河東南、北路便宜從事。[2]興定三年，伯嘉至河中，奏曰：“本路衝要，不可闕官，凡召辟者每以艱險爲辭。乞凡檄召無故不至者宜令降罰，悉心幹當者視所歷升遷。”詔召不至者决杖一百，餘如所請。廷議欲棄河東，徙其民以實陝西。伯嘉上書諫曰：“中原之有河東，如人之有肩背。古人云‘不得河東不雄’，萬一失之，恐未易取也。”大忤宰執意。

[1]元帥左監軍：元帥府屬官。掌率兵征討之事。正三品。

[2]河東南、北路：河東南路治於平陽府，在今山西省臨汾市；河東北路治於太原府，在今山西省太原市。

頃之，召還，罷爲中丞。伯嘉入見，奏曰：“如臣駑鈍，固宜召還，更須速遣大臣鎮撫。”宣宗深然之。伯嘉上疏曰：“國家兵不强，力不足以有爲，財不富，賞不足以周衆，獨恃官爵以激勸人心。近日以功遷官赴都求調者，有司往往駁之，冒濫者固十之三，既與而復奪之，非所以勸功也。乞應軍功遷官，宣勅無僞者即準用之。”又曰：“自兵興以來，河北桀黠往往聚衆自保，未有定屬。乞賜招撫，署以職名，無爲他人所先。”又曰：“河東、河北有能招集餘民完守城寨者，乞無問其門地，皆超踰等級，授以本處見任之職。”又曰：“河中、晋安被山帶河，[1]保障關、陝，此必争之地。今雖殘破，形勢猶存，若使他人據之，因鹽池之饒，聚兵積粮，則河津以南，[2]太行以西，[3]皆不足恃矣。”

[1]晋安：金末府名。治所在今山西省新絳縣。

[2]河津：縣名。治所在今山西省河津市。

[3]太行：山名。今太行山。

四年秋，河南大水，充宣慰副使，[1]按行京東。[2]奏曰：“亳州灾最甚，[3]合免三十餘萬石。三司止奏除十萬石，民將重困，惟陛下憐之！”詔治三司奏灾不以實罪。[4]伯嘉行至蘄縣，[5]聞前有紅襖賊，[6]不敢至泗州。[7]監察御史烏古孫奴申劾伯嘉違詔，[8]不遍按視。又曰：“伯嘉知永城縣主簿蒙古訛里剌不法，[9]沈丘令夾谷陶也受賄，[10]匿而不發。前穀城縣令獨吉鼎朮可嘗受業伯嘉，[11]伯嘉諷御史辟之。”詔有司鞫問，會赦免。

[1]宣慰副使：使職名。金朝凡有大灾害、饑饉、戰事，臨時以省、臺長官爲宣慰使與副使，秉承皇帝的旨意督辦軍、政事務，

或安撫地方。

［2］京東：金末路名。金宣宗貞祐二年（1214）遷都南京開封府，故京指南京。京東路治於歸德府，在今河南省商丘市。

［3］亳州：治所在今安徽省亳州市。

［4］三司：官署名。金章宗泰和八年（1208）將户部的鹽鐵和度支的職掌，與勸農使司的職掌劃歸三司，使三司財權高於尚書省户部之上，成爲國家理財的核心部門。宣宗貞祐年間罷。

［5］蘄縣：治所在今安徽省固鎮縣西北。

［6］紅襖賊：金朝末年活動在中原的農民起義軍。

［7］泗州：治所在今江蘇省盱眙縣北。

［8］烏古孫奴申：女真人。本書卷一二四有傳。

［9］永城縣主簿：縣令的副佐。正九品。永城縣治所在今河南省永城縣。　蒙古訛里剌：女真人。其他事迹無考。

［10］沈丘令：縣長官。從七品。沈丘，縣名。治所在今安徽省臨泉縣。　夾谷陶也：女真人。其他事迹無考。

［11］穀城縣：宋縣名。治所在今湖北省穀城縣。　獨吉鼎朮可：女真人。其他事迹無考。

五年，起爲彰化軍節度使，改翰林侍講學士。[1]伯嘉純直，不能與時低昂，嘗曰："生爲男子，當益國澤民，其他不可學也。"高汝礪方希寵固位，伯嘉論事輒與之忤，由是毀之者衆。元光元年，[2]坐言事過切，降遥授同知歸德府事。[3]二年三月，遥授集慶軍節度使，[4]權參知政事，行尚書省于河中，率陝西精鋭與平陽公史詠共復河東。[5]頃之，伯嘉有疾。六月，薨。

［1］翰林侍講學士：翰林學士院屬官。從三品。

[2]元光：宣宗年號（1222—1223）。

[3]遥授同知歸德府事：金末一些城池已爲蒙古軍攻陷，仍以其地授官與人，稱爲遥授。故此爲虚職。歸德府治所在今河南省商丘市。

[4]集慶軍：州軍名。治所在今安徽省亳州市。

[5]平陽公：金末封號。金宣宗興定四年（1220）於河北、山西等地封建九公，利用當地的地主勢力抗蒙。平陽公爲九公之一，以平陽府（今山西省臨汾市）、晋陽府（今山西省新絳縣）、隰州（今山西省隰縣）、吉州（今山西省吉縣）隸屬之。 史詠：宣宗朝曾任同知平陽府事、權平陽公。

伯嘉去太原後，完顔琢寓軍平定石仁寨，[1]權平定州刺史范鐸以閻德用充本州提控。[2]德用桀驁，蓄姦謀，鐸不能制，委曲容庇之。興定元年，[3]德用率所部掩襲，殺琢及官屬程珪等百餘人，[4]遂據石仁寨。鐸懼，挈家奔太原。德用遂據平定州。二年十月，[5]詔誅范鐸。

[1]平定石仁寨：平定，州名。治所在今山西省陽泉市。石仁寨，即石人寨。在山西省平定縣，山峻盤折，下有大石窑，可容數百人。從窑門沿道而行，即至寨址。巖間有一石，如兩人相負，因名石人寨。

[2]閻德用：原爲平定州造反的農民。

[3]興定元年："元"，原作"二"，按本書卷一五《宣宗紀中》興定元年（1217）四月條下記載此事。《金史詳校》卷八下，"'二'當作'元'"。中華點校本據改之。今從之。

[4]程珪：其他事迹無考。

[5]二年十月：原脱"二年"二字，本書卷一五《宣宗紀中》興定二年（1218）十月條下記載："甲寅，權平定州刺史范鐸以棄

城伏誅。”中華點校本補之。今從之。

术虎筠壽，貞祐間爲器物局直長，[1]遷副使。[2]貞祐三年七月，工部下開封市白牯取皮治御用鞠仗。[3]筠壽以其家所有鞠仗以進，因奏曰：“中都食盡，遠棄廟社，陛下當坐薪懸膽之日，奈何以毬鞠細物動摇民間，使屠宰耕牛以供不急之用，非所以示百姓也。”宣宗不懌，擲仗籠中。明日，出筠壽爲橋西提控。[4]

[1]器物局直長：器物局屬官。掌辦理御用器械鞍轡諸物。正八品。

[2]副使：即器物局副使。從六品。

[3]工部：官署名。掌修造營建法式、諸作工匠、屯田、山林川澤之禁、江河堤岸、道路橋梁之事。

[4]橋西提控：官名。具體職掌不詳。

贊曰：孟鑄、宗端脩、路鐸盡言於章宗，皆擯斥不遂。鑄劾胡沙虎，[1]可謂先知，雖行其言，弗究厥罰。厥後胡沙虎逆謀，胥持國終至于誤國，而不悟也。宣宗時，完顔素蘭、許古皆敢言者，[2]亦挫于高琪、汝礪之手。蕢土不能塞河決，有以也夫。完顔伯嘉以著功參大政，亦不能一朝而安，言之難也如是哉。术虎筠壽，所謂執藝事以諫者邪。

[1]胡沙虎：女真人。即紇石烈執中。本書卷一三二有傳。

[2]完顔素蘭：女真人。本書卷一〇九有傳。　許古：本書卷一〇九有傳。

張煒字子明，洺州永年人，[1]本名熠，避章宗嫌名改焉。大定二十五年進士，調葭州軍事判官，[2]再遷中都左警巡使。煒喜言功利，寡廉節，交通部民閻元翬，[3]縉紳薄之。累官户部員外郎。

[1]洺州：治所在今河北省曲周縣。　永年：縣名。洺州州治所在縣，與洺州治所同。

[2]葭州軍事判官：本書卷五七《百官志三》州官條下僅有“判官”一職，職掌又與軍事無關，但《金史》中軍事判官極爲常見，很少見州判官。是《百官志》脱“軍事”二字，還是傳記記載有誤很難定奪，存疑。判官掌簽判州事，專管通檢推排簿籍。從八品。葭州治所在今陝西省佳縣。

[3]閻元翬：其他事迹不詳。

承安五年，天色久陰晦，平章政事張萬公奏：“此由君子小人邪正不分所致，君子宜在内，小人宜在外。”章宗問：“孰爲小人?”萬公對曰：“户部員外郎張煒、[1]文繡署丞田櫟、[2]都水監丞張嘉貞雖有幹才，[3]無德而稱，好奔走以取勢利。大抵論人當先德後才。”詔三人皆與外除，煒出爲同知鎮西軍節度使事，[4]轉同知西京轉運使事。[5]是時，大築界牆，被行户工部牒主役事。[6]丁母憂，起復桓州刺史，[7]奏請以鹽易米事，且所言利害甚多，恐涉細碎，不敢盡上。詔尚書省曰：“張煒通曉人也，朕不敢縷詰，卿等詳問之，毋爲虚文。”充宣差西北路軍儲，[8]自言斂不及民，可以足用。大抵募商賈縱其販易，不問所從來。姦人往往投牒，妄指產業，疏鄰保姓名，煒信之，多與之錢。已而亡去，即逮繫鄰保，使之代償，一路爲之疲弊。以故舊氈罽繒絮皮革折給軍士，皆棄於道而去。歲餘，改户部郎中，遷翰林直學士，[9]俱兼規措職事。左丞相崇浩奏：[10]“張煒長于恢辦，比户部給錢三十萬，已增息十四萬矣。請給錢通百萬，令從長恢辦，乞不隸省部，委臣專一提控，有應奏者，許煒專達，歲差幹事官計本息具奏。”上從其請。

[1]户部員外郎張煒：“張煒”，原作“張暐”，據南監本、北監本、殿本、局本及與本卷傳文統一改。

[2]文繡署丞：文繡屬官。掌繡造御用與嬪妃等服飾，以及燭籠照道花卉。從七品。　田櫟：本書卷二七《河渠志》記載金章宗承安五年（1200）時，田櫟任都水監丞。與此處官職異。

[3]都水監丞：都水監屬官。佐掌川澤、津梁、舟楫、河渠之事，金宣宗興定五年（1221）以後兼管勾河漕運之事。正員二人，正七品。本書卷一二九《胥持國傳》記載，章宗承安三年（1198）時，張嘉貞任右拾遺（正七品）。都水監丞的官職似爲田櫟的官職。

[4]鎮西軍：州軍名。治所在今内蒙古自治區呼和浩特市清水河縣。

[5]同知西京轉運使事：轉運司屬官。從四品。西京路轉運司治於大同府。

[6]行户、工部：臨時官署。金章宗以來，因用兵、河防等事涉及諸路，臨時設行六部，或行六部中的某一、二部。

[7]桓州：治所在今内蒙古自治區錫林郭勒盟正藍旗。

[8]宣差西北路軍儲：臨時欽差官職。職掌應與督察軍隊儲備有關。西北路爲西京路屬下地區級路，治所在今内蒙古自治區錫林郭勒盟正藍旗。

［9］翰林直學士：翰林學士院屬官。不限員，從四品。

［10］左丞相：尚書省屬官。爲國家重要輔弼大臣，掌丞天子，平章萬機。從一品。　崇浩：女真人。即宗浩，出身宗室，姓完顔氏。本書卷九三有傳。

泰和六年，[1]伐宋，煒進銀五千兩。詔曰："汝幹集資儲，固其職也，毋令軍士有議國家。人之短汝，朕皆知之，惟能興利，斯惟汝功。"自西北路召還，勾計諸道倉庫，除簽三司事。[2]上問："誰可代卿規措者?"煒舉中都轉運户籍判官王謙。[3]謙至西北路，盡發煒前後散失錢物以鉅萬計，對獄者積年。大安三年，起爲同簽三司事。會河堡兵敗，[4]軍士猶云張宣差刻我，欲倒戈殺之。累遷户部侍郎。貞祐初，遷河北西路按察轉運使。[5]

［1］泰和六年："六年"，原作"八年"，據本書卷一二《章宗紀四》泰和六年（1206）五月："丙戌，以宋畔盟出師，告於天地太廟社稷。辛卯，以征南詔中外。"《殿本考證》考《章宗本紀》伐宋係六年事，認爲當作"六年"。《金史詳校》卷八下，"'八'已作'六'"。中華點校本據改。今從之。

［2］簽三司事：三司屬官。掌勸農、鹽鐵、度支。正四品。

［3］中都轉運户籍判官：轉運司屬官。專管拘收徵克等事。正員二人，從六品。　王謙：其他事迹不詳。

［4］會河堡兵敗："堡"，原作"東"，據本書卷一三《衛紹王紀》、卷九三《獨吉思忠傳》皆作"會河堡"。中華點校本據改。今從之。　會河堡：地名。在會河川附近，會河川爲河北省宣化縣西的南洋河支流，會河堡當在河北省懷安縣一帶。

［5］河北西路按察轉運使：按察轉運司屬官。掌拘榷錢穀，糾彈非違。正三品。金章宗時期按察司與轉運司爲兩個機構，治所也不同。衛紹王時一度將二司合并爲一，稱按察轉運司，宣宗貞祐三年（1215）以四方兵動，罷按察使和勸農使，祇存轉運使。

貞祐二年春，中都乏粮，詔同知都轉運使事。[1]邊源以兵萬人護運通州積粟，[2]軍敗死焉，平章政事高琪舉煒代源行六部事。[3]以勞進官一階，改河北東路轉運使。[4]宣宗遷汴，[5]佐尚書右丞胥鼎前路排頓，[6]及修南京宫闕。無何，坐事降孟州防禦使。[7]三年，遷安國軍節度使。[8]致仕。宣宗初以煒有才，既察其無實，遂不復用。貞祐四年，卒。

［1］同知都轉運使事：中都路都轉運司屬官。掌税賦錢穀、倉庫出納、權度量衡之制。從四品。

［2］邊源：其他事迹不詳。　通州：治所在今北京市通州區。

［3］行六部事：臨時官職。金章宗以來，因用兵、河防等事涉及諸路，臨時設行六部，到金末遍布全國。

［4］河北東路轉運使：轉運司屬官。正三品。河北東路轉運司全稱爲河北東西大名等路轉運司，治於真定府。

［5］宣宗遷汴：因金蒙戰事吃緊，宣宗於貞祐二年（1214）將都城由中都（今北京市）遷到南京（今河南省開封市）。

［6］尚書右丞：尚書省屬官。執政官，爲宰相的副佐，佐治尚書省政務。正二品。

［7］孟州防禦使：州長官。掌一州軍、政事務。從四品。

［8］安國軍：州軍名。治所在今陝西省大荔縣。

高竑，渤海人。以蔭補官，累調貴德縣尉。[1]提刑司舉任繁劇，遷奉聖州録事。[2]察廉，遷内黄令，[3]累官左藏庫副使。[4]元妃李氏以皂幣易紅幣，竑獨拒不肯易。元妃奏之。章宗大喜，遣人諭之曰："所執甚善。今姑與之，後不得爲例。"轉儀鸞局、少府少監，[5]改户部員外郎、安州刺史。[6]

[1]蔭補：金朝官員入仕途徑之一。熙宗天眷年間，一品至八品皆不限所蔭之人。海陵貞元二年（1154），定蔭叙法，一品至七品皆限以數，削八品用蔭之制。詳見本書卷五二《選舉志二》。貴德縣尉：縣屬官。專巡捕盗賊。正九品。貴德縣，治所在今遼寧省撫順市。

[2]奉聖州録事：州屬官。掌平理獄訟。正八品。

[3]内黄：縣名。治所在今河南省内黄縣。

[4]左藏庫副使：太府監屬下左藏庫屬官。掌金銀珠寶、寶貨錢幣。從七品。

[5]儀鸞局：官署名。隸屬宣徽院，掌殿庭鋪設、帳幕、香燭等事。此處應爲儀鸞局某官，但官名脱落，從其前後官品看，可能爲儀鸞局副使（從六品），或儀鸞局使（從五品）。　少府少監：少府監屬官。掌邦國百工營造之事。從五品。本書卷五六《百官志二》儀鸞局條下："或以少府少監官兼，或兼少府少監官。"可知此處或爲"儀鸞局使兼少府少監"。

[6]安州：治所在今河北省安新縣南。

大安中，越王永功判中山，[1]竑以王傅同知府事。[2]改同知河南府，[3]充安撫使。徙同知大名府，[4]兼本路安撫使。貞祐二年，遷河北西路按察轉運使，録大名功，遷三官，致仕。興定四年，卒。

［1］越王：封爵名。明昌格，大國封號第九位。　永功：女真人。世宗之子。本書卷八五有傳。　中山：府名。治所在今河北省定州市。

［2］王傅同知府事：親王府屬官。掌師範輔導，參議可否，若親王在外，亦兼本京節鎮同知。正四品。

［3］同知河南府：府屬官。掌通判府事。正四品。

［4］大名府：治所在今河北省大名縣北。

李復亨字仲修，榮州河津人。[1]年十八，登進士第。復中書判優等，調臨晋主簿。[2]護送官馬入府，宿逆旅，有盗殺馬，復亨曰："不利而殺之，必有仇者。"盡索逆旅商人過客。同邑人槖中盛佩刀，謂之曰："刀𧝹馬血，火煆之則刃青。"其人款服，果有仇。以提刑薦遷南和令。[3]盗割民家牛耳。復亨盡召里中人至，使牛家牽牛徧過之，至一人前，牛忽驚躍，詰之，乃引伏。察廉，遷臨洮府判官，[4]改陝西東路户籍判官，[5]轉河東北路支度判官。[6]

［1］榮州："榮"，原作"滎"。按本書卷二六《地理志下》河東南路河中府條下，"榮河，貞祐三年升爲榮州，以河津、萬泉隸焉"。中華點檢本據改，今從之。榮州治所在今山西省萬榮縣西，黄河東岸。以其升州的年代較晚，施國祁《金史詳校》卷八下認爲"榮州"二字當删去。

［2］臨晋：縣名。治所在今山西省臨猗縣。

［3］南和：縣名。治所在今河北省南和縣。

[4]臨洮府判官：府屬官。掌紀綱衆務，分判吏、户、禮案事，專掌通檢推排簿籍。從六品。臨洮府，臨洮路路治府，治所在今甘肅省臨洮縣。

[5]陝西東路户籍判官：轉運司屬官。即陝西東路轉運户籍判官。陝西東路轉運司治於京兆府。

[6]河東北路支度判官：原脱“路”字，“支度”，作“度支”。本書卷五七《百官志三》，“都轉運司，支度判官二員，從六品，掌勾判、分判支度案事”。《金史詳校》卷八下，“‘北’下當加‘路’，‘度支’當作‘支度’”。中華點校本補“路”字，并乙正爲“支度”。今從之。

泰和中，伐宋，充宣撫司經歷官，[1]遷解鹽副使，[2]歷保大、震武同知節度事。[3]丁母憂，[4]起復同知震武節度，加遥授忻州刺史。貞祐間，歷左司員員外郎、郎中，[5]遷翰林直學士行三司事。[6]興定三年，上言：“近日興師伐宋，恐宋人乘虚掩襲南鄙，故籍邊郡民爲軍。今大軍已還，乞罷遣歸本業。”從之。復亨舉陳留縣令程震等二十九人農桑有効，[7]徵科均一，朝廷皆遷擢之。

[1]宣撫司經歷官：宣撫司屬官。掌出納文移。

[2]解鹽副使：解州鹽使司屬官。掌幹鹽利以佐國用。正六品。解州治所在今山西運城縣西南解縣鎮。

[3]保大軍：州軍名。治所在今陝西省富縣。　震武軍：州軍名。治所在今山西省代縣。

[4]丁母憂：按《歸潛志》卷六《李革傳》，李復亨“南渡，爲左司郎中，大爲宣宗所器，……進吏部尚書，爲參知政事，年方四十，父母俱存”。又《金史詳校》卷八下，“案《歸潛志》云，

‘拜參政，父母俱存’，與此不合，或其父更娶後母也”。

[5]左司員外郎：尚書省左司屬官。掌本司奏事，總察吏、户、禮三部受事付事，兼帶修起居注官。正六品。　左司郎中：左司長官。熙宗初年爲左司侍郎，天眷三年（1140）更爲郎中，掌吏、户、禮三部受事付事，兼帶修起居注官。正五品。

[6]行三司事：即簽三司事，三司屬官。

[7]陳留：縣名。治所在今河南省開封市東南。　程震：本書卷一一〇有傳。

是歲七月，置京東、京西、京南三路行三司，掌勸農催租、軍須科差及鹽鐵酒榷等事，户部侍郎張師魯攝東路，[1]治歸德，户部侍郎完顏麻斤出攝南路，[2]治許州，[3]復亨攝西路，治中京實河南府，[4]三司使侯摯總之。[5]復亨奏：“民間銷毁農具以供軍器，臣竊以爲未便。汝州魯山、寶豐，[6]鄧州南陽皆産鐵，[7]募工置之冶，可以獲利，且不厲民。”又奏：“陽武設賣鹽官以佐軍用，[8]乞禁止滄、濱鹽勿令過河，[9]河南食陽武、解鹽，河北食滄、濱鹽，南北俱濟。”詔尚書省行之。九月，以勸農有勞，遷兵部尚書。[10]再閲月，轉吏部尚書，權參知政事。四年三月，真拜參知政事，兼修國史。

[1]户部侍郎：户部屬官。正四品。　張師魯：其他事迹無考。

[2]完顏麻斤出：女真人。哀宗朝任知開封府事。

[3]許州：治所在今河南省許昌市。

[4]中京：金代中京原爲大定府（治所在今内蒙古自治區寧城縣），海陵王貞元元年（1153）改中京爲北京。金末宣宗遷都於南

京（治所在今河南省開封市）後，以河南府爲中京，治所在今河南省洛陽市。又按《歸潛志》卷六《李革傳》，李復亨“南渡……遷翰林直學士，知開封府”。與此異。

［5］三司使：三司長官。掌勸農、鹽鐵、度支。從二品。　侯摯：本書卷一〇八有傳。

［6］汝州：治所在今河南省汝州市。　魯山：縣名。治所在今河南省魯山縣。　寶豐：縣名。治所在今河南省寶豐縣。

［7］鄧州：治所在今河南省鄧州市。　南陽：原脱“陽”字，按本書卷二五《地理志中》鄧州之下有南陽縣，中華點校本據補。今從之。南陽縣治所在今河南省南陽市。

［8］陽武：縣名。治所在今河南省原陽縣。

［9］滄：州名。治所在今河北省滄州市。　濱：州名。治所在今山東省濱州市。

［10］兵部尚書：兵部長官。正三品。

七月，河南雨水害稼，復亨爲宣慰使，御史中丞完顏伯嘉副之，[1]循行郡縣，凡官吏貪污不治者，得廢罷推治。復亨奏乞禁宣慰司官吏不得與州府司縣行總管府及管軍官會飲。又奏曰：“詔書令臣，民間差發可免者免之。民養驛馬，此役最甚，使者求索百端，皆出養馬之家，人多逃竄，職此之由。可依舊設回馬官，使者食料皆官給之，歲終會計，[2]均賦於民。”又奏：“河南閑田多，可招河東、河北移民耕種。被災及沿邊郡縣租税全免，内地半之，以救塗炭之民，資蓄積之用。”詔有司議行焉。還奏：“南陽禾麥雖傷，土性宜稻，今因久雨，乃更滋茂。田凡五百餘頃，畝可收五石，都得二十五萬餘石。可增直糴稻給唐、鄧軍食。[3]緣詔書不急科役即令免罷，臣不敢輒行，如以臣言爲然，乞付有司計之。”制可，無何，被詔提控軍興粮草。復亨奏：“河渡不通，陝西鹽價踊貴，乞以粟互易足兵食。”詔户部從長規措。

[1]完顏伯嘉：女真人。本卷有傳。

[2]歲終會計：“終”，原作“給”，南監本、北監本、殿本、局本作“終”。中華點校本據殿本改，今從之。

[3]唐：州名。治所在今河南省唐河縣。

復亨有會計才，號能吏，當時推服，故驟至通顯。既執政，頗矜持，以私自營，譽望頓減。五年三月，廷試進士，復亨監試。進士盧元謬誤，[1]濫放及第。讀卷官禮部尚書趙秉文、[2]翰林待制崔禧、[3]歸德治中時戩、[4]應奉翰林文字程嘉善當奪三官降職，[5]復亨當奪兩官。趙秉文嘗請致仕，宣宗憐其老，降兩階，以禮部尚書致仕。復亨罷爲定國軍節度使。[6]元光元年十一月，城破自殺，年四十六。贈資德大夫、[7]知河中府事。

[1]盧元：其他事迹不詳。

[2]禮部尚書：禮部長官。正三品。　趙秉文：本書卷一一〇有傳。

[3]崔禧：其他事迹不詳。

[4]時戩：宣宗朝曾任提舉倉場使。

[5]程嘉善：其他事迹不詳。

[6]定國軍節度使：“定”，原作“安”，按本書卷一六《宣宗紀下》，元光六年（1222）“十一月丁未，大元兵徇同州，定國軍

節度使李復亨、同知定國軍節度使訛可皆自盡”。又卷二六《地理志下》京兆府路條下有“定國軍節度”。中華點校本據改，今從之。

[7]資德大夫：文散官。正三品上階。

贊曰：大凡兵興則財用不足，是故張煒、李復亨乘時射利，聚斂爲功。大安，軍士欲倒戈殺煒。復亨宣慰南陽，還奏稻熟可糴。所謂聚斂之臣者，二子之謂矣。高竑之守藏，君子頗有取焉。

金史　卷一〇一

列傳第三十九

承暉　本名福興　抹撚盡忠　僕散端　本名七斤　耿端義
李英　孛术魯德裕　烏古論慶壽

承暉字維明，本名福興。好學，淹貫經史。襲父益都尹鄭家塔割剌訛没謀克。[1]大定十五年，[2]選充符寶祗候，[3]遷筆硯直長，[4]轉近侍局直長，[5]調中都右警巡使。[6]章宗爲皇太孫，[7]選充侍正。[8]章宗即位，遷近侍局使。[9]孝懿皇后妹夫吾也藍，[10]世宗時以罪斥去，[11]乙夜，詔開宫城門召之。承暉不承詔，明日奏曰："吾也藍得罪先帝，不可召。"章宗曰："善。"未幾，遷兵部侍郎兼右補闕。[12]

[1]益都尹：即益都府尹，府長官。掌宣風導俗，肅清所部，總判府事。正三品。益都府爲山東東路路治府，在今山東省青州市。　鄭家：女真人。姓完顔氏，宗室出身。本書卷六五有傳。塔割剌訛没謀克：女真世爵。謀克相當於縣，具體地點不詳。

[2]大定：金世宗年號（1161—1189），章宗即位後仍沿用一年。

[3]符寶祗候：殿前都點檢司屬官。掌御寶及金銀等牌。

[4]筆硯直長：秘書監筆硯局屬官。掌御用筆墨硯等事。正八品。

[5]近侍局直長：近侍局屬官。掌侍從等事。正八品。

[6]中都右警巡使：警巡院屬官。掌平理獄訟，警察所部，總判院事。本書卷五七《百官志三》警巡院長官爲使一員，中都警巡院長官分左、右使。正六品。中都，金海陵王貞元元年（1153）至金宣宗貞祐二年（1214）爲金朝的國都，治所在今北京市。

[7]章宗：廟號。即完顏麻達葛，漢名璟。金朝第六任皇帝。1189年至1208年在位。世宗大定二十六年（1186）十一月立爲皇太孫。

[8]侍正：東宫屬官。掌冠帶衣服、左右給使之事。正七品。

[9]近侍局使：近侍局屬官，掌侍從，承勅令，轉進奏帖。從五品。

[10]孝懿皇后：徒單氏，章宗生母。本書卷六四有傳。　吾也藍：女真人。其他事迹不詳。

[11]世宗：廟號。即完顏烏禄，漢名雍。金朝第五任皇帝。1161年至1189年在位。

[12]兵部侍郎：兵部屬官。爲兵部尚書副佐，佐掌兵籍、軍器、城隍、鎮戍、厩牧、鋪驛、車輅、儀仗、郡邑圖志、險阻、障塞、遠方歸化之事。正四品。　右補闕：諫院屬官。掌諫正百司非違，糾正官邪。正七品。

初置九路提刑司，[1]承暉東京、咸平等路提刑副使，[2]改同知上京留守事。[3]御史臺奏：[4]“承暉前爲提刑，豪猾屏息。”遷臨海軍節度使。[5]歷利涉、遼海軍，[6]遷北京路提刑使。[7]歷知咸平、臨潢府，爲北京留守。[8]副留守李東陽素貴，[9]承暉自非公事，不與交一言。改知大名府，[10]召爲刑部尚書，[11]兼知審官院。[12]惠民司都監余里痕都遷織染署直長，[13]承暉駁奏曰："痕都以蔭得官，[14]別無才能，前爲大陽渡譏察，[15]纔八月擢惠民司都監，已爲太優，依格兩除之後，當再入監差，今乃超授隨朝八品職任。況痕都乃平章鎰之甥，[16]不能不涉物議。"上從承暉議，召徒單鎰深責之。

[1]九路提刑司：官署名。地方監察機構。見《大金國志》卷三八《提刑司九處》章宗大定二十九年（1189）六月於全國設九處提刑司：中都西京路（西京置司）、南京路（南京置司）、北京臨潢路（臨潢置司）、東京咸平府路（咸平置司）、上京路（上京置司）、河東南北路（汾州置司）、河北東西大名等路（河間置司）、陝西諸路（平涼置司）以及山東東西路（濟南置司）。掌審察刑獄，察舉官吏，舉廉能，劾不法，糾正官邪，勸農桑。

[2]東京、咸平等路提刑副使：提刑司屬官。《百官志》記載提刑司後改名按察司，以提刑副使比按察副使，爲正四品。東京咸平等路提刑司治於咸平府，在今遼寧省開原市老城。

[3]同知上京留守事：帶同知本府尹兼本路兵馬都總管。佐掌一路軍、政事務。正四品。　上京：金前朝都城，治所在今黑龍江省哈爾濱市阿城區。

[4]御史臺：官署名。中央監察機構。糾察彈劾内外百官善惡，凡内外刑獄所屬理斷不當，有陳述者付臺治之。

[5]臨海軍節度使：州軍官名。總管一州軍政事務，掌鎮撫諸軍防刺，總判本鎮兵馬之事，兼本州管内觀察使事。從三品。臨海軍，州軍名。治所在今遼寧省錦州市。

[6]利涉軍：州軍名。治所在今吉林省農安縣。　遼海軍：州

軍名。治所在今遼寧省蓋州市。

［7］北京路提刑使：提刑司屬官。正三品。北京提刑司全稱北京臨潢路提刑司，治於臨潢府，治所在今内蒙古自治區巴林左旗林東鎮。

［8］北京留守：京官名。又是路級長官，兼本路兵馬都總管。掌管一路軍政事務。正三品。北京，原遼中京大定府舊址，金初承用遼制稱中京，海陵貞元元年（1153）改中京爲北京。北京大定府的治所在今内蒙古自治區寧城縣大明城。

［9］副留守：帶本府少尹兼本路兵馬副都總管。從四品。　李東陽：其他事迹不詳。

［10］知大名府：知府又作知府事，本書《百官志》不載。世宗大定年間始設，官品高於同知，或低於府尹。章宗朝及以後，不授府尹，以知府事代之，掌宣風導俗，肅清所部，總判府事。官品或與府尹同，正三品。大名府，大名府路路治府，在今河北省大名縣北。

［11］刑部尚書：刑部長官。總掌律令、刑名、赦詔、懲没、官吏改正，以及宫、監户（官奴婢口）、良賤身份訴訟、功賞捕亡等諸種事務。正三品。本書卷六二《交聘表下》記載，泰和三年（1203）九月，“遣刑部尚書承暉等爲賀宋生辰使”。據此施國祁《金史詳校》卷八下認爲，“刑部尚書”之下“當加使宋”。

［12］知審官院：審官院屬官。掌奏駁除受失當事。從三品。

［13］惠民司都監：惠民司屬官。佐掌修合發賣湯藥。正九品。　余里痕都：其他事迹不詳。　織染署直長：織染署屬官。掌織、色染諸供御及宫中錦綺幣帛紗。正八品。

［14］蔭補：金朝女真人入仕的主要途徑之一。熙宗天眷年間，一品至八品皆不限所蔭之人。海陵貞元二年（1154），定蔭叙法，一品至七品皆限以數，裁八品用蔭之制。詳見本書卷五二《選舉志二》。

［15］大陽渡譏察：掌稽查奸僞。正八品。大陽渡，黄河渡口

名。在山西省平陸縣南二里，即春秋時的茅津。

[16]平章：即平章政事，尚書省屬官。爲金代宰相成員之一，丞相的副佐，掌丞天子，平章萬機。正員二人，從一品。　鎰：女真人。即徒單鎰。本書卷九九有傳。

改知大興府事。[1]宦者李新喜有寵用事，[2]借大興府妓樂。承暉拒不與，新喜慚。章宗聞而嘉之。豪民與人爭種稻水利不直，厚賂元妃兄左宣徽使李仁惠。[3]仁惠使人屬承暉右之。承暉即杖豪民而遣之，謂其人曰："可以此報宣徽也。"復改知大名府事。雨潦害稼，承暉決引潦水納之濠隍。

[1]大興府：金中都所治府，在今北京市。

[2]李新喜：章宗臨終前參與立衛紹王之事。

[3]元妃：指李師兒，本書卷六四有傳。　元妃：后妃封號第一位。正一品。　左宣徽使：宣徽院屬官。掌朝會、燕享，凡殿庭禮儀及監知御膳。正三品。　李仁惠：原名李喜兒，章宗元妃李師兒之兄，章宗賜名仁惠，因李妃受寵而被擢爲顯近，勢傾朝廷。

及伐宋，[1]遷山東路統軍使。[2]山東盜賊起，承暉言"捕盜不即獲，比奏報或遷官、去官，請權行的決。"尚書省議：[3]"猛安依舊收贖，[4]謀克奏報，[5]其餘鈐轄都軍巡尉先決奏聞，[6]俟事定復舊。"從之。及罷兵，盜賊渠魁稍就招降，猶往往潛匿泰山巖穴間。按察司請發數萬人刊除林木，[7]則盜賊無所隱矣。承暉奏曰："泰山五嶽之宗，[8]故曰岱宗。王者受命，封禪告代，國家雖不行此事，而山亦不可赭也。[9]齊人易動，驅之入山，必有凍餓失所之患，此誨盜非止盜也。天下之山亦多矣，豈可盡赭哉。”議遂寢。

［1］宋：指南宋（1127—1279）。

［2］山東路統軍使：統軍司屬官。金代在全國設有河南、陝西、山東三個統軍司，分統駐守中原邊地的軍隊。統軍使掌督領軍馬，鎮守邊陲。正三品。山東路統軍司置於益都府。

［3］尚書省：官署名。海陵王正隆官制改革以後，是金朝最高政務機構。

［4］猛安：女真地方行政建置的長官。世襲職。猛安相當於防禦州，下轄謀克，長官掌修理軍務，訓練武藝，勸課農桑，防捍不虞，禦制盜賊。從四品。

［5］謀克：女真地方行政建置的長官，世襲職。謀克相當於縣，長官掌撫輯軍户，訓練武藝，按察所部，勸課農桑，平理獄訟，捕除盜賊，禁止游惰。從五品。

［6］鈐轄都軍巡尉：掌巡捕盜賊。從六品。

［7］按察司：官署名。按察司原爲提刑司，章宗承安四年（1199）改稱按察司。掌審察刑獄、照刷案牘、糾察濫官污吏豪猾之人、私鹽酒麯並應禁之事，監管猛安謀克，兼勸農桑。

［8］五嶽：主一方之山曰嶽，金代五嶽爲東嶽泰山、南嶽衡山、西嶽華山、北嶽恒山、中嶽嵩山。

［9］而山亦不可赭（zhě）也：使山赤裸無草木。

是時，行限錢法。承暉上疏，略曰：“貨聚於上，怨結于下。”不報。改知興中府事。[1]衛紹王即位，[2]召爲御史大夫，[3]拜參知政事。[4]駙馬都尉徒單没烈與其父南平干政事，[5]大爲姦利，承暉面質其非。進拜尚書左丞，[6]行省于宣德。[7]參知政事承裕敗績于會河堡，[8]承暉亦坐除名。至寧元年，[9]起爲横海軍節度使。[10]貞祐初，[11]召拜尚書右丞。[12]承暉即日入朝，妻子留滄州。[13]滄州破，妻子皆死。紇石烈執中伏誅。[14]進拜平章政事，兼都元帥，[15]封鄒國公。[16]

[1]興中府：治所在今遼寧省朝陽市。

[2]衛紹王：封號。即完顏興勝，漢名允濟，章宗時避顯宗允恭諱，詔改爲永濟。金朝第七任皇帝。1209年至1213年在位。

[3]御史大夫：御史臺長官。掌糾察、彈劾百官，復審内外刑獄所屬理斷不當案件。從二品。

[4]參知政事：尚書省屬官。爲執政官，宰相的副佐，佐治尚書省事。正員二人，從二品。

[5]駙馬都尉：尚公主者多授予此官，正四品。　徒單没烈：女真人。時任提點近侍局，衛紹王末年紇石烈執中政變中被殺。徒單南平：女真人。衛紹王朝任知大興府事，亦在衛紹王末年紇石烈執中政變中被殺。

[6]尚書左丞：尚書省屬官。執政官，爲宰相的副佐，佐治尚書省政務。正二品。

[7]行省：即領行尚書省事，行省長官。金章宗以來，因用兵、河防等事涉及諸路，臨時設行尚書省，爲臨時官職。宣宗以後，因金蒙戰争事態擴大，行省設置遍及全國。　宣德：州名。治所在今河北省宣化縣。

[8]承裕：女真人。宗室出身，姓完顔氏。本書卷九三有傳。會河堡：地名。在會河川附近，會河川爲河北省宣化縣西的南洋河支流，會河堡當在懷安縣一帶。

[9]至寧：金衛紹王年號（1213）。

[10]横海軍：州軍名。治所在今河北省滄州市東南東關鎮。

[11]貞祐：金宣宗年號（1213—1217）。

［12］尚書右丞：尚書省屬官。爲執政官，宰相的副佐，佐治尚書省政務。正二品。

［13］滄州：治所在今河北省滄州市東南東關鎮。

［14］紇石烈執中伏誅：按本書卷一四《宣宗紀上》，貞祐元年（1213）十月辛亥“元帥右監軍术虎高琪戰于城北，凡兩敗績而歸，就以兵殺胡沙虎于其第”，十一月庚午，“以横海軍節度使承暉爲尚書右丞”。然此記紇石烈執中伏誅於承暉召拜尚書右丞之後，時序有誤，且從文義看，與上下文並無關聯。《金史詳校》卷八下主張此七字當改入上文“貞祐初”之下。中華點校本據此判斷當是衍文。　紇石烈執中：女真人。本書卷一三二有傳。

［15］都元帥：元帥府長官。掌征討之事。從一品。

［16］鄒國公：封爵名。小國封號，明昌格第五位。

中都被圍，承暉出議和事。宣宗遷汴，[1]進拜右丞相，[2]兼都元帥，徙封定國公，[3]與皇太子留守中都。[4]承暉以尚書左丞抹撚盡忠久在軍旅，[5]知兵事，遂以赤心委盡忠，悉以兵事付之，己乃總持大綱，期於保完都城。頃之，莊獻太子去之，[6]右副元帥蒲察七斤以其軍出降，[7]中都危急。詔以抹撚盡忠爲平章政事，兼左副元帥。[8]三年二月，[9]詔元帥左監軍永錫將中山、真定兵，[10]元帥左都監烏古論慶壽將大名軍萬八千人、[11]西南路步騎萬一千、[12]河北兵一萬，御史中丞李英運粮，[13]參知政事、大名行省孛术魯德裕調遣繼發，[14]救中都。承暉間遣人以礬寫奏曰：“七斤既降，城中無有固志，臣雖以死守之，豈能持久。伏念一失中都，遼東、河朔皆非我有，[15]諸軍倍道來援，猶冀有濟。”詔曰：“中都重地，廟社在焉，[16]朕豈一日忘也。已趣諸路兵與粮俱往，卿會知之。”及詔中都官吏軍民曰：“朕欲紓民力，遂幸陪都，[17]天未悔禍，時尚多虞，道路久梗，音問難通。汝等朝暮矢石，暴露風霜，思惟報國，靡有貳心，俟兵事之稍息，當不愆於旌賞。今已會合諸路兵馬救援，故兹獎諭，想宜知悉。”永錫、慶壽等軍至霸州北。[18]三月乙亥，李英被酒，軍無紀律，大元兵攻之，[19]英軍大敗。

[1]宣宗遷汴：宣宗，廟號。即完顏吾睹補，漢名珣。金朝第八任皇帝，1213年至1223年在位。因蒙古入侵，宣宗於貞祐二年（1214）將都城由中都遷至汴京，又曰南京，在今河南省開封市。

[2]右丞相：尚書省屬官。海陵正隆官制確立一省制後，是國家重要輔弼大臣之一，地位僅次於左丞相，掌丞天子，平章萬機。從一品。

[3]定國公：封爵名。明昌格，小國封號第四位。

[4]皇太子：即完顏守忠。本書卷九三有傳。

[5]抹撚盡忠：女真人。本書本卷有傳。

[6]莊獻太子：即完顏守忠。謚號曰莊獻。

[7]右副元帥：元帥府屬官。掌征討之事。正二品。　蒲察七斤：女真人。宣宗貞祐三年（1215）降蒙古軍隊。

[8]左副元帥：元帥府屬官。正二品。

[9]三年二月：按本書卷一四《宣宗紀上》，貞祐二年（1214）十二月戊戌“遣真定行元帥府事永錫等援中都”。《金史詳校》卷八下：“盡忠拜官、永錫援兵《紀》皆載於二年冬，不應反在三年正月事後。”此處繫年似有誤。

[10]元帥左監軍：元帥府屬官。正三品。　永錫：女真人。宗室出身，姓完顏氏。本書卷一一四有傳。　中山：府名。治所在今河北省定州市。　真定：府名。河北西路路治府，治所在今河北省

正定縣。

［11］元帥左都監：元帥府屬官。從三品。　烏古論慶壽：女真人。本卷有傳。

［12］西南路：地區級路名。隸屬於西京路，治所在今内蒙古自治區呼和浩特市東。

［13］御史中丞：御史臺屬官。御史大夫的副佐。從三品。　李英：本卷有傳。

［14］孛术魯德裕：原脱"裕"字。按本卷《孛术魯德裕傳》，貞祐二年（1214）"行省大名，詔發河北兵救中都"，與此記爲同一事。《金史詳校》卷八下，"此下當加'裕'"。中華點校本據補"裕"字，是。今從之。

［15］遼東：地名。指遼河以東地區。　河朔：泛指中原黄河以北地區。

［16］廟社：指太廟和社稷。

［17］陪都：指南京。

［18］霸州：治所在今河北省霸州市。

［19］大元：時爲蒙古汗國，後建立元朝。

是時，高琪居中用事，[1]忌承暉成功，諸將皆顧望。既而，以刑部侍郎阿典宋阿爲左監軍，[2]行元帥府于清州，[3]同知真定府事女奚烈胡論出爲右都監，[4]行元帥府于保州，[5]户部侍郎侯摯行尚書六部，[6]往來應給，終無一兵至中都者。慶壽軍聞之亦潰。

［1］高琪：女真人。姓术虎氏。本書卷一〇六有傳。

［2］刑部侍郎：刑部屬官。正四品。　阿典宋阿：其他事迹不詳。

［3］行元帥府：官署名。衛紹王大安三年（1211）金蒙交戰，

宣宗貞祐二年（1214）遷都南京，戰火逐漸擴展到金朝各地，自貞祐三年始於各主要戰場設行元帥府，以統領各地兵馬。此處爲行元帥府長官之意。　清州：治所在今河北省青縣。

[4]同知真定府事：掌同判府事。從四品。　女奚烈胡論出：女真人。無其他事迹可考。　右都監：元帥府屬官。掌征討之事。從三品。

[5]行元帥府于保州："于"，原作"爲"，南監本、北監本、殿本作"于"。中華點校本據殿本改，從之。保州治所在今河北省保定市。

[6]户部侍郎：户部屬官。爲户部尚書的副佐，佐掌户籍、物力、鹽鐵、酒麴、礦冶、榷場、市易、度支、國用、俸禄、錢帛、貢賦、租税、積貯、度量衡等事。正員二人，正四品。　侯摯：本書卷一〇八有傳。　行尚書六部：官署名。金章宗以來，因用兵、河防等事涉及諸路，臨時設行尚書六部，金末戰事連年不斷，行部遍及全國。此處爲行尚書六部長官之意。

承暉與抹撚盡忠會議于尚書省。承暉約盡忠同死社稷。盡忠謀南奔，承暉怒，即起還第，亦無如盡忠何。召盡忠腹心元帥府經歷官完顏師姑至，[1]謂曰："始我謂平章知兵，故推心以權畀平章，嘗許與我俱死，今忽異議，行期且在何日，汝必知之。"師姑曰："今日向暮且行。"曰："汝行李辦未？"曰："辦矣。"承暉變色曰："社稷若何？"師姑不能對。叱下斬之。

[1]元帥府經歷官：元帥府屬官。掌出納文移。官品不詳。　完顏師姑：女真人。其他事迹無考。

承暉起，辭謁家廟，召左右司郎中趙思文與之飲酒，[1]謂之曰："事勢至此，惟有一死以報國家。"作遺表付尚書省令史師安石，[2]其表皆論國家大計，辨君子小人治亂之本，歷指當時邪正者數人，曰："平章政事高琪，賦性陰險，報復私憾，竊弄威柄，包藏禍心，終害國家。"因引咎以不能終保都城爲謝。復謂妻子死于滄州，爲書以從兄子永懷爲後。[3]從容若平日，盡出財物，召家人隨年勞多寡而分之，皆與從良書。舉家號泣，承暉神色泰然，方與安石舉白引滿，謂之曰："承暉於五經皆經師授，[4]謹守而力行之，不爲虛文。"既被酒，取筆與安石訣，最後倒寫二字，投筆歎曰："遽爾謬誤，得非神志亂邪?"謂安石曰："子行矣。"安石出門，聞哭聲，復還問之，則已仰藥薨矣。家人匆匆瘞庭中。[5]是日暮，盡忠出奔，中都不守。貞祐三年五月二日也。師安石奉遺表奔赴行在奏之。宣宗設奠於相國寺，[6]哭之盡哀。贈開府儀同三司、太尉、尚書令、廣平郡王，[7]謚忠肅。詔以永懷爲器物局直長。[8]永懷子撒速爲奉御。[9]

[1]左右司郎中：行省屬官。本書卷一〇四《高霖傳》載宣宗南遷後，"與右丞相承暉行省於中都"。行省左右司并置，爲左右司長官，掌奏事、受事、付事等。官品不詳。　趙思文：其他事迹不詳。

[2]尚書省令史：尚書省下屬吏員。　師安石：本書卷一〇八有傳。

[3]永懷：女真人。姓完顏氏，時任歷亭縣丞。

[4]五經：即《詩》《書》《禮》《易》《春秋》。

[5]瘞（yì）：埋葬。

[6]相國寺：亦稱大相國寺，在今河南省開封市内。

[7]開府儀同三司：文散官。從一品上階。　太尉：三公之首。掌論道經邦，燮理陰陽。正一品。　尚書令：尚書省長官。總領紀綱，儀刑端揆。正一品。　廣平郡王：封爵名。郡王封號第二位。

[8]器物局直長：器物局屬官。從事管理御用器械鞍轡諸物。正八品。

[9]撒速：女真人。其他事迹不詳。　奉御：近侍局屬吏。舊名入寢殿小底，大定十二年（1172）更此名，十六員。

承暉生而貴富，居家類寒素，常置司馬光、蘇軾像於書室，[1]曰："吾師司馬而友蘇公。"平章政事完顏守貞素敬之，[2]與爲忘年交。

[1]司馬光：宋人。歷任北宋仁、英、神、哲宗四朝，官至丞相，主持編撰《資治通鑑》。《宋史》卷三三六有傳。　蘇軾：宋人。北宋哲宗朝官至禮部尚書，詩詞書畫皆有名。《宋史》卷三三八有傳。

[2]完顏守貞：女真人。本書卷七三有傳。

抹撚盡忠本名彖多，上京路猛安人。[1]中大定二十八年進士第，調高陽、朝城主簿，[2]北京、臨潢提刑司知事。[3]御史臺舉廉能，遷順義軍節度副使。[4]以憂去官，起復翰林修撰，[5]同知德昌軍節度事，[6]簽北京按察司、[7]滑州刺史，[8]改恩州。[9]上言："凡買賣軍器，乞令告給憑驗，以防盜賊私市。"尚書省議，"止聽係籍人匠貨賣，有知情售不應存留者同私造法”。從之。遷山東按察副使，[10]坐虛奏田稼豐收請糴常平粟，詐稱宣差和糴，降虢州刺史，[11]改乾州。[12]

[1]上京路猛安：上京路治所在會寧府，今黑龍江省阿城市白城。猛安爲女真族行政建置，其名脱落，不可確指在上京路内的具體地點。

[2]高陽、朝城主簿：縣官名。爲縣令的副佐。正九品。高陽，縣名。治所在今河北省高陽縣東。朝城，縣名。治所在今山東省莘縣南。

[3]提刑司知事：地方監察機構提刑司屬官。正八品。

[4]順義軍節度副使：州軍官名。佐掌一州軍政事務。從五品。順義軍，州軍名。治所在今山西省朔州市。

[5]翰林修撰：翰林學士院屬官。分掌詞命文字，分判院事，銜内帶“同知制誥”。不限員，從六品。

[6]同知德昌軍節度使：州軍官。通判節度使事。正五品。德昌軍，州軍名。治所在今河南省洛陽市。

[7]簽北京按察司：按察司屬官。正五品。北京按察司全稱爲北京臨潢路按察司，治於臨潢府。

[8]滑州刺史：州官名。掌一州財政訴訟、宣導風俗等各種政務，獨不領兵。正五品。滑州治所在今河南省滑縣東。

[9]恩州：治所在今山東省武城縣東北。

[10]山東按察副使：按察司屬官。正四品。山東按察司全稱山東東西路按察司，治於濟南府，在今山東省濟南市。

[11]虢州：治所在今河南省靈寶市。

[12]乾州：治所在今陝西省乾縣。

泰和六年，[1]伐宋，爲元帥右監軍完顏充經歷官，[2]

坐奏報稽滯，杖五十。八年，入爲吏部郎中，[3]累遷中都、西京按察使。[4]是時，紇石烈執中爲西京留守，[5]與盡忠爭，私意不協。盡忠陰伺執中過失，申奏。執中雖跋扈，善撫御其部曲，密於居庸北口置腹心刺取按察司文字。[6]及執中自紫荆關走還中都，[7]詔盡忠爲左副元帥兼西京留守。以保全西京功進官三階，賜金百兩、銀千兩、重綵百段、絹二百疋。未幾，拜尚書右丞，行省西京。

[1]泰和：金章宗年號（1201—1208）。

[2]完顏充：女真人。金章宗朝曾任河南統軍使、陝西統軍使、元帥右監軍等職。章宗承安五年（1200）十二月以河南統軍使爲宋吊祭使出使宋朝。

[3]吏部郎中：吏部屬官。正員二人。一員掌文武選、流外選用、官吏差使行止名簿、封爵制誥；一員掌勳級酬賞、承襲用廕、循選、致仕、考課、議謚之事。從五品。

[4]中都、西京按察使：按察司屬官。與副使、簽事更出巡案。正三品。

[5]西京：治所在今山西省大同市。

[6]居庸北口：地名。居庸，又曰居庸關，在今北京市昌平區西北。

[7]紫荆關：地名。在今河北省易縣西。

貞祐初，進拜左丞。詔曰："卿總領行省，鎮撫陪京，守禦有功，人民攸賴。朕新嗣祚，念爾重臣，益勉乃力，以副朕懷。"二年五月，自西京入朝，加崇進，[1]封申國公，[2]賜玉帶、金鼎、重幣。二年，進拜都元帥，左丞如故。

［1］崇進：文散官。從一品下階。

［2］申國公：封爵名。明昌格，小國封號第六位。

宣宗遷汴，與右丞相承暉守中都。承暉爲都元帥，盡忠復爲左副元帥。十月，進拜平章政事，監修國史，左副元帥如故。宣宗詔盡忠善撫乣軍，[1]盡忠不察，殺乣軍數人。已而中都受圍，承暉以盡忠久在軍旅，付以兵事，嘗約同死社稷。及烏古論慶壽等兵潰，外援不至，中都危急，密與腹心元帥府經歷官完顔師姑謀棄中都南奔，已戒行李，期以五月二日向暮出城。是日，承暉、盡忠會議于尚書省，承暉無奈盡忠何，徑歸家，召師姑問之，知將以其夜出奔，乃先殺師姑，然後仰藥而死。是日，凡在中都妃嬪，聞盡忠出奔，皆束裝至通玄門。[2]盡忠謂之曰："我當先出，與諸妃啓途。"諸妃以爲信然。盡忠乃與愛妾及所親者先出城，不復顧矣。中都遂不守。盡忠行至中山，謂所親曰："若與諸妃偕來，我輩豈能至此！"

［1］乣軍：由西北、西南、東北三路招討司統領的由契丹人和北部其他游牧民族組成的軍隊，共分十軍，鎮戍北部邊境。

［2］通玄門：中都北城門之一。

盡忠至南京，宣宗釋不問棄中都事，仍以爲平章政事。盡忠言："記注之官，[1]奏事不當回避，可令左右司官兼之。”宣宗以爲然。盡忠奏應奉翰林文字完顔素蘭可爲近侍局。[2]宣宗曰：“近侍局例注本局人及宫中出身，雜以他色，恐或不和。”盡忠曰：“若給使左右，可止注本局人。既令預政，固宜慎選。”宣宗曰：“何謂預政？”盡忠曰：“中外之事得議論訪察，即爲預政矣。”宣宗曰：“自世宗、章宗朝許察外事，非自朕始也。如請謁營私，擬除不當，臺諫不職，[3]非近侍體察，何由知之？”盡忠乃謝罪。參政德升繼之曰：[4]“固當慎選其人。”宣宗曰：“朕於庶官曷嘗不慎，有外似可用而實無才力者，視之若忠孝而包藏悖逆者。蒲察七斤以刺史立功，驟升顯貴，輒懷異志。蒲鮮萬奴委以遼東，[5]乃復肆亂。知人之難如此，朕敢輕乎！衆以蒲察五斤爲公幹，[6]乃除副使。[7]衆以斜烈爲淳直，[8]乃用爲提點。[9]若烏古論石虎乃汝等共舉之，[10]朕豈不盡心哉！”德升曰：“比來訪察，開决河堤，水損田禾等，覆之皆不實。”上曰：“朕自今不敢問若輩，外間事皆不知，朕幹何事，但終日默坐聽汝等所爲矣。方朕有過，汝等不諫，今乃面訐，此豈爲臣之義哉！”德升亦謝罪。

[1]記注之官：記注院屬官。掌記帝王言行，一般以他官兼之。

[2]應奉翰林文字：翰林學士院屬官。分掌詞命文字。從七品。完顔素蘭：女真人。本書卷一〇九有傳。　近侍局：官署名。隸屬於殿前都點檢司，掌侍從，承勑令，轉進奏帖。

[3]臺諫：指御史臺、諫院、登聞檢院、登聞鼓院等監察機構。

[4]德升：女真人。姓烏古論氏。本書卷一二二有傳。

[5]蒲鮮萬奴：女真人。《元史·塔思傳》記載爲完顔萬奴。

曾廉《元書》疑是金主賜之國姓；日本學者箭内亘《東夏國的疆域》一文提出，蒲鮮萬奴立國之後，僭用金之國姓。王慎榮、趙鳴岐《東夏史》認爲萬奴立國與改姓是在同時（天津古籍出版社1990年版，第31頁）。金宣宗時官至遼東宣撫使，貞祐三年（1215）春兵變叛金，十月“僭稱天王，國號大真，改元天泰”。宣宗興定元年（1217）改國號爲東夏。東夏政權在今中國東北的東北部地區，1233年爲蒙古所滅。

[6]蒲察五斤：女真人。金宣宗貞祐三年（1215），以拱衛直都指揮使爲賀宋正旦使，其後任權遼東路宣撫使、權參知政事、行尚書省、元帥府於上京，元帥左監軍、右副元帥、行省遼東。

[7]副使：當爲遼東路宣撫副使，宣撫司屬官。掌鎮撫人民、譏察邊防軍旅、審録重刑事，勸農桑。正三品。

[8]斜烈：女真人。其他事迹無考。

[9]提點：即近侍局提點，爲近侍局長官。正五品。

[10]烏古論石虎：女真人。金宣宗興定四年（1220）十一月，時任黃陵岡經略使，以戰陣失律，伏誅。

紇石烈執中之誅，近侍局嘗先事啓之，遂以爲功，陰秉朝政。高琪托此輩以自固。及盡忠、德升面責，愈無所忌。未幾，德升罷相，盡忠下獄，自是以後，中外蔽隔，以至于亡。

盡忠與高琪素不相能，疑宣宗頗疎己，高琪間之。其兄吾里也爲許州監酒，[1]秩滿，求調南京。盡忠與吾里也語及中都事，曰：“邇來上頗疎我，此高琪所爲也。若再主兵，必不置此，胡沙虎之事孰爲爲之！”[2]吾里也曰：“然。”九月，尚書省奏：“遥授武寧軍節度副使徒單吾典告盡忠謀逆。”[3]上憮然曰：“朕何負衆多，彼棄中都，凡祖宗御容及道陵諸妃皆不顧，[4]獨與其妾偕來，此固有罪。”乃命有司鞫治，問得與兄吾里也相語事，遂并吾里也誅之。

[1]吾里也：女真人。其他事迹不詳。　許州監酒：州官名。掌監知人户釀造麯酒，辦課以佐國用。官品不詳。許州治所在今河南省許昌市。

[2]胡沙虎之事孰爲爲之："事"，原作"子"。中華點校本據文義改，今從之。

[3]遥授：金末一些城池已爲元軍攻陷，仍以其地授官與人，衹授官名虚職，不去任職，稱爲遥授。　武寧軍：州軍名。治所在今江蘇省徐州市。　徒單吾典：女真人。又作徒單兀典。本書卷一一六有傳。

[4]道陵：章宗的陵墓，在今北京市房山區境内。這裏指章宗。

僕散端本名七斤，中都路火魯虎必剌猛安人。[1]事親孝，選充護衛，[2]除太子僕正、[3]滕王府長史、[4]宿直將軍、[5]邳州刺史、[6]尚厩局副使、[7]右衛將軍。[8]章宗即位，轉左衛。[9]章宗朝隆慶宫，[10]護衛花狗邀駕陳言：[11]"端叔父胡覩預弑海陵，[12]端不宜在侍衛。"詔杖花狗六十，代撰章奏人杖五十。丁憂，起復東北路招討副使，[13]改左副點檢，[14]轉都點檢，[15]歷河南、陝西統軍使，[16]復召爲都點檢。

[1]中都路火魯虎必剌猛安：女真族行政建置名。火魯虎必剌，即活剌渾水，今黑龍江省境内呼蘭河。其猛安原在上京路，後遷至中都路。日本學者三上次男《金代女真研究》認爲火魯虎必剌猛安

與北京路之訛魯古必剌猛安音同，其原住地相同，但移住地不同（黑龍江人民出版社 1984 年版，第 501 頁）。張博泉《金史論稿》第一卷認爲，若三上所説兩猛安音同不誤，則此猛安先移至北京路，後復移至中都路（吉林文史出版社 1986 年版，第 320 頁）。

［2］護衛：有皇帝護衛、東宫護衛、妃護衛、東宫妃護衛之别，由殿前左、右衛將軍與衛尉司掌領。選取五品至七品官子孫及宗室並親軍、諸局分承應人，有才行及善射者充任。

［3］太子僕正：東宫屬官。掌車馬、廄牧、弓箭、鞍轡、器物等事。正六品。

［4］藤王府長史：親王府屬官。掌警嚴侍從、兼總統本府之事。從五品。藤王，封爵名。大定格，次國封號第十二位。

［5］宿直將軍：殿前都點檢屬官。掌總領親軍，凡宫城諸門衛禁並行從宿衛之事。正員八人，後增至十一人，從五品。

［6］邳州：治所在今江蘇省邳州市。

［7］尚廄局副使：尚廄局屬官。掌御馬調習牧養，以奉其事。大定二十九年（1189）添置副使一員，管小馬群，從六品。

［8］右衛將軍：殿前都點檢屬官。掌宫禁及行從宿衛警嚴，仍總領護衛。官品失載。

［9］左衛：即殿前左衛將軍，殿前都點檢屬官。官品失載。

［10］隆慶宫：中都皇城内宫名。本書卷二四《地理志上》中都路條下載："明昌五年复以隆慶宫爲東宫。"

［11］花狗：人名。其他事迹無考。

［12］僕散胡覩：女真人。其他事迹無考。　海陵：封號。即完顏迪古迺，漢名亮。金朝第五任皇帝。1149 年至 1161 年在位。

［13］東北路招討副使：招討司屬官。掌招懷降附，征討叛離。正員二人，從四品。　東北路招討司：隸屬於臨潢府路，治所在今吉林省洮南市一帶。

［14］左副點檢：殿前都點檢司屬官。殿前都點檢副佐，兼侍衛將軍副都指揮使。從三品。

［15］都點檢：即殿前都點檢。殿前都點檢司長官，例兼侍衛親軍都指揮使。掌行從宿衛，關防門禁，督攝隊仗，總判司事。正三品。本書卷六二《交聘表下》記載，章宗明昌三年（1192）七月，“遣殿前都點檢僕散端等爲賀宋生辰使”。

［16］河南、陝西統軍使：統軍司屬官。掌督領軍馬，鎮守邊陲，分營衛，視察奸。正三品。河南統軍司治於開封府，在今河南省開封市。陝西統軍司治於京兆府，在今陝西省西安市。

承安四年，[1]上如薊州秋山獵，[2]端射鹿誤入圍，杖之，解職。泰和三年，起爲御史大夫。明年，拜尚書左丞。泰和六年，詔大臣議伐宋，皆曰無足慮者。左丞相崇浩、[3]參知政事賈鉉亦曰：[4]“狗盜鼠竊，非舉兵也。”端曰：“小寇當晝伏夜出，豈敢白日列陳，犯靈壁、入渦口、攻壽春邪？[5]此宋人欲多方誤我，不早爲之所，一旦大舉入寇，將墮其計中。”上深然之。未幾，丁母憂，起復尚書左丞。

［1］承安：金章宗年號（1196—1200）。

［2］薊州秋山：爲金中期以後皇帝狩獵的場所。薊州治所在今天津市薊縣，秋山當在其境内。

［3］左丞相：尚書省屬官。國家重要輔弼大臣。從一品。　崇浩：女真人。又作宗浩，本書卷一〇〇《宗端脩傳》云：“章宗避睿宗諱上一字，凡太祖諸子皆加‘山’爲‘崇’。”章宗朝，宗浩改爲崇浩。宗室出身，姓完顔氏。本書卷九三有傳。

［4］賈鉉：本書卷九九有傳。

［5］靈壁：縣名。治所在今安徽省靈璧縣。　渦口：地名。渦水是淮河的一條支流，經安徽省亳州、蒙城至懷遠入淮河，渦口當

在懷遠縣一帶。　壽春：宋縣名。治所在今安徽省壽縣。

平章政事僕散揆伐宋，[1]發兵南京，詔端行省，主留務。僕散揆已渡淮，次廬州。[2]宋使皇甫拱奉書乞和，[3]端奏其書。朝議諸道兵既進，疑宋以計緩師，詔端遣拱還宋。七年，僕散揆以暑雨班師，端還朝。

［1］僕散揆：女真人。本書卷九三有傳。

［2］廬州：宋州名。治所在今安徽省合肥市。

［3］皇甫拱：宋人。按本書六二《交聘表下》，泰和六年（1206）十一月丁亥，"遣忠訓郎林拱持書乞和於僕散揆"，作"林拱"，與此記有異。宋人李心傳《建炎以來朝野雜記》乙集卷一八《丙寅淮漢蜀□用兵事目》，"宗卿道遇所遣使臣皇甫恭自汴京回"。作"皇甫恭"，亦略異。

初，婦人阿魯不嫁爲武衛軍士妻，[1]生二女而寡，常托夢中言以惑衆，頗有驗，或以爲神。乃自言夢中屢見白頭老父指其二女曰："皆有福人也。若侍掖廷，必得皇嗣。"是時，章宗在位久，皇子未立，端請納之。章宗從之。既而京師久不雨，[2]阿魯不復言："夢見白頭老父使己祈雨，三日必大澍足。"過三日雨不降，章宗疑其誕妄，下有司鞫問，阿魯不引伏。詔讓端曰："昔者所奏，今其若何？後人謂朕信其妖妄，實由卿啓其端倪，鬱于予懷，念之難置。其循省于往咎，思善補于將來。恪整乃心，式副朕意！"端上表待罪，詔釋不問。頃之，進拜平章政事，封申國公。八年，宋人請盟，端遷一官。

[1]阿魯不：女真人。其他事迹無考。　武衛軍：軍名。爲京師城防軍。

[2]京師：指中都。

章宗遺詔："内人有娠者兩位，生子立爲儲嗣。"衛紹王即位，命端與尚書左丞孫即康護視章宗内人有娠者。[1]泰和八年十一月二十日，章宗崩。二十二日，太醫副使儀師顔狀：[2]"診得范氏胎氣有損。"[3]明年四月，有人告元妃李氏教承御賈氏詐稱有身。元妃、承御皆誅死。端進拜右丞相，[4]授世襲謀克。[5]

[1]孫即康：本書卷九九有傳。

[2]太醫副使：宣徽院所屬太醫院長官。掌諸醫藥，總判院事。從六品。　儀師顔：其他事迹無考。

[3]范氏：章宗的嬪妃。章宗去世後出家爲尼。參見本書卷六四《章宗元妃李氏傳》。

[4]"明年四月"至"端進拜右丞相"：本書卷一三《衛紹王紀》，大安元年（1209）三月甲辰，"以平章政事僕散端爲右丞相。四月庚辰，殺章宗元妃李氏及承御賈氏"。此處繫月有誤，且記事時序倒誤。十二月條下記載："右丞相僕散端爲左丞相。"此又爲本傳不載。承御賈氏，金章宗的嬪妃，參見本書卷六四《章宗元妃李氏傳》。

[5]世襲謀克：金朝女真官員的世襲爵位。受封者有領地、封户。謀克相當於縣。

貞祐二年五月，判南京留守，與河南統軍使長壽、[1]按察轉運使王質表請南遷，[2]凡三奏，宣宗意乃決。百官士庶皆言其不可，太學生趙昉等四百人上書極論利害，[3]宣宗慰遣之，乃下詔遷都。明年，中都失守。

[1]河南統軍使：統軍司長官。正三品。河南路統軍司治於開封府。　長壽：突門族人。姓包氏，後賜姓烏古論。本書卷一〇三有傳。

[2]按察轉運使：按察轉運司屬官。掌拘榷錢穀，糾彈非違。金章宗時期按察司與轉運司爲兩個機構，治所也不同。衛紹王時一度將二司合并爲一，稱按察轉運司。宣宗貞祐三年（1215）以四方兵動，罷按察使和勸農使，衹存轉運使。河南路按察轉運司治於開封府。　王質：其他事迹無考。

[3]趙昉：其他事迹無考。

宣宗至南京，以端知開封府事。頃之，爲御史大夫，無何，拜尚書左丞相。三年，兼樞密副使，[1]未幾，進兼樞密使。[2]數月，以左丞相兼都元帥行省陝西，給親軍三十人、騎兵三百爲衛，次子宿直將軍納坦出侍行。[3]賜契紙勘同曰："緩急有事，以此召卿。"端招遥領通遠軍節度使完顏狗兒即日來歸，[4]奏還知平凉府事，[5]諸將聞之，莫不感激。遣納蘭伴僧招諭臨洮苽黎五族都管青覺兒、[6]積石州章羅謁蘭冬及鐸精族都管阿令結、[7]蘭州葩俄族都管汪三郎等，皆相繼内附。[8]汪三郎賜姓完顏，後爲西方名將。

[1]樞密副使：樞密院屬官。爲樞密使副佐。從二品。

［2］樞密使：樞密院長官。掌國家軍務機密之事。從一品。

［3］僕散納坦出：女真人。“坦”，原作“丹”，本書本傳後附傳皆作“坦”字。中華點校本據改，從之。

［4］遥領通遠軍節度使完顏狗兒即日來歸：“遠”，原作“安”，然金朝無“通安軍”。本書卷二六《地理志下》臨洮路“鞏州，皇統二年升軍事爲通遠軍節度使”。又本卷《李英傳》：“程陳僧敗官軍于龕谷，遣僞統制董九招兩闞堡都統王狗兒，狗兒立殺之。詔除通遠軍節度使，加榮禄大大，賜姓完顏氏。”《金史詳校》卷八下，“‘安’當作‘遠’”。中華點校本據改。今從之。遥領，封授的虚官銜，所授官職統轄的地方通常是已爲敵方占領的地區。通遠軍，州軍名。治所在今甘肅省隴西縣。完顏狗兒，原名王狗兒，本書卷一二一有傳。

［5］平凉府：治所在今甘肅省平凉市。

［6］納蘭伴僧：女真人。其他事迹無考。　臨洮苽黎：臨洮，府名。治所在今甘肅省臨洮縣。苽黎，西北少數民族名稱。　青覺兒：羌人。其他事迹不詳。

［7］積石州：治所在今青海省循化撒拉族自治縣。　章羅謁蘭冬：羌人。其他事迹無考。　鐸精族都管：金朝授予歸附的少數民族的官職。鐸精族，西北少數民族的名稱。　阿令結：羌人。其他事迹無考。

［8］蘭州葩俄族：蘭州治所在今甘肅省蘭州市。葩俄族，居住在金朝西北和西夏境内的少數民族。　汪三郎：本書卷一四《宣宗紀上》貞祐四年（1216）四月，己亥，夏人葩俄族都管汪三郎率其蕃户來歸，以千羊進，詔納之，優給其值。《元史》卷一五五有傳，作“汪世顯”，鞏昌鹽州人，系出汪部。

四年，以疾請致仕，不許，遣近侍與太醫診視。端雖癃老，凡朝廷使至必遠迓，宴勞不懈，故讒構不果行。宣宗聞之，詔自今專使酒三行别于儀門，他事經過者一見而止。初，同、華舊屯陝西軍及河南步騎九千餘人，[1]皆隸陝州宣撫副使永錫，[2]端奏："潼關之西，[3]皆陝西地，請此軍隸行省，緩急可使。"朝廷從之。及大元兵入潼關，永錫坐誅，而罪不及端。

[1]同、華：州名。同州治所在今陝西省大荔縣，華州治所在今陝西省華縣。

[2]永錫：女真人。即完顔合周，宗室出身。本書卷一一四有傳。

[3]潼關：地名。在今陝西省潼關縣。

興定元年，[1]朝廷以知臨洮府事承裔爲元帥左都監，[2]行元帥府於鳳翔。[3]端奏："隴外十州，[4]介宋、夏之間，[5]與諸番雜處，先於鞏州置元帥府以鎮之。[6]今承裔以隴外萬兵移居鳳翔，臣恐一旦有警，援應不及。乞令承裔行元帥府於鞏州。若以鳳翔密邇宋界，則本路屯兵已多，但令總管攝行帥事，與京兆、鞏相爲首尾，足以備緩急矣。"從之。是歲，薨。訃聞，宣宗震悼，輟朝。贈延安郡王，[7]謚忠正。正大三年，[8]配享宣宗廟廷。

[1]興定元年："元"，原作"四"。據本書卷一一三《白撒傳》記載，白撒"名承裔，……興定元年，爲元帥左都監，行元帥府事於鳳翔"。中華點校本據改。今從之。

[2]承裔：女真人。即完顔白撒，宗室出身。本書卷一一三有傳。

［3］鳳翔：府名。鳳翔路路治府，治所在今陝西省鳳翔縣。

［4］隴外十州：指隴山以西諸州。

［5］夏：即西夏，党項人建立的政權名（1038—1227）。

［6］鞏州：治所在今甘肅省隴西縣。

［7］延安郡王：封爵名。郡王封號第十位。

［8］正大：金哀宗年號（1224—1231）。

子納坦出爲定國軍節度使。[1]天興元年十一月，[2]納坦出之子忙押門與兄石里門及護衛顏盞宗阿同飲，[3]忙押門詐以事出投北兵，[4]省以刑部郎中趙楠推其家屬及同飲人。[5]時上下迎合，必欲以知情處之，至於忙押門妻皆被訊掠。其母完顏氏曰：[6]“忙押門通其父妾，父殺此妾，忙押門不自安，遂叛，求脱命而已。”委曲推問，無知情之狀。省中微聞之，召小吏郭從革喻以風旨，[7]從革言之。楠方食，擲匕筯於案，大言曰：“寧使趙楠除名，亦不能屈斷無辜人。”遂以不知情奏，且以妾事上聞。上曰：“丞相功臣，納坦出父子俱受國恩，吾已保其不知情也。立命赦出之。”楠字才美，進士，高平人。[8]

［1］定國軍：州軍名。治所在今陝西省大荔縣。

［2］天興：金哀宗年號（1232—1234）。

［3］僕散忙押門：女真人。其他事迹無考。　石里門：女真人。其他事迹無考。　顏盞宗阿：女真人。其他事迹無考。

［4］北兵：指蒙古軍隊。

［5］刑部郎中：刑部屬官。從五品。　趙楠：其他事迹無考。

［6］完顏氏：女真人。其他事迹不詳。

[7]郭從革：其他迹事無考。

[8]楠字才美，進士，高平人：才美，按李俊民《莊靖集》卷八《題登科記後》，承安五年（1200）庚申四月十二日經義榜，"趙楠，字庭幹，年二十四，澤州高平"。與此異。高平，縣名。治所在今山西省高平市。

耿端義字忠嗣，博州博平人。[1]大定二十八年進士。調滑州軍事判官，[2]歷上洛縣令，[3]安化、順義軍節度判官，[4]補尚書省令史，除汾陽軍節度副使，[5]改都轉運司户籍判官，[6]轉太常博士，[7]遷太常丞兼祕書郎，[8]再除左司員外郎，[9]歷太常少卿兼吏部員外郎，[10]同修國史，户部郎中，[11]河北東路按察副使，同知東平府事，[12]充山東安撫使。[13]宣宗判汾陽軍，是時端義爲副使。宣宗即位，召見，訪問時事，遷翰林侍講學士兼户部侍郎，[14]未幾，拜參知政事。

[1]博州：治所在今山東省聊城市。　博平：縣名。治所在今山東省聊城市北。

[2]滑州軍事判官：《百官志》州官條下僅有"判官"一職，職掌又與軍事無關，但《金史》中軍事判官極爲常見，很少見州判官。是《百官志》脱"軍事"二字，還是傳記記載有誤，很難定奪。判官掌簽判州事，專管通檢推排簿籍。從八品。滑州治所在今河南省滑縣東。

[3]上洛縣：治所在今陝西省商洛市。

[4]安化軍：州軍名。治所在今山東省諸城市。　順義軍：州軍名。治所在今山西省朔州市。　節度判官：掌紀綱節鎮衆務、僉判兵馬之事，兼判兵、刑、工案事。正七品。

［5］汾陽軍：州軍名。治所在今山西省汾陽市。

［6］都轉運司户籍判官：都轉運司屬官。專管拘收徵克等事。正員二人，從六品。

［7］太常博士：太常寺屬官。掌檢討典禮。正員二人，正七品。

［8］太常丞：太常寺屬官。掌禮樂、郊廟、社稷、祠祀之事。正六品。　祕書郎：秘書監屬官。掌經籍圖書。正員二人，正七品。

［9］左司員外郎：尚書省左司屬官。掌本司奏事，總察吏、户、禮三部受事付事，兼帶修起居注官。正六品。

［10］太常少卿：太常寺屬官。正五品。　吏部員外郎：吏部屬官。正員四人，分判曹務及參議事，掌文武選、流外選用、官吏差使行止名簿、封爵制誥，以及掌勛級酬賞、承襲用廕、循選、致仕、考課、議謚之事。從六品。

［11］户部郎中：户部屬官。正員三人。一員掌户籍、物力、鹽鐵、酒麯、礦冶、榷場、市易等事；一員掌度支、國用、俸禄錢帛、貢賦、租税、積貯、度量衡等事。從五品。

［12］東平府：山東西路路治府，治所在今山東省東平縣。

［13］山東安撫使：安撫司屬官。掌鎮撫人民、譏察邊防軍旅、審録重刑事，勸農桑。

［14］户部侍郎：户部屬官。户部尚書的副佐。正員二人，正四品。

貞祐二年，中都被圍，將帥皆不肯戰。端義奏曰："今日之患，衛王啓之。士卒縱不可使，城中軍官自都統至謀克不啻萬餘，遣此輩一出，或可以得志。"議竟不行。中都解圍，端義請遷南京。既而僕散端三表皆言遷都事，宣宗意遂决。是歲，薨。宣宗輟朝，賻贈甚厚，遣使祭葬。

李英字子賢，其先遼陽人，[1]徙益都。中明昌五年進士第，[2]調淳化主簿、[3]登州軍事判官、[4]封丘令。[5]丁父憂，服除，調通遠令。[6]蕃部取民物不與直，攝之不時至，即掩捕之，論如法。補尚書省令史。

[1]遼陽：府名。東京路路治府，治所在今遼寧省遼陽市。

[2]明昌：金章宗年號（1190—1196）。

[3]淳化：縣名。治所在今陝西省淳化縣。

[4]登州：治所在今山東省蓬萊市。

[5]封丘：縣名。治所在今河南省封丘縣。

[6]通遠：縣名。治所在今甘肅省環縣。

大安三年，集三品以上官議兵事，英上疏曰："軍旅必練習者，术虎高琪、烏古孫兀屯、[1]納蘭佖頭、[2]抹撚盡忠先朝嘗任使，可與商略。餘者紛紛，恐誤大計。"又曰："比來增築城郭，修完樓櫓，事勢可知。山東、河北不大其聲援，則京師爲孤城矣。"不報。除吏部主事。[3]

[1]烏古孫兀屯：女真人。本書卷一二一有傳。

[2]納蘭佖頭：女真人。曾任統兵官萬户。

[3]吏部主事：吏部屬官。掌受事付事，檢勾稽失省署文牘，兼知本部宿直，檢校架閣。正員二人，從七品。熙宗皇統四年（1144）主事始用漢族士人。世宗大定三年（1163）用進士，非特旨不得擬用吏人。章宗承安五年（1194）增女真主事一人。

貞祐初，攝左司都事，[1]遷監察御史。[2]右副元帥术虎高琪辟爲經歷官，乃上書高琪曰：“中都之有居庸，猶秦之崤、函，[3]蜀之劍門也。[4]邇者撤居庸兵，我勢遂去。今土豪守之，朝廷當遣官節制，失此不圖，忠義之士，將轉爲他矣。”又曰：“可鎮撫宣德、德興餘民，[5]使之從戎。所在自有宿藏，足以取給，是國家不費斗粮尺帛，坐收所失之關隘也。居庸咫尺，都之北門，而不能衛護，英實恥之。”高琪奏其書，即除尚書工部員外郎，[6]充宣差都提控，居庸等關隘悉隸焉。

[1]左司都事：尚書省左司屬官。掌本司受事付事，檢勾稽失，省署文牘，兼知省内宿直檢校架閣等事。正員二人，正七品。

[2]監察御史：御史臺屬官。掌糾察内外官員非違之事。正員十二人，正七品。

[3]崤、函：崤，山名。又稱崤陵，在今河南省洛寧縣西北。函，即函谷關，在今河南省靈寶縣南。

[4]劍門：關名。在今四川省劍閣縣北。

[5]德興：府名。治所在今河北省涿鹿縣。

[6]工部員外郎：工部屬官。佐掌修造營建法式、諸作工匠、屯田、山林川澤之禁、江河堤岸、道路橋梁之事。從六品。

二年正月，乘夜與壯士李雄、郭仲元、郭興祖等四百九十人出城，[1]緣西山進至佛巖寺。[2]令李雄等下山招募軍民，旬日得萬餘人。擇衆所推服者領之，詭稱土豪，時時出戰。被創，召還。遷翰林待制，因獻十策，[3]其大概謂：“居中土以鎮四方，委親賢以守中都，立藩屏以固關隘，集人力以防不虞，養馬力以助軍威，愛禾稼以結民心，明賞罰以勸百官，選守令以復郡縣，并州縣以省民力。”頗施行之。

[1]李雄：金衛紹王大安年間募兵抗蒙。　郭仲元：金宣宗貞祐三年（1215）賜姓完顏，又稱完顏仲元。本書卷一〇三有傳。郭興祖：其他事迹無考。

[2]西山：山名。在今北京市西。　佛巖寺：佛寺名稱。

[3]因獻十策：其下所舉僅有九策。

宣宗南遷，與左諫議大夫把胡魯俱爲御前經歷官。[1]詔曰："扈從軍馬，朕自總之，事有利害，可因近侍局以聞。”宣宗次真定，以英爲國子祭酒，[2]充宣差提控隴右邊事。[3]無何，召爲御史中丞。英言："兵興以來，百務皆弛，其要在于激濁揚清，獎進人材耳。近年改定四善、二十七最之法，徒爲虚文。大定間，數遣使者分道考察廉能，當時號爲得人。願改前日徒設之文，遵大定已試之效，庶幾人人自勵，爲國家用矣。”宣宗嘉納之。

[1]左諫議大夫：諫院長官。正四品。　把胡魯：女真人。本書卷一〇八有傳。

[2]國子祭酒：國子監長官。掌學校。正四品。

[3]隴右：指隴山以西至黄河以東地。

自兵興以來，亟用官爵爲賞，程陳僧敗官軍于龕谷，[1]遣僞統制董九招西關堡都統王狗兒，[2]狗兒立殺之。詔除通遠軍節度使，加榮禄大夫，[3]賜姓完顏氏。英言："名器不可以假人，上恩以難得爲貴。比來醲於用賞，實駭聞聽。帑藏不足，惟恃爵命，今又輕之，何以使人？伏見蘭州西關堡守將王狗兒向以微勞，既蒙甄録，頃者堅守關城，誘殺賊使，論其忠節，誠有可嘉。若官之五品，命以一州，亦無負矣。急於勸獎，遂擢節鉞，加階二品，賜以國姓，若取蘭州，又將何以待之？陝西名將項背相望，曹記僧、包長壽、東永昌、徒單醜兒、郭禄大皆其著者。[4]狗兒藐然賤卒，一朝處衆人之右，爲統領之官，恐衆望不厭，難得其死力。”宣宗以英奏示宰臣。宰臣奏：“狗兒奮發如此，賞以異恩，殆不爲過。”上然其言。

[1]程陳僧：爲蘭州譯人，金宣宗貞祐二年（1214）十一月叛入夏，從此金朝連歲與夏交兵。　龕谷：縣名。治所在今甘肅省榆中縣南。

[2]董九：其他事迹無考。　西關堡：地名。在今甘肅省蘭州境内。　都統：統兵官。　王狗兒：即完顔狗兒。

[3]榮禄大夫：文散官。從二品下階。

[4]曹記僧：曾任河州提控。　包長壽：宣宗貞祐三年（1215）賜姓烏古論，又稱烏古論長壽。本書卷一〇三有傳。　東永昌：宣宗貞祐三年賜姓温敦，又稱温敦永昌，曾任通遠軍節度副使。　徒單醜兒：曾任都統。　郭禄大：宣宗興定年間賜姓顔盞，又稱顔盞禄大，以功遥授同知平凉府事兼會州刺史。

中都久圍，丞相承暉遣人以礬寫奏告急。詔元帥右監軍永錫、左都監烏古論慶壽將兵，[1]英收河間清、滄義軍自清州督粮運救中都。[2]英至大名，得兵數萬，馭衆素無紀律。貞祐三年三月十六日，英被酒，與大元兵遇于霸州北，大敗，盡失所運粮。英死，士卒殲焉。慶壽、永錫軍聞之，皆潰歸。五月，中都不守，宣宗猶加恩，贈通奉大夫，[3]謚剛貞，官護葬事，録用其子云。

[1]詔元帥右監軍永錫：按本卷《承暉傳》，“詔元帥左監軍永錫將中山、真定兵……救中都”。又本卷《孛术魯德裕傳》，“詔發河北兵救中都。凡真定、中山、保、涿等兵，元帥左監軍永錫將之”，皆作“左監軍”，與此異。

[2]河間：府名。河北東路路治府，治所在今河北省河間市。義軍：金末招募而成的軍隊，主要由漢人組成。

[3]通奉大夫：文散官。從三品中階。

孛术魯德裕本名蒲剌都，隆安路猛安人。[1]補樞密院、尚書省令史，[2]右三部檢法、[3]監察御史，遷少府監丞。[4]明昌末，修北邊壕塹，[5]立堡塞，以勞進官三階，授大理正。[6]丁母憂，起復廣寧治中，[7]歷順州、濱州刺史。[8]坐前在順州市物虧直，遇赦，改刺滳州，[9]累官北京路按察使、太子詹事、[10]元帥左都監，遷左監軍兼臨潢府路兵馬都總管。[11]坐士馬物故多，及都統按帶私率官兵救護家屬，[12]德裕蔽之，御史劾奏逮獄。遇赦，謫寧海州刺史，[13]稍遷泗州防禦使、[14]武勝軍節度使。[15]

[1]隆安路：爲隆安府之異稱，國初爲黄龍府路，治所在今吉林省農安縣。

[2]樞密院、尚書省令史：樞密院與尚書省下屬吏員。

[3]右三部檢法：右三部檢法司屬官。掌披詳法狀。正員二十二人，從八品。

［4］少府監丞：少府監屬官。掌邦國百工營造之事。正員二人，從六品。

［5］北邊壕塹：指金朝在北部州縣緣邊，爲防禦北方游牧民族的擄掠而修築的界壕。

［6］大理正：大理寺屬官。正六品。

［7］廣寧治中：治中，不見《百官志》記載。金世宗後期，逐漸以治中取代府少尹，掌通判府事，當與少尹同。正五品。廣寧，府名。治所在今遼寧省北寧市。

［8］順州：治所在今北京市順義區。　濱州：治所在今山東省濱州市。

［9］瀋州：治所在今遼寧省瀋陽市。

［10］太子詹事：東宮屬官。掌總統東宫内外庶務。從三品。

［11］臨潢府路兵馬都總管：一路最高軍政長官，掌統諸城隍兵馬甲仗，總判府事。正三品。

［12］按帶：女真人。姓完顔氏。其他事迹無考。

［13］寧海州：治所在今山東省烟臺市牟平區。

［14］泗州防禦使：州長官。掌一州軍、政事務。從四品。

［15］武勝軍：州軍名。治所在今河南省鄧州市。

貞祐二年，改知臨洮府事，兼陝西路副統軍。召爲御史中丞，拜參知政事兼簽樞密院事，行省大名。詔發河北兵救中都。凡真定、中山、保、涿等兵，元帥左監軍永錫將之，大名、河間、清、滄、觀、霸、河南等兵，[1]德裕將之，并護清、滄粮運。德裕不時發。及李英至霸州兵敗，粮盡亡失，坐弛慢兵期，責授沂州防禦使，[2]尋知益都府事。興定元年二月，卒。

[1]觀州：原爲景州，金衛紹王大安年間更名爲觀州，治所在今河北省東光縣。

[2]沂州：治所在今山東省臨沂市。

烏古論慶壽，河北西路猛安人，由知把書畫充奉御，[1]除近侍局直長，再轉本局使。禦邊有勞，進一階，賜金帶。泰和四年，遷本局提點。是時，議開通州漕河，詔慶壽按視。漕河成，賜銀一百五十兩、重幣十端。

[1]知把書畫：官名。當爲秘書監下屬書畫局的吏員。

泰和六年，伐宋，從右副元帥完顏匡出唐、鄧，[1]爲先鋒都統，賜御弓二。以騎兵八千攻下棗陽。[2]頃之，完顏匡軍次白虎粒，[3]遣都統完顏按帶取隨州，[4]遣慶壽以兵五千扼赤岸，[5]斷襄漢路。[6]行與宋兵遇，斬首五百級，宋隨州將雷太尉遁去，[7]遂克隨州。於是宋鄧城、樊城戍兵皆潰，[8]遂與大軍渡漢江，[9]圍襄陽。[10]元帥匡表薦慶壽謀略出衆。上嘉之，進一官，遷拱衛直都指揮使，[11]提點如故。

[1]完顏匡：女真人。本書卷九八有傳。

[2]棗陽：宋州軍名。治所在今湖北省棗陽市。

[3]白虎粒：地名。具體不詳。

[4]隨州：南宋州名。治所在今湖北省隨州市。

[5]赤岸：地名。赤岸在江蘇省南京市六合區西南六十里。《中國歷史地圖集》置赤岸於錢塘東北。待考。

[6]襄漢：指今湖北一帶地區。

[7]雷太尉：宋人。其他事迹不詳。

[8]鄧城：宋地名。在今湖北省襄樊市北。　樊城：宋地名。在今湖北省襄樊市。

[9]漢江：即今流經湖北省的漢水。

[10]襄陽：宋府名。治所在今湖北省襄樊市。

[11]拱衛直都指揮使：宣徽院下屬拱衛直使司屬官。掌總統本直，謹嚴儀衛。從四品。

初，慶壽上書云："汝州襄城縣去汝州遠於許州兩舍，[1]請割隸許州便。"尚書省議："汝州南有鴉路舊屯四千，[2]其三千在襄城，今割襄隸許州，道里近便，仍食用解鹽，[3]其屯軍三千，依舊汝州總押。"從之。八年，罷兵，遷兩階，賜銀二百五十兩、重幣十端。有疾，賜御藥。衛紹王即位，改左副點檢、近侍局如故。未幾，坐與黄門李新喜題品諸王，免死除名。久之，起爲保安州刺史，[4]歷同知延安府，西北、西南招討副使，[5]棣州防禦使，[6]興平軍節度使。[7]

[1]襄城縣：治所在今河南省襄城縣。

[2]鴉路：地名。不能確指。

[3]解鹽：即解州鹽使司，在今山西省運城市西南解縣。

[4]保安州：治所在今陝西省志丹縣。

[5]西北、西南路：地區級路名。隸屬於西京路，西北路治所在今内蒙古自治區錫林郭勒盟正藍旗，西南路治所在今内蒙古自治區呼和浩特市東，大定八年（1168）遷至山西省應縣。

[6]棣州：治所在今山東省惠民縣北。

[7]興平軍：州軍名。治所在今河北省盧龍縣。

貞祐二年，遷元帥右都監，以保全平州功進官五階，[1]賜金吐鶻、重幣十端。頃之，宣宗遷汴，改右副點檢兼侍衛親軍副都指揮使。[2]閲月，知大興府事。未行，改左副點檢兼親軍副都指揮。數月，知彰德府事。[3]三年，中都危急，改元帥左都監，將大名兵萬八千、西南路步騎萬一千、河北兵一萬救中都。次霸州北，兵潰。頃之，中都不守，改大名府權宣撫使。未幾，知河中府，權河東南路宣撫副使。四年，遷元帥右監軍兼陝西統軍使。[4]駐兵延安，敗夏人于安塞堡。[5]戰于鄜州之倉曲谷，有功。[6]

[1]平州：治所在今河北省盧龍縣。

[2]右副點檢兼侍衛親軍副都指揮使：殿前都點檢司屬官，例兼侍衛親軍副都指揮使。從三品。

[3]彰德府：治所在今河南省安陽市。

[4]遷元帥右監軍兼陝西統軍使：按本書卷一四《宣宗紀上》，貞祐四年（1216）八月，“夏人入安塞堡，元帥左監軍烏古論慶壽遣軍敗之”。又卷一三四《西夏傳》，貞祐四年八月，“左監軍烏古論慶壽敗夏兵于安塞堡”。與此異。

[5]安塞堡：地名。在今陝西省安塞縣北。

[6]鄜州：治所在今陝西省富縣。　倉曲谷：地名。具體地點不詳。

興定元年，與簽樞密院事完顏賽不經略伐宋，敗宋兵于泥河灣石壕村，[1]斬首三千級，獲馬四百匹、牛三百頭，器械稱是。復破宋兵七千於樊城縣。既而，以軍士多被傷，奏不以實，詔有司鞫問，已而釋之。歷鎮南、集慶軍節度使，[2]卒。

[1]泥河灣石壕村：地名。按河北省宣化縣有泥河，自關子口西南流與洋河合。石壕鎮在河南陝縣西南七十里。但從金宋作戰的地理方位上看，似乎當在樊城縣一帶。其詳待考。

[2]鎮南軍：州軍名。治所在今河南省汝南市。　集慶軍：州軍名。治所在今安徽省亳州市。

贊曰：承暉守中都期年，相爲存亡，臨終就義，古人所難也。大抵宣宗既遷，則中都必不能守，[1]中都不守，則土崩之勢決矣。僕散端、耿端義似忠而實愚，抹撚盡忠委中都，庸何議焉。高琪忌承暉成功，孛术魯德裕緩師期，姦人之黨，於是何誅。李英被酒敗軍，雖死不能贖也。烏古論慶壽無罰，貞祐之刑政，從可知矣。

[1]大抵宣宗既遷，則中都必不能守："則"，南監本、北監本、殿本、局本並作"汴"。《金史校勘記》認爲"殿是"。若從"汴"，即"大抵宣宗既遷汴，中都必不能守"，文義亦通。

金史　卷一〇二

列傳第四十

僕散安貞　田琢　完顏弼　蒙古綱　必蘭阿魯帶

僕散安貞本名阿海，以大臣子充奉御。[1]父揆，[2]尚韓國公主，[3]鄭王永蹈同母妹也。[4]永蹈誅，安貞罷歸，召爲符寶祇候。[5]復爲奉御，尚邢國長公主，[6]加駙馬都尉，[7]襲胡土愛割蠻猛安。[8]歷尚衣直長、[9]御院通進、[10]尚藥副使。[11]丁母憂，起復，轉符寶郎，[12]除同知定海軍節度使事。[13]歷邳、淄、涿州刺史，[14]拱衛直都指揮使。[15]貞祐初，[16]改右副點檢兼侍衛親軍副都指揮使，[17]遷元帥左都監。[18]二年，中都解嚴，[19]河北州郡未破者惟真定、大名、東平、清、沃、徐、邳、海州而已。[20]朝廷遣安貞與兵部尚書裴滿子仁、[21]刑部尚書武都分道宣撫。[22]於是除安貞山東路統軍、安撫等使。[23]

[1]奉御：近侍局屬吏。舊稱入寢殿小底，大定十二年

（1172）更此名，共十六員。

［2］僕散揆：女真人。本書卷九三有傳。

［3］韓國公主：公主封號。完顏氏，世宗女。

［4］鄭王：封爵名。大定格，次國封號第二位。　永蹈：女真人。世宗之子，完顏氏。本書卷八五有傳。

［5］符寶祇候：殿前都點檢司屬吏。掌御寶及金銀等牌。

［6］邢國長公主：皇帝的姐妹封長公主。完顏氏，具體不詳。

［7］駙馬都尉：尚公主者多授此官，無具體職掌。正四品。

［8］胡土愛割蠻猛安：女真地方行政建置長官名，又是女真世爵名。此處當爲女真行政長官猛安，具有政治、軍事、生産多種職掌。熙宗以後，猛安相當於防禦州，長官相當於防禦使，從四品，爲世襲職。胡土愛割蠻又作胡土靄哥蠻，即卷二四三《地理志》上京路會寧府條下的“忽土皚葛蠻”，位於今吉林省松原市拉林河西石碑崴子地方。其後遷至中都路，具體位置無考。

［9］尚衣直長：尚衣局屬官。管理御用衣服、冠帶等事。正八品。

［10］御院通進：宣徽院閤門屬官。掌諸進獻禮物及薦享編次位序。正員四人，從七品。

［11］尚藥副使：尚藥局屬官。掌進湯藥茶果。從六品。

［12］符寶郎：殿前都點檢司屬官。掌御寶及金銀等牌。正員四人。

［13］同知定海軍節度使事：州軍官名。通判節度使事。正五品。定海軍，州軍名。治所在今山東省萊州市。

［14］邳、淄、涿州刺史：州長官。掌一州財政訴訟、宣導風俗等各種政務，獨不領兵。正五品。邳州治所在今江蘇省邳州市。淄州治所在今山東省淄博市南。涿州治所在今河北省涿州市。

［15］拱衛直都指揮使：宣徽院下屬拱衛直使司屬官。掌總統本直，謹嚴儀衛。從四品。

［16］貞祐：金宣宗年號（1213—1217）。

[17]右副點檢兼侍衛親軍副都指揮使：殿前都點檢司屬官，例兼侍衛親軍副都指揮使。掌宫掖及行從。從三品。

[18]元帥左都監：元帥府屬官。掌征討之事。正三品。

[19]中都：都名。金海陵王貞元元年（1153）至金宣宗貞祐二年（1214）爲金朝的國都，治所在今北京市。

[20]真定：府名。河北西路路治府，治所在今河北省正定縣。　大名：府名。大名府路路治府，治所在今河北省大名縣。　東平：府名。山東西路路治府，治所在今山東省東平縣。　清：州名。治所在今河北省青縣。　沃：州名。治所在今河北省趙縣。　徐：州名。治所在今江蘇省徐州市。　海：州名。治所在今江蘇省連雲港市西。

[21]兵部尚書：兵部長官。佐掌兵籍、軍器、城隍、鎮戍、厩牧、鋪驛、車輅、儀仗、郡邑圖志、險阻、障塞、遠方歸化之事。正三品。　裴滿子仁：女真人。其他事迹不詳。

[22]刑部尚書：刑部長官。總掌律令、刑名、赦詔、懲没、官吏改正，以及宫、監户（官奴婢口）、良賤身份訴訟、功賞捕亡等諸種事務。正三品。　武都：本書卷一二八有傳。

[23]山東路統軍、安撫等使：統軍使掌督領軍馬，鎮守邊陲，分營衛，視察奸。正三品。安撫使掌節制兵馬，鎮撫人民，譏察邊防軍旅，審録重刑，勸農桑。從一品。山東路統軍司治於益都府，在今山東省青州市。

初，益都縣人楊安國自少無賴，[1]以鬻鞍材爲業，市人呼爲“楊鞍兒”，遂自名楊安兒。泰和伐宋，[2]山東無賴往往相聚剽掠，詔州郡招捕之。安兒降，隸諸軍，累官刺史、防禦使。[3]大安三年，[4]招鐵瓦敢戰軍得千餘人，[5]以唐括合打爲都統，[6]安兒爲副統，[7]戍邊。至鷄鳴山不進。[8]衛紹王驛召問狀。[9]安兒乃曰：“平章、參政軍數十萬在前，[10]無可慮者。屯駐鷄鳴山所以備間道透漏者耳。”朝廷信其言。安兒乃亡歸山東，與張汝楫聚黨攻劫州縣，[11]殺略官吏，山東大擾。

[1]益都縣：益都府治縣，治所在今山東省青州市。　楊安國：又作楊安兒、楊鞍兒，爲山東農民起義軍首領。

[2]泰和：金章宗年號（1201—1208）。　宋：指南宋（1127—1279）。

[3]防禦使：州長官。掌一州軍、政事務。從四品。

[4]大安：金衛紹王年號（1209—1211）。

[5]鐵瓦敢戰軍：金朝招募的軍隊，當屬義軍的一種。

[6]唐括合打：女真人。其他事迹不詳。　都統：統領兵馬的軍官之一。

[7]副統：統領兵馬的軍官之一。

[8]鷄鳴山：在今河北省涿鹿縣境内。

[9]衛紹王：封號。即完顔興勝，漢名允濟，章宗時避顯宗允恭諱，詔改爲永濟。金朝第七任皇帝。1209年至1213年在位。

[10]平章：即平章政事，尚書省屬官。金代宰相成員之一，丞相的副佐，掌丞天子，平章萬機。正員二人，從一品。　參政：即參知政事，尚書省屬官。宰相之貳，佐治尚書省事。正二品。

[11]張汝楫：山東農民起義軍將領之一。

安貞至益都，[1]敗安兒于城東。安兒奔萊陽。[2]萊州徐汝賢以城降安兒，[3]賊勢復振。登州刺史耿格開門納僞鄒都統，[4]以州印付之，郊迎安兒，發帑藏以勞賊。安兒遂僭號，置官屬，改元天順，凡符印詔表儀式皆格草定，遂陷寧海，[5]攻濰州。[6]僞元帥方郭三據密州，[7]

略沂、海。[8]李全略臨朐，[9]扼穆陵關，[10]欲取益都。安貞以沂州防禦使僕散留家爲左翼，[11]安化軍節度使完顔訛論爲右翼。[12]

[1]益都：府名。山東東路路治府。

[2]萊陽：縣名。治所在今山東省萊陽市。

[3]萊州：治所在今山東省萊州市。　徐汝賢：其後成爲農民起義軍重要將領之一。

[4]登州：治所在今山東省蓬萊市。　耿格：其後成爲農民起義軍重要將領之一。　鄒都統：僅存姓，名不詳。其他事迹無考。

[5]寧海：州名。治所在今山東省烟臺市東南牟平區。

[6]濰州：治所在今山東省濰坊市。

[7]僞元帥方郭三據密州："方郭三"，原作"郭方三"。據下文作"方郭三"。又本書卷一二二《時茂先傳》亦作方郭三。中華點校本乙正。今從之。方郭三，楊安兒農民起義軍的重要將領之一。密州治所在今山東省諸城市。

[8]沂：州名。治所在今山東省臨沂市。

[9]李全：金末山東濰州一帶農民起義軍的首領。金宣宗興定二年（1218）歸宋後仍堅持反金，後來發展爲一地方割據勢力，後投降蒙古。見《宋史》卷四七六《李全傳》，《齊東野語》卷九《李全》。　臨朐：縣名。治所在今山東省臨朐縣。

[10]穆陵關：地名。今山東省臨朐縣南一百里大峴山上，一名破東峴。又今山東省安丘市西南有穆陵鎮，穆陵關或在其附近。待考。

[11]僕散留家：女真人。其他事迹不詳。

[12]安化軍節度使：州軍官名。總管一州軍政事務，掌鎮撫諸軍防刺，總判本鎮兵馬之事，兼本州管内觀察使事。從三品。安化軍，州軍名。治所在今山東省諸城市。　完顔訛論：女真人。金宣

宗興定年間爲河南唐、鄧行元帥府長官。

七月庚辰，安貞軍昌邑東，[1]徐汝賢等以三州之衆十萬來拒戰。自午抵暮，轉戰三十里，殺賊數萬，獲器械不可勝計。壬午，賊棘七率衆四萬陣于辛河。[2]安貞令留家由上流膠西濟，[3]繼以大兵，殺獲甚衆。

[1]昌邑：縣名。治所在今山東省昌邑市。

[2]棘七：楊安兒農民起義軍的重要將領之一。　辛河：水名。今山東省臨淄縣東南有大辛河。

[3]膠西：縣名。治所在今山東省膠州市。

甲申，安貞軍至萊州，僞寧海州刺史史潑立以二十萬陣于城東。[1]留家先以輕兵薄賊，諸將繼之，賊大敗，殺獲且半，以重賞招之，不應。安貞遣萊州黥卒曹全、張德、田貴、宋福詐降于徐汝賢以爲内應。[2]全與賊西南隅戍卒姚雲相結，[3]約納官軍。丁亥夜，全縋城出，[4]潛告留家。留家募勇敢士三十人從全入城，姚雲納之，大軍畢登，遂復萊州，斬徐汝賢及諸賊將以徇。安兒脱身走，訛論以兵追之。耿格、[5]史潑立皆降。留家略定膠西諸縣，宣差伯德玩襲殺方郭三，[6]復密州。餘賊在諸州者皆潰去。安兒嘗遣梁居實、[7]黄縣甘泉鎮監酒石抹充浮海赴遼東構留哥，[8]已具舟，皆捕斬之。

[1]史潑立：楊安兒農民起義軍的重要將領之一。

[2]曹全、張德、田貴、宋福：其他事迹不詳。

[3]姚雲：其他事迹不詳。

[4]縋城：用繩懸人，使從城牆上縋下。

[5]耿格：原作“耿略”。南監本、北監本、殿本、局本並作“耿格”。按本卷上下文及本書卷一四《宣宗紀上》亦皆作“耿格”。今據改。

[6]伯德玩：其時官職爲宣差提控、少府少監。

[7]梁居實：其他事迹無考。

[8]黄縣甘泉鎮監酒：酒使司屬官。掌監知人户釀造麴酒，辦課以佐國用。官品不詳。黄縣治所在今山東省龍口市。甘泉鎮，地名。在黄縣境内。　石抹充：契丹人。其他事迹不詳。　留哥：契丹人。姓耶律，又作移剌。爲北邊千户，衛紹王崇慶元年（1212）在東北叛金降蒙。翌年三月，被推爲遼王，建元天統，定都咸平（今遼寧省開原市老城），後歸降蒙古。《元史》卷一九有傳。

十一月戊辰，曲赦山東，除楊安兒、耿格及諸故官家作過驅奴不赦外，劉二祖、張汝楫、李思温及應脅誘從賊，[1]并在本路自爲寇盜，罪無輕重，並與赦免。獲楊安兒者，官職俱授三品，賞錢十萬貫。十二月辛亥，[2]耿格伏誅，妻子皆遠徙。諸軍方攻大沬堌，[3]赦至，宣撫副使、知東平府事烏林荅與即引軍還。[4]賊衆乘之，復出爲患。詔以陝西統軍使完顔弼知東平府事，[5]權宣撫副使。其後楊安兒與汲政等乘舟入海，[6]欲走岠嵎山。[7]舟人曲成等擊之，[8]墜水死。

[1]劉二祖：金末山東泰安一帶農民起義軍的首領。　張汝楫、李思温：劉二祖農民起義軍的重要將領。

[2]十二月辛亥：本書卷一四《宣宗紀上》，繫此事於貞祐二

年（1214）十二月乙卯。

[3]大沫堌：地名。在南京路宿州，今安徽省宿州市一帶，具體不能確指。

[4]宣撫副使：宣撫司屬官。掌節制兵馬、鎮撫人民、譏察邊防軍旅、審録重刑事，勸農桑。從三品。　知府事：知府事一職，本書《百官志》不載。世宗大定年間始設，官品高於同知，或低於府尹。章宗朝及以後，不授府尹，以知府事代之，掌宣風導俗，肅清所部，總判府事。官品或與府尹同，正三品。　烏林荅與：女真人。本書卷一〇四有傳。

[5]陝西統軍司：官署名。金代設有河南、陝西、山東三個統軍司，分統駐守中原邊地的軍隊。陝西路統軍司置於京兆府，治所在今陝西省西安市。　完顏弼：女真人。本卷有傳。

[6]汲政：其他事迹無考。

[7]岠嵎山：在今山東省棲霞縣北。

[8]曲成：其他事迹無考。

三年二月，安貞遣提控紇石烈牙吾塔破巨蒙等四堌，[1]及破馬耳山，[2]殺劉二祖賊四千餘人，降餘黨八千，擒僞宣差程寬、[3]招軍大使程福，[4]招降脅從百姓三萬餘人。安貞遣兵會宿州提控夾谷石里哥同攻大沫堌，[5]賊千餘逆戰。石里哥以騎兵擊之，盡殪。提控没烈奪其北門以入，[6]别軍取賊水寨，諸軍繼進，殺賊五千餘人。劉二祖被創，獲之，及僞參謀官崔天祐，[7]楊安兒僞太師李思温。[8]餘衆保大小峻角子山，[9]前後追擊，殺獲以萬計，斬劉二祖。詔遷賞没烈等有差。詔尚書省曰："山東東、西路賊黨猶嘯聚作過者，[10]詔書到日，並與免罪，各令復業。在處官司盡心招撫，優加存卹，無令失所。”十月，安貞遷樞密副使，[11]行院于徐州。[12]

［1］提控：金元時對管事人或衙役的稱呼，金末多是領兵官。　紇石烈牙吾塔：女真人。本書卷一一一有傳。　巨蒙：地名。當在今山東省諸城市一帶。

［2］馬耳山：在今山東省諸城市南。

［3］宣差：爲起義軍首領臨時任命的官職。　程寬：其他事迹無考。

［4］招軍大使：爲起義軍設的官職。　程福：其他事迹無考。

［5］宿州：治所在今安徽省宿州市。　夾谷石里哥：女真人。本書卷一〇三有傳。

［6］没烈：女真人。即完顔惟鎔，本名没烈。本書卷六五有傳。

［7］參謀官：爲農民起義軍設的官職。　崔天佑：本書僅一見，其他事迹無考。

［8］太師：爲楊安兒起義軍中地位較高的官職。

［9］大小峻角子山：當在山東境内，不能確指。

［10］山東東、西路：地方最高行政區劃名。山東東路治所在今山東省青州市，山東西路治所在今山東省東平縣。

［11］樞密副使：樞密院屬官。佐掌國家軍務機密之事。從二品。

［12］行院：行樞密院長官。金章宗承安年間在與西北游牧民族的戰争中，始置行樞密院。衛紹王大安三年（1211）金蒙交戰，金宣宗貞祐二年（1214）遷都南京（今河南省開封市），戰火逐漸擴展到金朝各地，貞祐三年後於各主要戰略要地皆置行樞密院，以節制各地兵馬。此爲臨時官職，一般以他官兼之。

四年二月，楊安兒餘黨復擾山東。詔安貞與蒙古綱、[1]完顔弼以近詔招之。五月，安貞遣兵討郝定，[2]連戰皆克，殺九萬人，降者三萬餘，郝定僅以身免。獲僞金銀牌、器械甚衆，來歸且萬人，皆安慰復業。自楊安兒、劉二祖敗後，河北殘破，干戈相尋。其黨往往復相團結，所在寇掠，皆衣紅納襖以相識别，號“紅襖賊”。[3]官軍雖討之，不能除也。大概皆李全、國用安、時青之徒焉。[4]

[1]蒙古綱：女真人。本書本卷有傳。

[2]郝定：山東兖州農民起義軍的首領，稱“大漢皇帝”，宣宗貞祐四年（1216）爲金所俘，後被殺。

[3]紅襖賊：即紅襖軍。金末活動於山東、河北、山西、河南等地的農民起義軍，以紅襖爲標識，故被稱爲“紅襖軍”。

[4]國用安：楊安兒農民起義軍的重要將領之一，後降金。本書卷一一七有傳。　時青：劉二祖農民起義軍的重要將領。後降金。本書卷一一七有傳。

興定元年十月，[1]詔安貞曰：“防河卒多老幼疲軟不勝執役之人，其令速易之。”二年十二月，[2]開封治中吕子羽等以國書議和于宋，[3]宋人不受。以安貞爲左副元帥權參知政事、行尚書省、元帥府，[4]及唐、息、壽、泗行元帥府分道各將兵三萬，[5]安貞總之，畫定期日，下詔伐宋。安貞至安豐，[6]宋兵七千拒戰，權都事完顔胡魯剌衝擊敗之，[7]追至淝水，[8]死者二千餘人。安貞至大江，乃班師。

［1］興定：金宣宗年號（1217—1222）。

［2］二年十二月："十二月"，原作"十月"，局本作"十二月"。按本書卷一五《宣宗紀中》，興定二年（1218）十二月"甲寅，以開封府治中吕子羽等使宋講和"。又卷六二《交聘表下》，興定二年"十二月甲寅，朝議乘勝與宋議和，以開封府治中吕子羽、南京路轉運副使馮璧爲詳問宋國使"。《殿本考證》據改爲"十二月"。中華點校本亦據改。今從之。

［3］開封治中：治中，不見《百官志》記載。金世宗後期，逐漸以治中取代府少尹，掌通判府事。官品當與少尹同，正五品。開封，府名。治所在今河南省開封市。　吕子羽：金宣宗興定二年（1218）金與宋議和，其爲詳問宋國使，後任陳州防禦使。

［4］以安貞爲左副元帥權參知政事、行尚書省、元帥府：按下文"唐、息、壽、泗行元帥府分道各將兵三萬，安貞總之"，疑此"元帥府"三字爲衍文。又此處脱行省地點。左副元帥，元帥府長官之一，掌征討之事。正二品。權，爲代理、攝守官職之義。行尚書省，即領行尚書省事，行尚書省長官。金章宗以來，因用兵，河防等事涉及諸路，臨時設行尚書省，爲臨時官職。金末戰事連年不斷，行省遍及全國。

［5］唐：州名。治所在今河南省唐河縣。　息：州名。治所在今河南省息縣。　壽：州名。治所在今安徽省鳳臺縣。　泗：州名。治所在今江蘇省盱眙縣北。　行元帥府：行元帥府的長官。自貞祐三年（1215）始於各主要戰場設行元帥府，以統領各地兵馬。爲臨時官職，一般以他官兼之。

［6］安豐：宋州軍名。治所在今安徽省壽縣。

［7］都事：尚書省屬官。提控架閣庫。其官品無載，本書卷五八《百官志四》記載："燕賜各部官僚以下，日給米糧分例，……監察御史、尚書省都事、大理司直、六部主事各八升。"由此推論，尚書省都事的官品當與監察御史、大理司直相當，同爲正七品。　完顔胡魯剌：女真人。哀宗朝官至郎中。

[8]淝水：河名。經今合肥市流入巢湖。

三年閏月，安貞至自軍中，入見于仁安殿。[1]胡魯剌進一階。久之，安貞燕見，奏曰："淝水之捷，胡魯剌功第一，[2]臣之兵事皆咨此人，功厚賞薄，乞加賞以勸來者。"尚書省奏：[3]"凡行省行院帥府參議左右司經歷官都事以下皆遷一官，[4]所以絶求請之路，塞姦、倖之門也。安貞之請不可從。"遂止。

[1]仁安殿：爲南京皇城内大殿。

[2]胡魯剌功第一：原脱"剌"字，南監本、北監本、殿本并有"剌"字。又本卷上文皆作"胡魯剌"。中華點校本據殿本補，從之。

[3]尚書省：官署名。海陵王正隆官制改革以後，是金朝最高權力機構。

[4]參議：爲行尚書省、行樞密院、行元帥府所屬幕僚之一。左右司：官署名。行尚書省下屬機構。分掌受事付事。 經歷官：掌出納文移。

五年，復伐宋。二月，安貞出息州，軍于七里鎮，[1]宋兵據净居山，[2]遣兵擊敗之。宋兵保山寺。縱火焚寺，乘勝追至洪門山。[3]宋兵方浚濠立栅，安貞軍亟戰，奪其栅。宋黄統制團兵五千保黄土關，[4]關絶險，素有備，堅壁不出。安貞遣輕兵分爲左右軍潛登，[5]別以兵三千直逼關門。翼日，左右軍會于山顛，俯瞰關内。宋人守關者望之，駭愕不能立。中軍急攻，宋兵潰，遂奪黄土關。遂入梅林關，[6]拔麻城縣，[7]抵大江，至黄州，[8]克之。進克蘄州，[9]前後殺略不可勝計。獲宋宗室男女七十餘口，獻之，師還。安貞每獲宋壯士，輒釋不殺，無慮數萬，因用其策，輒有功。宣宗謂宰臣曰：[10]“阿海將略固善矣，此輩得無思歸乎？南京密邇宋境，此輩既不可盡殺，安所置之？朕欲驅之境上，遣之歸如何？”宰臣不對。

[1]七里鎮：地名。當在今河南省息縣一帶。

[2]净居山：在今河南省光山縣西南四十里，山上有净居寺。

[3]洪門山：當在今河南省息縣與新縣之間的某山。

[4]黄統制：宋人。衹存姓，其他事迹不詳。　黄土關：地名。在今河南省新縣南。

[5]安貞遣輕兵分爲左右軍潛登：“潛”，原作“澄”。南監本、北監本、殿本、局本並作“潛”。中華點校本據殿本改，今從之。

[6]梅林關：地名。當在今湖北省麻城市北。

[7]麻城縣：宋縣名。治所在今湖北省麻城市。

[8]黄州：治所在今湖北省黄州市。

[9]蘄州：治所在今湖北省蘄春縣。

[10]宣宗：廟號。即完顔吾睹補，漢名珣。金朝第八任皇帝。1213 年至 1223 年在位。

六月甲寅朔，尚書省奏安貞謀叛。宣宗謂平章政事英王守純曰：[1]“朕觀此奏，皆飾詞不實，其令覆案之。”戊寅，并其二子殺之，[2]以祖忠義、[3]父揆有大功，免兄弟緣坐。詔曰：“銀青榮禄大夫、[4]左副元帥兼樞密副使、駙馬都尉僕散阿海，早藉世姻，寖馳仕軌，屬當軍旅之事，益厚朝廷之恩，爰自帥藩，擢居樞府。頃者南伐，時乃奏言，是俾行鱗介之誅，而盡露梟獍之狀。二城雖得，多罪稔彰，念勝負之靡常，肯刑章之輕用。始自晝因粮之計，乃更嚴横斂之期，督促計司，雕弊民力，信其私意，或失防秋。顧利害之實深，尚優容而弗問。頃因近侍，悉露姦謀，蓋虞前後罪之上聞，迺以金玉帶而夜獻。審事情之詭秘，命信臣而鞫推，迨致款詞，乃詳實狀。自以積愆之著，必非公憲所容，欲結近臣之歡心，俾伺内庭之指意，如釁端之少露，得先事而易圖。因其方握兵權，得以謀危廟祏，事或不濟，計即外奔。前日之俘，隨時誅戮，獨於宋族，曲活全門，示其悖德于敵讎，豫冀全身而納用。”

[1]英王：封爵名。明昌格，次國封號第二十八位。　守純：女真人。姓完顔氏，宣宗子。本書卷九三有傳。

[2]二子：本書卷一六《宣宗紀下》，興定五年（1221）六月“戊寅，僕散安貞坐謀反，並其三子皆伏誅”。

[3]僕散忠義：女真人。本書卷八七有傳。

[4]銀青榮禄大夫：文散官。正二品下階。

初，安貞破蘄州，獲宋宗室不殺而獻之，遂以爲罪。安貞憂讒，以賄近侍局，[1]乃以質成其誣。安貞典兵征伐，嘗曰：“三世爲將，道家所忌。”自忠義、揆至安貞，凡三世大將焉。

[1]近侍局：官署名。隸屬殿前都點檢司，掌侍從，承勑令，轉進奏帖。

初，安貞破蘄州，所得金帛，分給將士。南京都轉運使行六部事李特立、[1]金安軍節度副使紇石烈蒲剌都、[2]大名路總管判官銀朮可因而欺隱。[3]事覺，特立當死，蒲剌都、銀朮可當杖一百除名。詔薄其罪，特立奪三官、降三等，蒲剌都、銀朮可奪兩官、降二等云。

[1]都轉運使：都轉運司屬官。掌稅賦錢穀、倉庫出納、權度量衡之制。正三品。　行六部事：行六部長官。中央尚書省六部的派出機構。金章宗以來，因用兵、河防等事涉及諸路，臨時設行六部，到金末遍布全國。　李特立：號“半截劍”，言其短小鋒利，比喻其辦事威刑有加。

[2]金安軍：州軍名。治所在今陝西省華縣。　紇石烈蒲剌都：女真人。其他事迹不詳。

[3]大名路總管判官：掌紀綱總府衆務，分判兵案之事。從五品。　銀朮可：女真人。其他事迹不詳。

田琢字器之，蔚州定安人。[1]中明昌五年進士，[2]調寧邊、茌平主簿，[3]潞州觀察判官，[4]中都商稅副使。[5]丁父憂，起復懷安令，[6]補尚書省令史。[7]

[1]蔚州：治所在今河北省蔚縣。　定安：縣名。金宣宗貞祐二年（1214）四月升爲州，治所在今河北省蔚縣東北。

[2]明昌：金章宗年號（1190—1196）。

[3]寧邊、茌平主簿：縣令的副佐。正九品。寧邊，縣名。治所在今内蒙古自治區呼和浩特市清水河縣。茌平，縣名。治所在今山東省茌平縣。

[4]潞州觀察判官：州軍官名。掌紀綱觀察衆務，分判吏、户、

禮案事，通檢推排簿籍。正七品。據《中州集》卷八《田琢小傳》，泰和甲子，即泰和四年（1204）任此官。潞州治所在今山西省長治市。

[5]中都商税副使：諸路轉運司屬官。掌徵收商稅。官品不詳。

[6]懷安令：縣長官。掌按察所部，勸課農桑，平理獄訟，捕除盜賊，宣導風化，兼管常平倉及通檢推排簿籍等事。從七品。懷安，縣名。治所在今河北省懷安縣東南。

[7]尚書省令史：尚書省下屬吏員。

貞祐二年，中都被圍，琢請由間道往山西招集義勇，以爲宣差兵馬提控、[1]同知忠順軍節度使事，[2]經略山西。琢與弘州刺史魏用有隙，[3]琢自飛狐還蔚州，[4]用伏甲於路，將邀而殺之。琢知其謀，自别道入定安。用入蔚州，殺觀察判官李宜、[5]録事判官馬士成、[6]永興縣令張福，[7]劫府庫倉廩，以兵攻琢於定安。琢與戰，敗之。用脱身走，易州刺史蒲察縛送中都元帥府殺之。[8]

[1]宣差兵馬提控：軍官名。官品不詳。

[2]忠順軍：州軍名。治所在今河北省蔚縣。

[3]弘州：治所在今河北省陽原縣。　魏用：其他事迹不詳。

[4]飛狐：縣名。治所在今河北省淶源縣。

[5]李宜：其他事迹不詳。

[6]録事判官：諸府節鎮録事司屬官。掌平理獄訟，警察所部。正九品。　馬士成：其他事迹不詳。

[7]永興縣：治所在今河北省涿鹿縣。　張福：其他事迹不詳。

[8]易州：治所在今河北省易縣。　蒲察：女真人。名佚，其他事迹不詳。　元帥府：官屬名。海陵天德二年（1150）十二月改

制後，元帥府是國家最高軍事統帥機構，掌征討之事，兵興始置，兵罷則省。

是時，勸農副使侯摯提控紫荆等關隘，[1]朝廷聞蔚州亂，欲以摯就代琢守蔚州，令軍中推可爲管押者，即以魏用金牌佩之，以安其衆。丞相承暉奏：[2]“田琢實得軍民心，諳練山西利害，魏用將士本無勞効，以用弄兵死禍，遽爾任用，恐開倖門。”詔從之。

[1]勸農副使：勸農司屬官。掌勸課天下力田之事。正五品。侯摯：本書卷一〇八有傳。　紫荆關：地名。位於河北省易縣西。

[2]丞相：尚書省屬官。海陵正隆官制確立一省制後，是國家重要輔弼大臣。其時完顏承暉的官職爲右丞相。地位僅次於左丞相。從一品。　承暉：女真人。宗室出身，姓完顏氏。本書卷一〇一有傳。

琢至蔚州，誅與用同惡數人。募兵旬日，得二萬人。十月，琢兵敗，[1]僅以身免。招集散亡，得三萬餘，入中山界屯駐，[2]而遣沈思忠招集西京蕩析百姓，[3]得萬餘人，皆願徙河南。琢上書：“此輩與河南鎮防，往往鄉舊，若令南渡，擇壯健爲兵，自然和協，且可以招集其餘也。”從之。加沈思忠同知深州軍州事。[4]琢復遣沈思忠、宫楫招弘州、蔚州百姓，[5]得五萬餘人，可充軍者萬五千人，分屯蔚州諸隘，皆願得沈思忠爲將。詔加思忠順天軍節度副使，[6]提控弘、蔚州軍馬，宫楫副之。

［1］琢兵敗：施國祁《金史詳校》考證，是時蒙古軍攻打蔚縣、靈丘縣，田琢兵敗。

［2］中山：府名。治所在今河北省定州市。

［3］沈思忠：其他事迹不詳。

［4］同知深州軍州事：同判州事。正七品。深州治所在今河北省深州市。

［5］宫楫：其他事迹不詳。

［6］順天軍：州軍名。治所在今河北省保定市。

頃之，西山諸隘皆不能守。琢移軍沃州。沃州刺史完顔僧家奴奏：[1]"田琢軍二千五百人，官廩不足，發民窖粟猶不能贍。其中多女直人，均爲一軍，不可復有厚薄，可令於衛、輝、大名就食。"[2]制可。加琢河北西路宣撫副使，[3]遥授濬州防禦使，屯濬州。[4]琢欲陂西山諸水以衛濬州。

［1］完顔僧家奴：女真人。其後任同知平陽府事權元帥右監軍，鎮守河東。

［2］衛：州名。治所在今河南省衛輝市。　輝：州名。金宣宗貞祐三年（1215）九月升蘇門縣爲輝州，治所在今河南省輝縣市。

［3］河北西路：地方最高行政區劃名。治所在今河北省正定縣。

［4］濬州：治所在今河南省濬縣。

貞祐三年十一月，河北行省侯摯入見，奏："河北兵食少，請令琢汰遣老弱，就食歸德。"[1]琢奏："此輩嶺外失業，[2]父子兄弟合爲一軍，若離而分之，定生他變，乞以全軍南渡，或徙衛州防河。"詔盡徙屯陝。琢復奏：“臣幸徙安地，然濬乃河北要郡，今見粮可支數月，乞俟來春乃行。”數日，琢復奏：“濬不可守，惟當遷之。”宰臣劾琢前後奏陳不一，請逮鞫問。宣宗不許。

[1]歸德：府名。治所在今河南省商丘市。

[2]嶺外：或指秦嶺外，待考。

琢至陝，上書曰：“河北失業之民僑居河南、陝西，蓋不可以數計。百司用度，三軍調發，一人耕之，百人食之，其能贍乎？春種不廣，收成失望，軍民俱困，實繫安危。臣聞古之名將，雖在征行，必須屯田，趙充國、諸葛亮是也。[1]古之良吏，必課農桑以足民，黃霸、虞詡是也。[2]方今曠土多，游民衆，乞明勑有司，無蹈虛文，嚴升降之法，選能吏勸課，公私皆得耕墾。富者備牛出種，貧者傭力服勤。若又不足，則教之區種，期于盡辟而後已。官司圉牧，勢家兼并，亦籍其數而授之農民，寬其負筭，省其徭役，使盡力南畝，則蓄積歲增，家給人足，富國强兵之道也。”宣宗深然之。

[1]趙充國：西漢人。《漢書》卷六九有傳。　諸葛亮：三國蜀相。《三國志》卷三五有傳。

[2]黃霸：西漢人。治民能吏。《漢書》卷八九《循吏傳》有傳。　虞詡：東漢人。官至尚書僕射。《後漢書》卷五八有傳。

陝西元帥府請益兵，詔以琢衆與之。興定元年，朝廷易置諸將，遷山東西路轉運使。[1]二年，改山東東路轉運使，權知益都府事，行六部尚書宣差便宜招撫使。[2]李旺據膠西，[3]琢遣益都治中張林討之，[4]生擒李旺。八月，萊州經略使术虎山壽襲破李旺黨僞鄒元帥于小堌，[5]獲其前鋒于水等三十人，[6]追擊僞陳萬户，[7]斬首八百級。明日，復破之于朱寒寨。[8]膠西、高密官軍亦屢破之於諸村及海島間。[9]

[1]轉運使：轉運司屬官。掌税賦錢穀、倉庫出納、權度量衡之制。正三品。

[2]宣差便宜招撫使：臨時官職。爲招撫抗金勢力的欽差大臣。

[3]李旺：其他事迹不詳。

[4]張林：其後反金，主要事迹見於本傳。

[5]經略使：一般置於有戰事的地區，主掌抗擊敵方軍隊和收復失地。官品不詳。　术虎山壽：女真人。其他事迹不詳。　鄒元帥：爲抗金武裝的軍帥，名佚。　小堌：地名。當在膠西縣附近。

[6]于水：其他事迹不詳。

[7]陳萬户：爲抗金武裝的軍帥，名佚。萬户，金代軍官名。表明抗金武裝也采用金朝軍隊的編制。

[8]朱寒寨：地名。當在膠西一帶。

[9]高密：縣名。治所在今山東省高密市。

是月，棣州裨將張聚殺防禦使斜卯重興，[1]遂據棣州，襲濱州，其衆數千人。琢遣提控紇石烈醜漢會兵討之。[2]聚棄濱專保棣州。諸軍趣棣，聚出戰，敗之，斬首百級，生擒僞都統王仙等十三人。[3]餘衆奔潰，追及于别寨，攻拔之，聚僅以身免。遂復二州。

[1]張聚：金末農民起義軍首領。他所領導的農民起義軍是紅襖軍中重要的一支。　斜卯重興：女真人。其他事迹不詳。

[2]紇石烈醜漢：女真人。其他事迹不詳。

[3]王仙：其他事迹不詳。

李全據安丘，琢遣總領提控王政、王庭玉討之。[1]宣差提控、太府少監伯德玩率政兵攻安丘，[2]敗焉，提控王顯死之。[3]琢奏："伯德玩本相視山東山堌水寨，未嘗徧行，獨留密州，輒爲此舉，乞治其罪。"詔遣官鞫玩，會赦而止。既而昌樂縣令术虎桓都、[4]臨朐縣令兀顔吾丁、[5]福山縣令烏林荅石家奴、[6]壽光縣巡檢紇石烈醜漢破李全于日照縣，[7]琢承制各遷官一階，進職一等，詔許之。

[1]總領提控：本書卷一五《宣宗紀中》記載二人爲提控，即領兵官。　王政：其他事迹不詳。　王庭玉：原作"王庭王"，南監本、北監本、殿本、局本並作"王庭玉"，按本卷六次出現皆作"玉"，今據改。宣宗朝曾任提控、元帥右監軍行樞密院事，多次與山東農民起義軍交戰有功。金軍撤出山東後，以元帥左監軍行元帥府於河南境内黄陵崗，後又任歸德行樞密院事。

[2]太府少監：太府監屬官。掌出納邦國財用錢穀之事。從五品。

[3]王顯：其他事迹不詳。

[4]昌樂：治所在今山東省昌樂縣。　术虎桓都：女真人。其他事迹不詳。

[5]兀顔吾丁：女真人。其他事迹不詳。

[6]福山縣：治所在今山東省烟臺市西。　烏林荅石家奴：女

真人。其他事迹不詳。

［7］壽光縣巡檢：掌肅清盜賊之事。官品不詳。壽光縣治所在今山東省壽光市。　日照縣：治所在今山東省日照市。

三年，沂州注子堌王公喜構宋兵據沂州，[1]防禦使徒單福定徒跣脱走，[2]百姓潰散。琢奏："去歲顧王二嘗據沂州，[3]邳州總領提控納合六哥前爲同知沂州防禦事，[4]招集餘衆攻取之，百姓歸心。可用六哥取沂州，今方在行省侯摯麾下，乞發還，取便道進討。"制可。既而莒州提控燕寧復沂州，[5]王公喜復保注子堌。琢奏："沂州須知兵者守之。徒單福定已衰老，納合六哥善治兵，識沂形勢。"詔福定專治州事，以六哥爲沂州總領。琢奏："濰州刺史致仕獨吉世顯能招集猛安餘衆及義軍，[6]却李全，保濰州。六哥破灰山堌，[7]沂境以安。守兖州觀察判官梁昱嘗攝淄州刺史，[8]率軍民力田，徵科有度，饋餉不乏，保全淄州，土賊不敢發。前猗氏主簿張亞夫嘗權行部官，[9]主餉密州，委曲購得粮二萬斛，兵儲乃足，行至高密，徵他州兵拒李全。"詔世顯升職從四品，遥授同知海州事。[10]六哥遷一官，升一等，充沂州宣差都提控。梁昱遷一官，同知淄州事。張亞夫遷兩官，密州觀察判官。

［1］注子堌：地名。具體地點不詳。　王公喜：其他事迹不詳。

［2］徒單福定：女真人。其他事迹不詳。

［3］顧王二：其他事迹不詳。

［4］納合六哥：女真人。本書卷一五《宣宗紀中》記載興定三

年（1219），六哥任徐州總領，大敗紅襖農民起義軍於狄山。　同知防禦使：掌通判防禦使事。正六品。

[5]莒州：治所在今山東省莒縣。　燕寧：本書卷一一八有傳。

[6]獨吉世顯：女真人。其他事迹不詳。　猛安：女真地方行政設置及長官名稱。猛安相當於防禦州，長官亦稱千户。這裏指猛安謀克統轄的女真人。　義軍：金朝末年軍隊的一種，招募軍，以河北、山西、山東等地的漢人爲主。本書卷四四《兵志》曰："招募義軍名曰忠義，要皆燕、趙亡命，雖獲近用，終不可制，異時擅殺北使唐慶以速金亡者即此曹也。"

[7]灰山堌：地名。當在沂州。

[8]兖州：治所在今山東省兖州市。　梁昱：其他事迹不詳。

[9]猗氏：縣名。治所在今山西省臨猗縣。　張亞夫：其他事迹不詳。　行部官：行部屬官。行部爲行六部的簡稱。

[10]同知州事：通判州事。正七品。

初，張林本益都府卒，有復立府事之功，遂爲治中，而凶險不逞，恥出琢下。琢在山東徵求過當，頗失衆心，林欲因衆以去琢，未有間也。會于海、牟佐據萊州，[1]琢遣林分兵討之。林既得兵，伺琢出，即率衆噪入府中。琢倉猝入營，領兵與林戰，不勝，欲就外縣兵，且戰且行。至章丘，[2]兵變，求救於鄰道，不時至。東平行省蒙古綱以狀聞。宣宗度不能制林，而欲馴致之，乃遣人召琢還。行至壽張，[3]疽發背卒。

[1]于海：人名。其他事迹不詳。　牟佐：人名。其他事迹不詳。

[2]章丘：縣名。治所在今山東省章丘市。

［3］壽張：縣名。治所在今山東省梁山縣西北。

完顏弼本名達吉不，蓋州猛安人。[1]充護衛，[2]轉十人長。[3]從丞相襄戍邊，[4]功最，除同知德州防禦使事、[5]武衛軍鈐轄，[6]轉宿直將軍、[7]深州刺史。泰和六年，[8]從左副元帥完顏匡攻襄陽，[9]破雷太尉兵，[10]積功加平南盪江將軍。[11]丁母憂，起復。八年，除南京副留守、[12]壽州防禦使。大安二年，入爲武衛軍副都指揮使。三年，以本官領兵駐宣德。[13]會河之敗，[14]弼被創，馬中流矢，押軍千户夾谷王家奴以馬授弼，[15]遂得免。遷右副都點檢。

［1］蓋州：治所在今遼寧省蓋州市。

［2］護衛：有皇帝護衛、東宫護衛、妃護衛、東宫妃護衛之分，均由殿前左、右衛將軍與衛尉司掌領。選取五品至七品官子孫及宗室並親軍、諸局分承應人，有才行及善射者充任。

［3］十人長：殿前都點檢司屬官。爲統領護衛的小官。

［4］襄：女真人。即完顏襄，宗室出身。本書卷九四有傳。

［5］德州：治所在今山東省德州市。

［6］武衛軍鈐轄：武衛軍鈐轄司屬官。掌管轄軍人、防衛警捕之事。正員十人，正六品。武衛軍，城防軍名。世宗大定十七年（1177）三月改京師防城軍爲武衛軍，掌京師巡捕之事。

［7］宿直將軍：殿前都點檢屬官。掌總領親軍，凡宫城諸門衛禁並行從宿衛之事。正員八人，後增至十一人，從五品。

［8］泰和：金章宗年號（1201—1208）。

［9］完顏匡：女真人。本書卷九八有傳。　襄陽：南宋府名。治所在今湖北省襄樊市。

[10]雷太尉：宋人。名佚，時爲宋隨州守將。

[11]平南盪江將軍：金章宗泰和六年（1206）伐宋時，臨時設的軍官。正五品。

[12]副留守：帶本府少尹兼本路兵馬副都總管，佐掌一路軍、政事務。從四品。

[13]宣德：州名。治所在今河北省宣化縣。

[14]會河之敗：金衛紹王大安三年（1211）金軍與蒙古軍於會河川大戰，金軍潰敗，主將完顏承裕隻身逃脱，蒙古軍入居庸關，逼近金中都。本書卷九三末“贊”評曰：“識者謂金之亡決於是役。”會河川爲河北省宣化縣西的南洋河支流。

[15]押軍千户：即押軍猛安。金末主要指常備軍的軍官名，位於押軍萬户之下，押軍謀克之上，統兵數百至千人。　夾谷王家奴：女真人。其他事迹不詳。

至寧元年，[1]東京不守，[2]弼爲元帥左監軍，[3]扞禦遼東。請“自募二萬人爲一軍，萬一京師有急，亦可以回戈自救。今驅市人以應大敵，往則敗矣”。衛紹王怒曰：“我以東北路爲憂，[4]卿言京師有急何邪？就如卿言，我自有策。以卿皇后連姻，故相委寄，乃不體朕意也。”弼曰：“陛下勿謂皇后親姻俱可恃也。”時提點近侍局駙馬都尉徒單没烈侍側，[5]弼意竊譏之。衛紹王怒甚，顧謂没烈曰：“何不叱去？”没烈乃引起，付有司，論以奏對無人臣禮，詔免死，杖一百，責爲雲内州防禦使。[6]

[1]至寧：金衛紹王年號（1213）。

[2]東京：治所在今遼寧省遼陽市。

［3］元帥左監軍：元帥府屬官。正三品。

［4］東北路：地區級路名。隸屬於臨潢府，治所在今吉林省洮南市東。

［5］提點近侍局：近侍局長官。正五品。

［6］雲内州：治所在今内蒙古自治區呼和浩特市西南。

貞祐初，宣宗驛召弼赴中都，是時雲内已受兵，弼善馬矟，與數騎突出，由太原出澤、潞，將從清、滄赴闕。[1]會有詔除定武軍節度使，[2]尋爲元帥左都監，駐真定。弼奏："賞罰所以勸善懲惡，有功必賞，有罪必罰，而後人可使、兵可强。今外兵日增，軍無鬥志。亦有逃歸而以戰潰自陳者，有司從而存恤之，見聞習熟，相傚成風。"又曰："村寨城邑，兵退之後，有心力勇敢可使者，乞招用之。"又曰："河朔郡縣，皆以拘文不相應救，由此殘破。乞勅州府，凡有告急徵兵，即須赴救，違者坐之。"又曰："河北軍器，乞權宜弛禁，仍令團結堡寨以備外兵。"又曰："今雖議和，萬一輕騎復來，則吾民重困矣。願速講防禦之策。"及勸遷都南京，阻長淮，拒大河，扼潼關以自固。[3]

［1］太原：府名。治所在今山西省太原市。　澤：州名。治所在今山西省晋城市。

［2］定武軍：州軍名。治所在今河北省定州市。

［3］潼關：地名。位於今陝西省潼關縣東北。

宣宗將遷汴，弼兼河北西路兵馬都總管。[1]宣宗次真定，弼言："皇太子不可留中都，[2]蓋軍少則難守，軍多則難養。"又奏："將帥以閫外爲威，今生殺之權皆從中覆。"又奏："瑞州軍頗狡，[3]左丞盡忠多疑，[4]乞付他將。"宣宗頗采用其言。

[1]兵馬都總管：一路最高軍政長官，掌統諸城隍兵馬甲仗，總判府事。正三品。

[2]皇太子：即莊獻太子，完顏守忠。本書卷九三有傳。

[3]瑞州：治所在今遼寧省綏中縣。

[4]左丞：尚書省屬官。爲執政官，宰相的副佐，佐治尚書省政務。正二品。　盡忠：女真人。即抹撚盡忠。本書卷一〇一有傳。

大名軍變，殺蒲察阿里，[1]詔弼鎮撫之。未幾，改陝西路統軍使、[2]京兆兵馬都總管。宣撫副使烏古論兗州置秦州榷場，[3]弼以擅置，移文問之。兗州曰："近日入見，許山外從宜行事。[4]秦州自宋兵焚蕩榷場，幾一年矣，今既安帖，復宜開設，彼此獲利，歲收以十萬計。對境天水軍移文來請，[5]如俟報可，實慮後時。"弼奏其事，宰臣以兗州雖擅舉而無違失，苟利於民，專之亦可。宣宗曰："朕固嘗許其從宜也。"

[1]蒲察阿里：女真人。本書卷一〇三有傳。

[2]陝西路統軍使：統軍司屬官。正四品。陝西路統軍司置於京兆府，治所在今陝西省西安市。

[3]烏古論兗州：女真人。章宗朝曾任商州刺史，宣宗朝任陝西安撫副使。　秦州：治所在今甘肅省天水市。

[4]山外：疑指終南山外，待考。

[5]天水軍：宋州軍名。治所在今甘肅省天水市南。

三年，改知東平府事、山東西路宣撫副使。是時，劉二祖餘黨孫邦佐、張汝楫保濟南勤子堌，[1]弼遣人招之，得邦佐書云："我輩自軍興屢立戰功，主將見忌，陰圖陷害，竄伏山林，以至今日，實畏死耳。如蒙湔洗，便當釋險面縛，餘賊未降者保盡招之。"弼奏："方今多故，此賊果定，亦一事畢也。乞明以官賞示之。"詔曰："孫邦佐果受招，各遷五官職。"於是邦佐、汝楫皆降。邦佐遥授濰州刺史，汝楫遥授淄州刺史，[2]皆加明威將軍。[3]頃之，弼薦邦佐、汝楫改過用命，招降甚衆，稍收其兵仗，放歸田里。詔邦佐遥授同知益都府事，[4]汝楫遥授同知東平府事，皆加懷遠大將軍。[5]梁聚寬遥授泰定軍節度副使，[6]加宣武將軍。[7]四年，[8]弼遷宣撫使。已而，汝楫復謀作亂，邦佐密告弼，弼饗汝楫，伏甲廡下，酒數行，鐘鳴伏發，殺汝楫并其黨與。手詔褒諭，封密國公。[9]其後邦佐屢立功。元光末，[10]累官知東平府事、山東西路兵馬都總管，充宣差招撫使。

[1]孫邦佐：原爲農民起義軍首領，後歸順金廷。　濟南：府名。治所在今山東省濟南市。　勤子堌：地名。當在濟南府附近。按本書卷一四《宣宗紀上》，貞祐三年（1215）四月"用山東西路宣撫副使完顔弼言，招大沬堌渠賊孫邦佐、張汝楫以五品職，下詔湔洗其罪"，作"大沬堌"，稱"大沬堌之捷"。

[2]遥授：指授以已爲蒙古軍占領並不在金朝統治下的地方官的官職，故祇有官名，没有實職。

[3]明威將軍：武散官。正五品下階。

[4]同知益都府事：掌通判府事。從四品。

[5]懷遠大將軍：武散官。從四品下階。

[6]泰定軍節度副使：佐掌鎮撫諸軍防刺，判本鎮兵馬之事。從五品。泰定軍，州軍名。治所在今山東省泰安市。

[7]宣武將軍：武散官。從五品下階。

[8]四年：據本書卷一四《宣宗紀上》，貞祐三年八月條下，“丙午，山東西路宣撫使完顔弼表：‘遥授同知東平府事張汝楫將謀復叛。’”完顔弼的官職是“山東西路宣撫使”。故施國祁《金史詳校》主張“四年當作八月”。中華點校本疑此“四年”當作“四月”。

[9]密國公：封爵名。小國封號，明昌格第二十二位。

[10]元光：金宣宗年號（1222—1223）。

弼上書曰：“山東、河北、河東數鎮僅能自守，恐長河之險有不足恃者。河南嘗招戰士，率皆游惰市人，不閑訓練。若選簽驅丁監户數千，[1]别爲一軍，立功者全户爲良，必將争先効命以取勝矣。武衛軍家屬嘗苦于兵，人人懷憤，若擇驍悍千餘，加以爵賞，亦可得其死力。”又曰：“老病之官，例許致仕，居河北者嫌于避難，居河南者苟于尸禄，職事曠廢。乞遍諭覈實，其精力可用者仍舊，年高昏瞶不事事者罷之。”又曰：“賦役頻煩，河南百姓新强舊乏，諸路豪民行販市易，侵土人之利，未有定籍，一無庸調，乞權宜均定。如知而輒避、事過復來者，許諸人捕告，以軍興法治之。”詔下尚書省議，惟老病官從所言，餘皆不允。

[1]驅丁：一説是金元時奴隸、僕役，另一説謂其地位低於良民，高於奴隸，近似農奴。　監户：宫籍監户的簡稱。一説爲官奴婢户，另一説認爲是低於良民，高於一般奴隸的户。

大元兵圍東平，[1]弼百計應戰，久之乃解圍去。宣宗賜詔，獎諭將士，賞賚有差。是歲五月，疽發于腦。詔太醫診視，賜御藥。俄卒。

[1]大元：指蒙古汗國，後建立元朝。

弼平生無所好，惟喜讀書，閑暇延引儒士，歌詠投壺以爲常。[1]所辟如承裔、陀滿胡土門、紇石烈牙古塔，[2]皆立方面功。治東平，愛民省費，井邑之間軍民無相訟，有古良將之風焉。

[1]投壺：見《禮記·投壺》，是宴會時爲游戲而特製的壺。賓主依次投矢其中，中多者爲勝，負者則飲酒。

[2]承裔：女真人。即完顔白撒，宗室出身。本書卷一一三有傳。　陀滿胡土門：女真人。本書卷一二三有傳。　紇石烈牙古塔：南監本、北監本、殿本並作“吾”。按上下文三見此名皆作“吾”，且本書卷一一一有《紇石烈牙吾塔傳》，亦作“吾”。“古”與“吾”爲同音異譯。

蒙古綱本名胡里綱，咸平府猛安人。[1]承安五年進士，[2]累調補尚書省令史，除國子助教。[3]貞祐初，自請招集西山兵民，進官一階，賜錢二百萬，遷都水監丞，[4]尋加遥授永定軍節度副使。[5]招捕有功，遷太子左諭德，[6]除順州刺史，[7]遷同知大興府事。[8]三年，知河間府事，權河北東路宣撫使，屯冀州。[9]軍食不足，徙濟南。綱欲徙河南，[10]行至徐州，未渡河，尚書省奏："東平宣撫使完顔弼行事多不盡。"乃以綱權山東宣撫副使。改山東路統軍使，兼知益都府事，權元帥右都監，[11]宣撫如故。

[1]咸平府猛安：女真族行政建置。咸平府，咸平路的路治，治所在今遼寧省開原市老城。

[2]承安：金章宗年號（1196—1200）。

[3]國子助教：國子學屬官。掌教誨諸生。正員二人，女真人、漢人各一員，正八品。

[4]都水監丞：都水監屬官。佐掌川澤、津梁、舟楫、河渠之事，金宣宗興定五年（1221）以後兼管勾河漕運之事。正員二人，内一員外監分治，正七品。

[5]永定軍：州軍名。治所在今河北省雄縣。

[6]太子左諭德：東宫屬官。掌贊諭道德，侍從文章。正五品。

[7]順州：治所在今北京市順義區。

[8]大興府：中都所在地，治所在今北京市。

[9]冀州：治所在今河北省冀州市。

[10]河南：府名。治所在河南省洛陽市。

[11]元帥右都監：元帥府屬官。掌統軍作戰。從三品。

四年十月，行元帥府事。綱奏："山東兵後，楊安兒黨内有故淄王習顯、[1]故留守朮羅等家奴，[2]不在赦原，據險作亂，至今未息，民多歸之，乞普賜恩宥。"

宣宗即命赦之，仍贖爲良。

[1]淄王：封爵名。明昌格，小國封號第十四位。　習顯：女真人。即完顏克寧。本書卷九二有傳。

[2]留守：兼本路兵馬都總管，掌管一路軍政事務。正三品。　术羅：女真人。其他事迹不詳。

興定元年，徙知東平府事，遷元帥右監軍。[1]久之，拜右副元帥權參知政事，[2]行尚書省。先是，東平治中没烈坐事削降殿年，詔仍從軍，有功復用。綱遣没烈討花帽賊于曹、濟間，[3]捷報，没烈乃復前職。[4]興定二年，詔曰："卿以忠貞，爲國捍難，保完城邑，朕甚嘉之。可進官二階，賜金帶一、重幣十端。"

[1]元帥右監軍：元帥府屬官。掌征討之事。正三品。

[2]右副元帥：元帥府長官之一。掌征討之事。正二品。

[3]花帽賊：指農民起義軍，活動在黄河以北地區。　曹：州名。治所在今山東省曹縣西北。　濟：州名。治所在今山東省濟寧市。

[4]没烈乃復前職："乃"，原在"没烈"之上。中華本據文義乙正。今從之。

興定三年，奏曰："濟南介山東兩路之間，最爲衝要，被兵日久，雖與東平鄰接，不相統屬，緩急不相應，乞權隸本路，且差近於益都。"詔從之。綱奏："恩州武城縣艾家凹水濼、[1]清河縣澗口河濼，[2]其深一丈，廣數十里，險固可恃。因其地形，少加浚治，足以保禦。請遷州民其中，多募義軍以實之。”綱以山東恃東平爲重鎮，兵卒少，守城且不足，况欲分部出戰，是安坐以待困也。乃上奏曰：“伏見貞祐三年古里甲石倫招義軍，[3]設置長校，[4]各立等差，都統授正七品職，副統正八品，萬户正九品，[5]千户正班任使，[6]謀克雜班，[7]仍三十人爲一謀克，五謀克爲一千户，四千户爲一萬户，四萬户爲一副統，兩副統爲一都統，設一總領提控。今乞依此格募選，以益兵威。”制可。

[1]恩州：治所在今山東省武城縣東北。　武城縣：治所在今山東省武城縣。　艾家凹：地名。當在武城縣一帶。

[2]清河縣：治所在今河北省清河縣。　澗口：地名。當在清河縣一帶。

[3]古里甲石倫：女真人。本書卷一一一有傳。

[4]長校：軍官名。官品不詳。

[5]萬户：軍官名。義軍萬户統兵六百人左右。

[6]千户：軍官名。義軍千户統兵一百五十人左右。

[7]謀克：軍官名。義軍謀克統兵三十人左右。

是歲，益都桃林寨總領張林號“張大刀”，[1]據險爲亂，自稱安化軍節度使。綱奏：“林勢甚張，乞遣河南馬軍千人，單州經略司以衆接應。”[2]左司郎中李蹊請令綱約燕寧同力殄滅，[3]單州經略使完顔仲元分兵三千人同往。[4]宰相以粮運不給，益都以東，嘯聚不止一張林，宜令綱設備禦，俟來春議之。

[1]桃林寨：地名。在今山東省青州市境内。　張林：山東農

民起義軍的首領之一。

[2]單州經略司：官署名。金後期設於地方的軍事機構，用於統兵抗擊蒙古軍隊，收復失地。單州治所在今山東省單縣。

[3]左司郎中：左司長官，熙宗初年爲左司侍郎，天眷三年（1140）更爲郎中，掌吏、户、禮三部受事付事，兼帶修起居注官。正五品。　李蹊：哀宗朝官至太常卿、參知政事、尚書左丞，天興二年（1233）爲亂兵所殺。

[4]完顏仲元：即郭仲元。本書卷一〇三有傳。

四年，張林侵掠東平，綱遣元帥右監軍行樞密院事王庭玉討之。[1]至舊縣，遇張林衆萬餘人據嶺爲陣，庭玉督兵踰嶺搏戰。林衆少却，且欲東走。庭玉踵擊，大破之，殺數千人，生擒張林，獲雜畜兵仗萬計。招降虎窟諸寨，[2]悉令歸業。詔賜空名宣勅，聽綱第功遷賞。遣樞密院令史劉顒涖殺張林于東平。[3]張林乞貰死自効，請曰："臣兄演在宋爲統制，[4]有衆三千，駐即墨、萊陽之境，[5]請以書招之，使轉致諸賊之款密者，相爲表裏，然後以檄招益都張林，不從則合擊之，山東不足平也。"所謂益都張林，即據府事逐田琢者也，事見《琢傳》。綱以林策請于朝，樞密院請羈縻使之。[6]制可，以爲萊州兵馬鈐轄。[7]久之，山東不能守，林乃降于宋云。

[1]行樞密院事：行樞密院長官。行樞密院爲樞密院在地方的臨時機構。章宗承安元年（1196），因對西北部族用兵，首開於撫州。宣宗以後遍布全國，多設於軍事要地。此官職爲臨時官職。

[2]虎窟：地名。當在東平一帶，即今山東省東平縣境内。

[3]樞密院令史：樞密院屬吏。　劉顒：其他事迹不詳。

[4]張演：其他事迹不詳。　統制：宋軍官名。

[5]即墨：縣名。治所在今山東省即墨市。

[6]樞密院：官署名。金海陵王天德二年（1150）改制以後金朝國家常設最高軍事機構，掌武備機密之事。

[7]兵馬鈐轄：州屬統兵官。官品不詳。

初，東平提控鄭倜生擒宋將李資，[1]綱奏賞倜。宰臣謂："李資自稱宋將，無所憑據，請詳究其實。"綱奏："臣自按問俱獲宋將統制十餘人，皆以資爲將無異辭。此輩力屈就擒，豈肯虚稱僞將以重獲者之功？今多故之際，賞功後時，將士且解體。凡行賞必求形迹，過爲逗遛，甚未可也。"詔即賞之。綱奏："遼東渡海，必由恩、博二州之間，乞置經略司鎮撫。"從之。興定五年二月，東平解圍，宣宗曲赦境内。凡東平府試諸科中選人，嘗被任使，已逾省試期日，[2]特免省試。惟經童、律科即爲及第，[3]似涉太優，别日試之。皆從綱所請也。詔以綱、王庭玉、東莒公燕寧保全東平，[4]各遷一階。

[1]鄭倜：其後降蒙古。　李資：其他事迹不詳。

[2]省試：又稱會試，即由禮部主持的科舉考試。

[3]經童、律科：金代科舉的科目。經童，年十三歲以下兒童可應試，所貴在年幼而能誦經多者。律科，以律令内出題，文理優、擬斷快、用字切者中選。經童、律科中選者，曰"舉人"。

[4]東莒公：金末的封爵名。宣宗興定四年（1220）封建九公，燕寧以山東安撫副使被封爲東莒公。本書卷一一八有傳。

是歲，燕寧戰死。綱奏："寧所居天勝寨，[1]乃益都險要之地。寧嘗招降群盜胡七、胡八，[2]用爲牙校，委以腹心，群盜皆有歸志。及寧死，復懷顧望，胡七、胡八亦反側不安。臣以提控孫邦佐世居泰安，[3]衆心所屬，遂署招撫使。以提控黄摑兀也充總領，[4]副之。此當先奏可，顧事勢危迫，故輒授之。”燕寧死而綱勢孤矣。

[1]天勝寨：地名。在今山東省青州市一帶。
[2]胡七、胡八：其他事迹不詳。
[3]泰安：州名。治所在今山東省泰安市。
[4]黄摑兀也：女真人，其他事迹不詳。

綱奏請移軍於河南，詔百官議，御史大夫紇石烈胡失門以下皆曰：[1]“金城湯池，非粟不守。東平孤城，四無應援，萬一失之，則官吏兵民俱盡。宜徙之河南，[2]以助防秋。”翰林待制抹撚阿虎德奏曰：[3]“車駕南遷，恃大河以爲險。大河以東平爲藩籬，今乃棄之，則大河不足恃矣。兵以將爲主，將以心爲主，蒙古綱既欲棄之，决不可使之守矣。宜就選將士之願守者擢用之，别遣官爲行省，付以兵馬鎧仗，從宜規畫軍食。”樞密院請用胡失門議，焚其樓櫓廨舍而徙之。宣宗曰：“此事朕不能决擇，衆議可者行之。”樞密院頗采阿虎德議，許綱内徙，率所部女直、契丹、漢軍五千人，行省邳州。元帥左監軍王庭玉將餘軍屯黄陵岡，[4]行元帥府事。於是，綱改兼静難軍節度使，[5]行省邳州。自此山東事勢去矣。

[1]御史大夫：御史臺長官。掌糾察、彈劾百官，復審内外刑獄所屬理斷不當案件。從二品。　紇石烈胡失門：女真人。本書卷一〇四有傳。

[2]宜徙之河南：原脱“宜”字，南監本、北監本、殿本皆有“宜”字，中華點校本據殿本補之，從之。

[3]翰林待制：翰林學士院屬官。分掌詞命文字，分判院事，銜内帶“同知制誥”。不限員，正五品。　抹撚阿虎德：女真人。其他事迹不詳。

[4]黄陵岡：地名。當在江蘇省邳州市附近。

[5]静難軍：州軍名。治所在今江蘇省邳州市一帶。

是歲六月，以歸德、邳、宿、徐、泗乏軍食，[1]詔綱率所部就食睢州。[2]綱奏：“宿州連年饑饉，加之重斂，百姓離散。鎮防軍遽徵逋課，[3]窘迫陵辱有甚于官，衆不勝其酷，皆懷報復之心。近日，高羊哥等苦其佃户，[4]佃户憤怒，執羊哥等投之井中。武夫不識緩急，乃至于此。乞一切所負並令停止，俟夏秋收成徵還，軍人量增廩給，可也。”詔議行之。元光二年三月，以邳州經略司隸綱，令募勇敢收復山東。

[1]歸德：府名。治所在今河南省商丘市。　宿：州名。治所在今安徽省宿州市。

[2]睢州：治所在今河南省睢縣。

[3]鎮防軍：軍名。從諸軍中抽取兵士組成，以更代戍邊。

[4]高羊哥：其他事迹不詳。

初，碭山首領數人，[1]以減罷懷忿怨，誘脅餘衆作亂，引水環城以自固，構浮橋於河上，結紅襖賊爲援。同簽樞密院事徒單牙剌哥會諸道兵討之。[2]綱云："碭山北近大河，南近汴堤，[3]東西二百里，大河分派其間，乾灘泥淖，步騎俱不可行，惟宜輕舟往來。可選鋭卒數千與水軍埽兵，以舟二百艘，由便道斷浮梁，絶紅襖之援。募膽勇有口辨者，持牒密諭之以離間其黨，與臣已遣三人入賊中。復分兵屯要害，别以三百人巡邏。乞賜空名告身，從便遷賞。"樞密院奏："已委監軍王庭玉駐歸德、寧陵備之矣。[4]仍令牙剌哥水陸並進，先行招誘，不從，乃合擊之。其空名告身，宜從所請，以責成功。"

[1]碭山：縣名。治所在今安徽省碭山縣。

[2]同簽樞密院事：樞密院屬官。佐掌國家軍務機密之事。正四品。　徒單牙剌哥：女真人。其他事迹不詳。

[3]汴：即汴京，治所在今河南省開封市。

[4]寧陵：縣名。治所在今河南省寧陵縣南。

無何，碭山賊夜襲永城縣，行軍副總領高琬、[1]萬户麻吉擊走之，[2]殺傷及溺死者甚衆，奪其所俘掠而還。詔綱併力討之。綱遣降人陳松持牒招李全，[3]全縛松將斬之，已而但黥其面遣還。綱奏："全有歸國意，嚴實、張林亦可招之。"此謂益都張林也。詔擬實一品官職，封國公，仍世襲。全階正三品、職正二品。林山東西路宣撫使兼知益都府事，與全皆賜田百頃。受命往招者先授正七品官職，賜銀二十五兩，事成遷五品。會綱遇害而止。

[1]行軍副總領：軍官名。官品不詳。　高琬：其他事迹不詳。

[2]麻吉：其他事迹不詳。

[3]陳松：其他事迹不詳。

綱御下嚴，信賞必罰，邳州軍不樂屬綱。八月辛未朔，邳州從宜經略使納合六哥、[1]都統金山顔俊率沂州軍士百餘人晨入行省，[2]殺綱及僚屬于省署，遂據州反。樞密院奏請出空名宣勑，設重賞招誘。丞相高汝礪曰：[3]“懸重賞募死士，必有能取之者。”宣宗不得已，下詔罪綱，以撫諭六哥。六哥遣人送綱屍及虎符牌印，終不肯出。乃升經略司爲元帥府，加六哥泗州防禦使，權元帥左監軍，副使烏古論老漢加邳州刺史，[4]權右監軍。頃之，邳州卒逃歸，詣總帥牙吾塔言，六哥已結李全爲助。遣總領孛术魯留住等毁其橋梁，[5]攻破承安、青陽寨，[6]留兵戍守。六哥惶懼，乃言待李全兵入邳州，誘而殺之，以圖報効。宣宗曰：“李全豈無心者，六哥能誘而殺之？殆詐耳。”十月壬辰，牙吾塔圍邳州，急攻之。紅襖賊高顯等殺六哥，[7]函首以獻。詔加顯三品官職，授世襲謀克，[8]侯進四品，[9]陳榮、邢進、邊全、魏興、孫仲皆五品，[10]賞銀有差。

[1]從宜經略使：軍官名。官品不詳。

[2]都統金山顔俊："都統"，原作"都俊"。本書卷一六《宣宗紀下》元光二年（1223）八月條下記有"都統金山顔俊"的事迹。《殿本考証》據《宣宗紀》改"都俊"爲"都統"。中華點校

本據改之，今從之。金山顔俊，人名。其他事迹不詳。

[3]高汝礪：本書卷一〇七有傳。

[4]烏古論老漢：女真人。其他事迹不詳。

[5]孛术魯留住：女真人。其他事迹不詳。

[6]承安、青陽寨：施國祁《金史詳校》卷八下認爲承安爲承縣之誤。承縣隸屬邳州，其時蒙古綱駐守邳州。故此説爲是，應爲承縣青陽寨。承縣，治所在今山東省棗莊市南。青陽寨，應在此附近，具體不詳。

[7]高顯：本書卷一一一《紇石烈牙吾塔傳》高顯爲宋鈐轄，非紅襖軍首領。

[8]世襲謀克：女真世襲封爵名。金中期以後，女真世襲爵爲統治者特别看重，不輕易授人，衹授予女真將相。金末爲拉攏各族將領，授爵越來越濫。

[9]侯進：本書卷一一一《紇石烈牙吾塔傳》侯進爲宋統制。《元文類》郭松年《侯府君夫人李氏祠堂碑》："夫人生二子，曰進，曰慶。金主徙汴，進以吏事明敏，爲宗室完顔公所知，表授邳帥府經歷，以功累遷保静節副。癸巳，没王事。"

[10]陳榮、邢進、邊全、魏興、孫仲：本書卷一一一《紇石烈牙吾塔傳》陳榮爲宋正將。其他人事迹不詳。

必蘭阿魯帶，貞祐初，累官寧化州刺史。[1]二年，同知真定府事，權河北、大名宣撫副使。三年，保全贊皇，[2]加遥授安武軍節度使，[3]改昭義軍節度使，[4]充宣撫副使。閲月，權元帥左都監行元帥府事，節度、宣撫如故。

[1]寧化州：治所在今山西省寧武縣南。

[2]贊皇：縣名。治所在今河北省贊皇縣。

[3]安武軍：州軍名。治所在今河北省冀州市。

[4]昭義軍：州軍名。治所在今山西省晋城市。

遣都統奧屯喜哥復取威州及獲鹿縣。[1]既而詔擇義軍爲三等，阿魯帶奏："自去歲初置帥府，已按閲本軍，去其冗食。部分既定，上下既親，故能所向成功，此皆血戰屢試而可者。父子兄弟自相救援，各顧其家，心一力齊，勢不可離。今必析之，將互易其處，不相諳委矣。國家粮儲常患不繼，豈容僥冒其間？但本府之兵不至是耳。事勢方殷，分别如此，彼居中下，將氣挫心懈而不可用。且義軍率皆農民，已散歸田畝，趨時力作，徵集旬日，農事廢而歲計失矣。乞本府所定，無輕變易。"詔許之。阿魯帶繕完州縣之可守者，其不可守者遷徙其民，依險爲栅以備緩急。

[1]奧屯喜哥：女真人。其他事迹不詳。　威州：治所在今河北省井陘縣北。　獲鹿縣：治所在今河北省鹿泉市。

澤州舊隸昭義軍，近年改隸孟州，[1]阿魯帶奏："澤州城郭堅完，器械具備，若屯兵數千，臣能保守之。今聞議遷于青蓮寺山寨，[2]距州既遠，地形狹隘，所容無幾。一旦有急，所保者少，所遺者多，徒棄名城以失太行之險，則沁南、昭義不通問矣。"[3]詔澤州復隸昭義軍。

[1]孟州：治所在今河南省孟縣。

[2]青蓮寺山寨：地名。在山西省晋城市一帶。

[3]沁南：州軍名。治所在今河南省沁陽市。

是歲，潼關失守，阿魯帶趨備藍田、商州，[1]乃陳河北利害，略曰："今忻、代撤戍，[2]太原帥府衆纔數千，平陽行省兵亦不多，[3]河東、河北之勢全恃潞州，潞州兵强則國家基本漸可復立。臣已將兵離境，乞復置潞州帥府。"阿魯帶行次沔池，[4]右副元帥蒲察阿里不孫敗績，[5]逃匿不知所在。阿魯帶亦被創，收集潰卒，卧沔池。詔還潞州。

[1]藍田：縣名。治所在今陝西省藍田縣。　商州：治所在今陝西省商洛市。

[2]忻：州名。治所在今山西省忻州市。　代：州名。治所在今山西省代縣。

[3]平陽：府名。治所在今山西省臨汾市。

[4]沔池：局本作"澠池"。縣名。治所在今河南省澠池縣。

[5]蒲察阿里不孫：女真人。此前曾任兵部尚書、簽樞密院事等職。

興定元年，改簽樞密院事。[1]數月，以元帥左監軍兼山東路統軍使，知益都府事。未幾，權參知政事，行尚書省于益都。阿魯帶復立潞州，最有功，識遼州刺史郭文振，[2]舉以爲將。既而去潞州，張開代領其衆，[3]與郭文振不相得，文振漸不能守矣。

[1]簽樞密院事：樞密院屬官。佐掌國家軍務機密之事。正

三品。

［2］遼州：治所在今山西省左權縣。　郭文振：本書卷一一八有傳。

［3］張開：本書卷一一八有傳。

贊曰：貞祐之時，僕散安貞定山東，僕散端鎮陝西，[1]胥鼎控制河東，[2]侯摯經營趙、魏，[3]其措注施設有可觀者。故田琢撫青、齊，[4]完顏弼保東平，必蘭阿魯帶守上黨，[5]皆嚮用有功焉。高琪忌功，[6]汝礪固位，西啓夏釁，南挑宋兵。宣宗道謀是用，煦煦以爲慈，皦皦以爲明，孑孑以爲强。既而潼關破毀，崤、澠喪敗，[7]汴州城門不啓連月，高琪方且增陴浚隍爲自守計，繕御寨以祈逃死。然後田琢走益都而青、齊裂，蒙古綱去東平而兖、魯蹙，[8]僕散安貞死而南伐無功。雖曰天道，亦由人事。自是以往，無足言者矣。

［1］僕散端：女真人。本書卷一〇一有傳。

［2］胥鼎：本書卷一〇八有傳。　河東：地名。指黄河以東，今山西地。

［3］侯摯：本書卷一〇八有傳。　趙、魏：地名。指今山西省南部與河南省西北一帶。

［4］青、齊：地名。指今山東省東部之地。

［5］上黨：縣名。治所在今山西省長治市。

［6］高琪：女真人。即术虎高琪。本書卷一〇六有傳。

［7］崤、澠：崤，指崤山，在河南省洛寧縣北。澠，指今河南省澠池縣一帶地區。

［8］兖、魯：地名。指今山東省西部之地。

金史　卷一〇三

列傳第四十一

完顔仲元　完顔阿鄰　完顔霆　烏古論長壽　完顔佐
石抹仲温　烏古論禮　蒲察阿里　奥屯襄　完顔蒲剌都
夾谷石里哥　术甲臣嘉　紇石烈桓端　完顔阿里不孫
完顔鐵哥　納蘭胡魯剌

完顔仲元本姓郭氏，中都人。[1]大安中，[2]李雄募兵，[3]仲元與完顔阿鄰俱應募，[4]數有功。貞祐三年，[5]與阿鄰俱累功至節度。[6]仲元爲永定軍節度使，[7]賜姓完顔氏。仲元在當時兵最强，號“花帽軍”，人呼爲“郭大相公”。以與阿鄰相别。頃之，兼本路宣撫使。[8]八月，遥授知河間府事。[9]數月，改知濟南府事，[10]權山東東路宣撫副使。[11]

[1]郭仲元：按《大金國志》卷二五有郭忠，蔚州人，後名其軍爲“花帽軍”，疑與郭仲元（完顔仲元）爲同一人。　中都：都名。金海陵王貞元元年（1153）至金宣宗貞祐二年（1214）爲金

朝的國都，治所在今北京市。

［2］大安：金衛紹王年號（1209—1213）。

［3］李雄：時爲一名壯士，其他事迹不詳。

［4］完顏阿鄰：本姓郭，後賜姓完顏。本卷有傳。

［5］貞祐：金宣宗年號（1213—1217）。

［6］節度：即節度使，州軍官。總管一州軍政事務，掌鎮撫諸軍防刺，總判本鎮兵馬之事，兼本州管内觀察使事。從三品。

［7］永定軍：州軍名。治所在今河北省雄縣。

［8］宣撫使：宣撫司長官。掌鎮撫人民、譏察邊防軍旅、審録重刑事，勸農桑。從一品。金末宣撫使、副授之過濫，地位職權遠不及章宗時期。

［9］遥授知河間府事：知府事一職，本書《百官志》不載。世宗大定年間始設，官品高於同知，或低於府尹。章宗朝及以後，不授府尹，以知府事代之，掌宣風導俗，肅清所部，總判府事。官品或與府尹同，正三品。遥授，金末一些城池已爲蒙古軍攻陷，仍以其地授官與人，稱爲遥授，故此爲虚職。河間府治所在今河北省河間市。

［10］濟南府：治所在今山東省濟南市。

［11］山東東路宣撫副使：宣撫司屬官。正三品。山東東路治所在今山東省青州市。

貞祐四年，山東乏粮，仲元軍三萬欲於黄河之側或陝右分屯，[1]上書乞補京官，且言恢復河朔之策，[2]當詣闕面陳。詔曰："卿兄弟鳩集義旅，所在立功，忠義之誠，皎然可見。朕以參政侯摯與卿素厚，[3]命於彼中行省，[4]應悉朕心。卿求入見，其意固嘉，東平方危，[5]正賴卿等相爲聲援，俟兵勢稍緩，即徙軍附河屯駐，此時卿來，蓋未晚也。尚思戮力，朕不汝忘。"未幾，改河北宣撫副使。[6]

[1]陝右：地名。泛指陝西之地。

[2]河朔：地名。泛指黄河以北地區。

[3]参政：即參知政事。尚書省執政官，宰相的副佐，佐治省事。正員二人，從二品。　侯摯：本書卷一〇八有傳。

[4]行省：行省長官。金章宗以來，因用兵、河防等事涉及諸路，臨時設行尚書省，爲臨時官職。金末戰事連年不斷，行省遍及全國。

[5]東平：府名。治所在今山東省東平縣。

[6]河北：包括河北東、西兩路。

仲元部將李霆等積功至刺史、提控，[1]仲元奏賜金牌，[2]霆等皆爲名將，功名與仲元相埒。仲元屢有功，以本職爲從宜招撫使，[3]計約從坦等軍圖恢復。[4]詔以仲元軍猥多，差爲三等，上等備征伐，中下給戍守，懦弱者皆罷去。紅襖賊千餘人據漣水縣，[5]仲元遣提控婁室率兵擊破之，[6]斬首數百，敗祝春，[7]擒郭偉，[8]餘衆奔潰，遂復漣水縣。仲元兼單州經略使，[9]婁室遷兩階，升職一等。未幾，仲元遥授知歸德府事。[10]

[1]李霆：又作完顏霆。本卷有傳。　刺史：州長官。掌一州財政訴訟、宣導風俗等各種政務，獨不領兵。正五品。　提控：金元時對管事人或衙役的稱呼，金末多是領兵官。

[2]金牌：金制，軍官萬户以上者佩帶金牌。金末作爲一種獎勵，金牌賜、佩的對象越來越寬泛。

[3]招撫使：招撫司長官。掌征討敵軍，安撫百姓之事，或以

他官兼之。

[4]從坦：女真人。即完顔從坦。本書卷一二二有傳。

[5]紅襖賊：指金末活動於山東地區的農民起義軍。　漣水縣：治所在今江蘇省漣水縣。

[6]婁室：女真人。其他事迹不詳。

[7]祝春：其他事迹不詳。

[8]郭偉：其他事迹不詳。

[9]單州經略使：金末設置經略使，統轄軍隊。官品不詳。單州治所在今山東省單縣。

[10]歸德府：治所在今河南省商丘市。

是歲十月，徙軍盧氏，[1]改商州經略使，[2]權元帥右都監。[3]詔曰："商、虢、潼關，[4]實相連屬，卿思爲萬全之計。"未幾，潼關失守，仲元軍趨商、虢，復至嵩、汝，[5]皆弗及。仲元上書曰："去年六月，臣嘗請於朝廷，乞選名將督諸軍，臣得推鋒，身先士卒，粮儲不繼，竟不果行。今將坐甲待敵，則師老財殫，日就困弊。"其大概欲伐西夏以張兵勢。[6]又曰："陝西一路最爲重地，潼關、禁坑及商州諸隘俱當預備。[7]向者中都，居庸最爲要害，[8]乃由小嶺、紫荆繞出，[9]我軍腹背受兵，卒不能守。近日由禁坑出，遂失潼關。可選精兵分地戍之。"其後乃置秦、藍守禦，[10]及用兵西夏矣。

[1]盧氏：縣名。治所在今河南省盧氏縣。

[2]商州：治所在今陝西省商洛市。

[3]權元帥右都監：元帥府屬官。掌征討之事。從三品。權，爲代理之意，未正式授官。

[4]虢：州名。治所在今河南省靈寶市。　潼關：地名。位於今陝西省潼關縣東北。

[5]嵩：州名。治所在今河南省嵩縣。　汝：州名。治所在今河南省汝州市。

[6]西夏：党項族建立的地方政權（1038—1227）。

[7]禁坑：地名。當與潼關相近。

[8]居庸：地名。位於北京市昌平區西北。

[9]小嶺：地名。其地當與紫荆關相近。　紫荆：地名。位於河北省易縣西。

[10]秦：州名。治所在今甘肅省天水市。　藍：州名。藍當爲蘭的誤寫，治所在今甘肅省蘭州市。

興定元年，[1]復爲單州經略使，敗宋人二千于龜山，[2]復敗步騎千餘于盱眙，[3]敗紅襖于白里港，[4]獲老幼萬餘人，皆縱遣之。宋人圍海州，[5]仲元軍高橋，[6]令提控兀顔阿鄰領騎繞出其後夾擊之。[7]宋兵解去。賜金帶，優詔獎諭。紅襖賊陷曹馬城，[8]剽掠徐、單之間。[9]提控高琬等分兵擊之，[10]俘生口二千。三年，仲元奏："州城既固，積粮二十萬石，集鄉義軍萬餘人，[11]並閑訓練，足以守禦，乞以所部渡河。"詔屯宿州，[12]與右都監紇石烈德同行帥府事。[13]仲元有足疾，滿百日，詔曰："卿處置機務，撫存將士，出兵使李辛可也。"[14]四年，兼保静軍節度使，[15]尋爲勸農使。[16]五年，爲鎮南節度使。[17]

[1]興定：金宣宗年號（1217—1222）。

[2]宋：指南宋（1127—1279）。　龜山：鎮名。位於今江蘇省

盱眙縣東北。

[3]盱眙：即盱眙軍，宋州軍名。治所在今江蘇省盱眙縣。

[4]白里港：地名。當在今江蘇省北部。

[5]海州：治所在今江蘇省連雲港市西。

[6]高橋：地名。當在海州附近。

[7]兀顔阿鄰："兀顔"，南監本、北監本、殿本、局本並作"完顔"。

[8]曹馬城：地名。在今山東省單縣東，東溝河流經其西，即今曹馬集地。

[9]徐：州名。治所在今江蘇省徐州市。

[10]高琬：其後官至行軍副總領。

[11]義軍：金朝末年軍隊的一種，即招募軍，以中原各地的漢人爲主。本書卷四四《兵志》曰："招募義軍名曰忠義，要皆燕、趙亡命，雖獲近用，終不可制，異時擅殺北使唐慶以速金亡者即此曹也。"

[12]宿州：治所在今安徽省宿州市。

[13]紇石烈德：女真人。本書卷一二八有傳。　行帥府事：行元帥府長官。金衛紹王大安三年（1211）金蒙交戰，金宣宗貞祐二年（1214）遷都南京（今河南省開封市），戰火逐漸擴展到金朝各地，自貞祐三年始於各主要戰場設行元帥府，以統領各地兵馬。

[14]李辛：金哀宗朝賜姓温撒，曾任行樞密院事、汴京東面元帥、兵部侍郎。天興元年（1232）爲十五都尉之一，天興二年自汴京出奔，伏誅。

[15]保静軍：州軍名。治所在今安徽省宿州市。

[16]勸農使：勸農司屬官。掌勸課天下力田之事。正三品。

[17]鎮南節度使：州軍官名。從三品。鎮南，州軍名。治所在今河南省汝南縣。

元光元年，[1]知鳳翔府事。[2]鳳翔被圍，左監軍石盞合喜來濟軍。[3]仲元讓合喜總兵事。合喜曰："公素得衆心，不必以官位見讓。"仲元請身先士卒，諭諸將士曰："凡有奇功者，即承制超擢。"及危急乃輒注四品以下。顔盞蝦蟆力戰功最，[4]輒授通遠軍節度使。[5]圍解，奏請擅除拜之罪。宣宗嘉其功，[6]皆許之。

[1]元光：金宣宗年號（1222—1223）。

[2]鳳翔府：治所在今陝西省鳳翔縣。

[3]左監軍：元帥府屬官。正三品。　石盞合喜：女真人。本書卷一一三有傳。

[4]顔盞蝦蟆：人名。即郭蝦蟆，又作石盞蝦蟆。本書卷一二四有傳。

[5]通遠軍：州軍名。治所在今甘肅省隴西縣。

[6]宣宗：廟號。即完顔吾睹補，漢名珣。金朝第八任皇帝。1213年至1223年在位。

遷元帥右監軍，[1]授河北東路洮委必剌猛安，[2]賜金五十兩、重幣十五端、通犀帶，優詔褒諭。正大間，[3]爲兵部尚書，[4]皇太后衛尉，[5]卒。仲元爲將，沈毅有謀，[6]南渡後最稱名將云。[7]

[1]元帥右監軍：元帥府屬官。掌征伐之事。正三品。

[2]河北東路洮委必剌猛安：女真世爵，受封者有爾地、封户。河北東路治所在今河北省河間市。洮委必剌，即《金史》卷一《世紀》及卷二《太祖紀》的陶温水，今黑龍江省湯旺河。此猛安自陶温水移來。

[3]正大：金哀宗年號（1224—1231）。

[4]兵部尚書：兵部長官。掌兵籍、軍器、城隍、鎮戍、厩牧、鋪驛、車輅、儀仗、郡邑圖志、險阻、障塞、遠方歸化之事。正三品。

[5]皇太后衛尉：太后兩宮官屬長官。掌宮中事務。從三品。

[6]沈：同“沉”。

[7]南渡：指金宣宗貞祐二年（1214）金朝廷南渡黄河，遷都至南京（今河南省開封市）。

完顏阿鄰本姓郭氏，[1]以功俱賜姓完顏。大安中，李雄募兵，阿鄰與完顏仲元等俱應募，數有功。宣宗即位，遷通州防禦使。[2]宣宗遷汴，[3]阿鄰改同知河間府事兼清州防禦使，[4]將所部兵駐清、滄，[5]控扼山東。遷横海軍節度使，[6]賜以國姓。[7]阿鄰與山東路宣撫副使顔盞天澤不相能，[8]詔阿鄰當與天澤共濟國事，無執偏見，妄分彼此。尋改泰定軍節度使、[9]山東西路宣撫使。[10]是時，仲元亦積功勞，知濟南府，賜姓完顏，與阿鄰俱加從宜招撫使，詔書獎諭，且令計約涿州刺史從坦等軍恢復中都。[11]於是，仲元、阿鄰部兵猥多，詔以三等差第之，上等備征伐，中下戍守，懦弱者罷去，量給地以贍其家。阿鄰所部“黄鶴袖軍”駐魚臺者，[12]桀驁不法，掠平民，劫商旅，道路不通，有司乞徙于滕州。[13]詔阿鄰就處置之。頃之，破紅襖賊郝定于泗水縣柘溝村，[14]生擒郝定，送京師斬之。[15]

[1]本姓郭氏：劉祁《歸潛志》卷六，郭阿里俗稱郭三相公。

《宋史》卷四〇《寧宗紀》載斬完顔賛，即此人。

［2］通州防禦使：州長官。掌一州軍、政事務。從四品。本書卷二四《地理志上》記載，通州爲刺史州，宣宗興定二年（1218）五月升爲防禦州。宣宗貞祐初年，通州當爲刺史州。《金史詳校》卷八下，"'防禦史'當作'刺史'"。故此時阿鄰官職應爲刺史。通州治所在今北京市通州區。

［3］宣宗遷汴：貞祐二年（1214）五月，宣宗爲逃避蒙古的兵鋒，將都城由中都遷往南京。

［4］同知河間府事：府屬官。掌通判府事。從四品。　清州：治所在今河北省青縣。

［5］滄：州名。治所在今河北省滄州市東南東關鎮。

［6］横海軍：州軍名。治所在今河北省滄州市東南。

［7］國姓：即女真皇帝的完顔氏。

［8］山東路宣撫副使：宣撫司屬官。正三品。山東路包括山東東、西兩路。　顔盞天澤：其他事迹不詳。

［9］泰定軍：州軍名。治所在今山東省兖州市。

［10］山東西路：路名。治所在今山東省東平縣。

［11］涿州：治所在今河北省涿州市。

［12］魚臺：縣名。治所在今山東省魚臺縣。

［13］滕州：治所在今山東省滕州市。

［14］郝定：山東兖州農民起義軍的首領，稱"大漢皇帝"，宣宗貞祐四年（1216）被金所俘，七月被殺。　泗水縣：治所在今山東省泗水縣。　柘溝村：地名。在今山東省泗水縣境内。

［15］京師：指南渡後的南京。

近制，賜本朝姓者，凡以千人敗敵三千者賜及緦麻以上，[1]敗二千人以上者賜及大功以上，[2]敗千人以上者賜止其家。阿鄰既賜姓，以兄守楫及從父兄弟爲請。[3]

宰臣奏阿鄰功止賜一家，宣宗特詔許之。至是仲元上奏曰："臣頃在軍旅，纔立微功，遽蒙天恩，賜之國姓，非臣殺身所能仰報。族兄徐州譏察副使僧喜、[4]前汾州酒同監三喜、[5]前解州鹽管勾添章、[6]守興平縣監酒添福猶姓郭氏。[7]念臣與僧喜等昔同一家，今爲兩族，完顔阿鄰與臣同功，皇恩所加併及本族，僧喜等四人乞依此例。"不許。改輝州經略使。[8]

[1]緦麻：喪服名。五服（斬衰、齊衰、大功、小功、緦麻）中最輕的一種。《儀禮·喪服》："緦麻三月者。"未出五服的疏遠親屬去世後，用疏織細麻布製成孝服，服喪三月。

[2]大功：喪服名。五服之一，未出三服的親戚去世後，用熟麻布做成孝服，服喪九個月。

[3]郭守楫：又作完顔守楫，其他事迹不詳。

[4]譏察副使："譏"，原作"機"。局本作"譏"。按本書卷五七《百官志三》，"南遷置譏察使，從七品，副使，正八品"。中華點校本據改之。今從之。譏察副使掌譏察奸僞。　郭僧喜：其他事迹不詳。

[5]汾州酒同監：酒使司屬官。掌簽署文簿，檢視醸造。官品不詳。汾州治所在今山西省汾陽縣。　郭三喜：其他事迹不詳。

[6]解州鹽管勾：解州鹽使司屬官。掌分管諸場發買收納恢辦之事。正員二十二人，正九品。解州治所在今山西省運城市西南解縣鎮。　郭添章：其他事迹不詳。

[7]興平縣監酒：酒使司屬官。正八品。興平縣治所在今陝西省興平市。　郭添福：其他事迹不詳。

[8]輝州：宣宗貞祐三年（1215）九月升蘇門縣爲輝州，治所在今河南輝縣市。

阿鄰有衆萬五千，詔分五千隸東平行省，[1]其衆泣訴云："我曹以國家多難，奮義相從，捐田宅，離親戚，轉戰至此，誓同立功，偕還鄉里。今將分配他軍，心實艱苦。乞以全軍分駐懷、衛、輝州之間，[2]捍蔽大河，惟受阿鄰節制。"阿鄰亦不欲分之，因以爲請。宰臣奏："若遂聽之，非唯東平失備，他將倣効，皆不可使矣。"宣宗以爲然。加遥授知河南府事，應援陝西。阿鄰將兵八千，西赴至潼關，聞京兆已被圍，[3]游騎至華州，[4]陝西行院欲令阿鄰駐軍商、虢，[5]拒東向之路。阿鄰上奏："臣本援陝西，遇難而止，豈人臣之節？夫自古用兵，步騎相參，乃可以得志。今乃各有所屬，臨難不救，互分彼此。今臣所統皆步卒，願賜馬軍千人，則京兆之圍不足解矣。"宣宗謂皇太子曰：[6]"阿鄰赴難不回，固善矣。而軍勢單弱，且駐内地以觀事變，并以虢州兵五千付之，使乘隙而進，卿以此意諭之也。"

[1]東平行省：官署名。中央派駐地方的軍政機構。治所在東平府。

[2]懷：州名。治所在今河南省沁陽市。　衛：州名。治所在今河南省衛輝市。

[3]京兆：府名。治所在今陝西省西安市。

[4]華州：治所在今陝西省華縣。

[5]陝西行院：官署名。爲節制陝西諸路兵馬的行樞密院。金章宗承安年間在與西北游牧民族的戰爭中，始置行樞密院。衛紹王大安三年（1211）金蒙交戰，金宣宗貞祐二年（1214）遷都南京（今河南省開封市），戰火逐漸擴展到金朝各地，自貞祐三年後於各主要戰略要地皆置行樞密院，以節制各地兵馬。

［6］皇太子：即莊獻太子，完顏守忠。本書卷九三有傳。

興定元年，遷元帥右都監。出秦州伐宋，[1]宋統制吴�守皂角角又作郊堡，[2]城三重，據山之巔。[3]阿鄰分兵絶其汲路，克其外城，再克其次城。宋兵縱火而出，阿鄰以騎兵邀之，遣步卒襲其後，宋兵敗，生獲吴�及將校二百人，馬數百匹，粮萬石及兵甲衣襖。復敗宋兵于裴家莊六谷中，[4]斬五百級，墜澗死者甚衆。又敗之于寒山嶺、龍門關、大石渡，[5]得粟二千餘石。復敗之于稍子嶺，[6]斬首二千餘級，生擒百人。是時三月，宿麥方滋，阿鄰留兵守之。已而宋兵大至，金兵敗，阿鄰戰没。贈金紫光禄大夫、[7]西京留守。[8]

［1］出秦州伐宋：按本書卷一五《宣宗紀中》，興定二年（1218）二月“癸丑，完顏阿鄰報皂郊堡之捷”。《金史詳校》卷八下“以上當加‘二年’”。中華點校本亦認爲“出”字上似當有“二年”二字。

［2］統制：宋官名。統兵官。　吴筠：其他事迹不詳。　皂角堡：地名。地近金宋邊界，位於今甘肅省天水市南。

［3］據山之巔：“巔”，原作“鎮”，局本作“巔”。中華點校本據文義改。今從之。

［4］裴家莊六谷：地名。此地當距皂角堡不遠。

［5］寒山嶺、龍門關、大石渡：地名。不能確指。

［6］稍子嶺：地名。此地亦當距皂角堡不遠，或爲山脉之一，在今甘肅省成縣東北。

［7］金紫光禄大夫：文散官。正二品上階。

［8］西京留守：京官名。亦是路級長官，兼本路兵馬都總管。

掌管一路軍政事務。正三品。西京治所在今山西省大同市。

完顏霆本姓李氏，中都寶坻人。[1]粗知書，善騎射，輕財好施，得鄉曲之譽。貞祐初，縣人共推霆爲四鄉部頭。霆招集離散，糾合義兵，衆賴以安。招撫司奏其事，[2]遷兩官。霆與弟雲率衆數千巡邏固安、永清間，[3]遥授寶坻縣丞，[4]充義軍都統。[5]劉璋説霆使出降，[6]霆縛送經略司。[7]遷三階，攝寶坻令，[8]升都提控，[9]遥授同知通州軍州事。[10]

[1]本姓李氏：賜姓完顏。《宋史》卷四七六《李全傳》："霆即李二措，賜姓完顏，惠號'賽張飛'，燕俠士也。"　寶坻：縣名。治所在今天津市寶坻縣。

[2]招撫司：官署名。金末設置，掌征討、招撫農民起義軍、叛軍，安輯遭受戰亂的百姓等事。

[3]李雲：其他事迹不詳。　固安：縣名。治所在今河北省固安縣。　永清：縣名。治所在今河北省永清縣。

[4]縣丞：縣屬官。佐縣令掌按察所部，勸課農桑，平理獄訟，捕除盜賊，宣導風化，兼管常平倉及通檢推排簿籍等事。正八品。

[5]義軍都統：軍官名。金末募兵組成義軍，主要由漢人組成，都統爲統兵官。正七品。

[6]劉璋：其他事迹不詳。

[7]經略司：官署名。金末多於戰事繁多的地區設置經略司，統轄軍隊。

[8]令：縣長官。從七品。

[9]都提控：金元時對管事人或衙役的稱呼，金末多是領兵官。

[10]同知軍州事：州屬官。通判州事。正七品。

中都食盡，霆遣軍分護清、滄河路，召募賈船通餉道。遥授同知清州防禦事，[1]從河北路宣撫使完顏仲元保清、滄。遥授通州刺史、河北東路行軍提控，[2]佩金牌。舊制，宣撫副使乃佩金牌，仲元奏："臣軍三萬，管軍官三人，皆至五品，乞各賜金牌。"廷議霆輩忠勇絶人，遂與之。改大名路提控，[3]復取玉田、三河、香河三縣。[4]徙屯濱、棣、淄，[5]留副將孫江守滄州。[6]江以滄州降于王檝，[7]而江將兵圍觀州。[8]霆乃詐作書與孫江，約同取滄州者。王檝得其書，果疑孫江與霆有謀，召江還，殺之。霆乃定觀州而還。進官三階，充濱、棣行軍都提控。未幾，遥授同知益都府事，加宣差都提控，遷棣州防禦使，賜姓完顏氏，屯海州。俄權單州經略司事，充宣差總領都提控。

[1]同知防禦事：州屬官。掌通判防禦使事，正六品。

[2]河北東路行軍提控：軍官名。爲統兵官，官品不詳。河北東路治所在今河北省河間市。

[3]大名路：又曰大名府路，治所在今河北省大名縣北。

[4]玉田：縣名。治所在今河北省玉田縣。　三河：縣名。治所在今河北省三河市。　香河：縣名。治所在今河北省香河縣。

[5]濱：州名。治所在今山東省濱州市。　棣：州名。治所在今山東省惠民縣北。　淄：州名。治所在今山東省淄博市。

[6]孫江：其他事迹不詳。

[7]王檝：其他事迹不詳。

[8]觀州：原爲景州，衛紹王大安年間更名爲觀州，治所在今河北省東光縣。

興定元年，泰安、滕、兗土寇蠭起，[1]東平行省侯摯遣霆率兵討之，降石花五、夏全餘黨二萬人，[2]老幼五萬口，充權海州經略副使。紅襖賊于忙兒寇海州，[3]霆擊走之。二年，宋高太尉兵三萬駐朐山。[4]霆軍乏粮，采野菜麥苗雜食之。宋兵栅朐山，下隔湖港，霆作港中暗橋，遣萬户胡仲珪、[5]副統劉贇率死士由暗橋登山，[6]霆率兵四千人趨山下，約以昏時舉火爲期，上下夾擊，宋兵大敗，墜澗溺水死者，不可勝計，斬高太尉、彭元帥于陣，[7]餘衆潰去。遷安化軍節度使，[8]經略副使如故。以其子爲符寶典書。[9]逾月，宋兵復至，霆逆戰，駐兵城外。夜半，宋人乘虚踰城而入。經略使阿不罕奴失剌率兵扼戰，[10]都統温迪罕五兒、[11]副統蒲察永成、蒲察只魯身先士卒，[12]殺二百餘人，城賴以完。詔五兒等各遷兩階。

[1]泰安：州名。治所在今山東省泰安市。　兗：州名。治所在今山東省兗州市。

[2]石花五：據《續綱目》，時完顏霆自清河出徐州，招降僞元帥石珪、夏全。此石花五即石珪，後復叛金歸蒙古。　夏全：原農民起義軍將領，號稱元帥，據楚州降金。金改楚州爲平淮府（位於今江蘇省淮安市東），以夏全爲金源郡王（爲封郡王號之首）。

[3]于忙兒：其他事迹不詳。

[4]宋高太尉：宋人。名佚。其他事迹不詳。　朐山：縣名。治所在今江蘇省連雲港市西。

[5]萬户：軍官名。爲統兵官，義軍萬户統兵約六百人。正九品。　胡仲珪：其他事迹不詳。

[6]副統：軍官名。爲統兵官，位於萬户之上，統兵約二千四

百人。正八品。　劉贇：其他事迹不詳。

[7]彭元帥：宋人。施國祁《金史詳校》卷八下曰："彭元帥即義斌。"参見本書卷一一四《白華傳》。

[8]安化軍：州軍名。治所在今山東省諸城市。

[9]符寶典書：殿前都點檢司屬吏。原爲牌印令史，金世宗大定二年（1162）改爲此名。正員四人。

[10]阿不罕奴失剌：女真人。又作阿不罕奴十剌，金哀宗朝曾任行尚書省事，駐守陜州，即今河南省三門峽市。天興元年（1232）十一月，金將内訌，爲河、解元帥趙偉所殺。

[11]温迪罕五兒：女真人。其他事迹不詳。

[12]蒲察永成：女真人。其他事迹不詳。　蒲察只魯：女真人。其他事迹不詳。

四年，改集慶軍節度使，[1]兼同知歸德府事。[2]五年，改定國軍節度使，[3]兼同知京兆府事，擢其子爲護衛。[4]元光元年，陜西行省白撒奏：[5]"京兆南山密邇宋境，[6]官民遷避其間者，無慮百萬人。可遣官鎮撫，庶幾不生他變。"宣宗以爲然。十月，霆以本官爲安撫使，[7]守同知歸德府惟宏、[8]大司農丞郭皓爲副使，[9]分護百姓之遷南山者。元光二年，卒。

[1]集慶軍：州軍名。治所在今安徽省亳州市。

[2]同知歸德府事：府屬官。掌通判府事。正四品。

[3]定國軍：州軍名。治所在今陜西省大荔縣。

[4]護衛：有皇帝護衛、東宫護衛、妃護衛、東宫妃護衛之分，均由殿前左、右衛將軍與衛尉司掌領。選取五品至七品官子孫及宗室並親軍、諸局分承應人，有才行及善射者充任。

[5]白撒：女真人。即完顔承裔，宗室出身。本書卷一一三

有傳。

[6]南山：當爲終南山之誤，指今秦嶺山脉。

[7]安撫使：安撫司屬官。掌鎮撫人民、譏察邊防軍旅、審録重刑事，勸農桑。從一品。金末安撫使授與過濫，其地位與職權遠不及章宗朝。

[8]惟宏：宣宗朝曾任林州刺史、招撫使等職。

[9]大司農丞：司農司屬官。本書卷五五《百官志一》，宣宗興定六年（1222）置司農司，官員中無大司農丞之職，其長官爲大司農，察官吏臧否而升黜之，正二品。哀宗正大元年（1224）司農司官員由五員改爲三員，設丞一員，正六品。此處作大司農丞，年代在宣宗朝，當無丞一職，然若郭皓爲大司農，似乎官品又過高，姑且存疑。　郭皓：其他事迹不詳。

烏古論長壽，臨洮府第五將突門族人也。[1]本姓包氏，襲父永本族都管。[2]泰和伐宋，[3]充緋翮翅軍千户，[4]取床川寨及祐州、宕昌、辛城子，[5]以功進官二階。貞祐初，夏人攻會州，[6]統軍使署征行萬户，[7]升副統，與夏人戰於窄土峽，[8]先登陷陣，賞銀五十兩。戰東關堡，[9]以功署都統，兼充安定、定西、保川、西寧軍馬都彈壓。[10]詔録前後功，遥授同知隴州防禦事，[11]世襲本族都巡檢。[12]三年，賜今姓。攻蘭州程陳僧，[13]爲先鋒都統。夏人圍臨洮，扼渭源堡，[14]内外不通。統軍司募人偵候臨洮消息，[15]長壽應募，馘二人，擒一人，問得臨洮及夏兵事勢。以勞遷宣武將軍，[16]遥授通遠軍節度副使。[17]招降諸蕃族及熟羊寨秦州逋亡者。[18]復遷懷遠大將軍，[19]升提控。興定元年，夏人大入隴西，[20]長壽拒戰，遷平涼府治中，[21]兼節度副使，充宣差鞏州規措官。[22]頃之，遥授同知鳳翔府事，兼同知通遠軍節度事，提控如故。

[1]第五將突門族：部族名。第五將，即第五將營，爲金代邊將設置，在今甘肅省華池縣一帶。

[2]包永：其他事迹不詳。　都管：羈縻制官名。此指西北部族的官員，爲世襲職。

[3]泰和：金章宗年號（1201—1208）。

[4]緋翮翅軍千户：軍官名。又稱猛安，統兵數百至千人。緋翮翅軍駐守在鳳翔、臨洮路邊陲一帶。

[5]床（yì）川寨：地名。在今甘肅省岷縣東。　祐州：治所在今甘肅省岷縣。　宕昌：寨名。位於今甘肅省宕昌縣北。　辛城子：地名。當在今甘肅省宕昌縣附近。

[6]會州：治所在今甘肅省靖遠縣南。

[7]統軍使：統軍司長官。掌督領軍馬，鎮守邊陲，分營衛，視察奸。正三品。　征行萬户：軍官名。爲統兵官，位於猛安之上。

[8]窄土峽：地名。當在今甘肅省蘭州市附近。

[9]東關堡：地名。位於今甘肅省蘭州市東。

[10]安定、定西、保川、西寧軍馬都彈壓：軍官名。統兵將領。安定、定西、保川、西寧皆縣名。安定縣治所在今甘肅省寧縣，定西縣治所在今甘肅省定西縣南，保川縣治所在今甘肅省靖遠縣南，西寧縣治所在今甘肅省定西縣東。

[11]隴州：治所在今陝西省千陽縣西北。

[12]都巡檢：巡檢司屬官。掌肅清盜賊之事。正七品。此處爲世襲本族都巡檢，顯然與諸州的都巡檢不同，大約西北部族地區的各級官員有一定數量爲世襲官。

[13]程陳僧：爲蘭州譯人，金宣宗貞祐二年（1214）十一月

叛入夏，從此金朝連歲與夏交兵。

[14]渭源堡：原脱“源”字。按本書卷一三四《西夏傳》，貞祐三年（1215）十月“陝西宣撫副使完顔胡失來救臨洮，大敗于渭源堡”。又卷二六《地理志下》，臨洮路臨洮府康樂縣有渭源堡。《金史詳校》卷八下，“‘渭’下當加‘源’”。中華點校本據補“源”字。今從之。渭源堡在今甘肅省臨洮縣境内。

[15]統軍司：指陝西統軍司，官署名。掌管督領軍馬，鎮攝封陲。陝西統軍司治於京兆府，今陝西西安市。

[16]宣武將軍：武散官。從五品下階。

[17]節度副使：州軍官。佐掌鎮撫諸軍防刺，判本鎮兵馬之事。從五品。

[18]熟羊寨：地名。位於今甘肅省隴西縣之西偏北。

[19]懷遠大將軍：武散官。從四品下階。

[20]隴西：縣名。治所在今甘肅省隴西縣。

[21]平凉府治中：治中，不見《百官志》記載。金世宗後期，逐漸以治中取代府少尹，掌通判府事。官品當與少尹同，正五品。平凉府治所在今甘肅省平凉市。

[22]宣差鞏州規措官：官名。具體職掌不詳。

興定二年，遷同知臨洮府事。與提控洮州刺史納蘭記僧分兵伐宋。[1]長壽由鹽川鎮進兵，[2]宋人守戍者走保馬頭山，[3]合諸部族兵來拒。長壽擊敗之，復破其援兵四千於荔川寨。[4]即趨宕昌縣，破宋兵二千于八斜谷，[5]拔宕昌縣，進攻西和州，[6]先敗其州兵。明日，木波兵三千與宋兵合，[7]依川爲陣，長壽奮擊，宋兵入保城，堅壁不復出，長壽乃還。凡斬馘八千，獲馬二百餘、牛羊三萬，器械軍實甚多。納蘭記僧出洮州鐵城堡，[8]屢敗宋人，完軍而還。詔賞鳳翔、秦、鞏伐宋將士，[9]長壽遥授隴安軍節度使，[10]同知通遠軍、提控如故。頃之，長壽升總領都提控，改通遠軍節度使。

[1]洮州：治所在今甘肅省臨潭縣。　納蘭記僧：女真人。曾爲元帥左都監帳下部將，多有戰功。

[2]鹽川鎮：地名。治所在今甘肅省隴西縣之西偏南。

[3]馬頭山：地名。當在今甘肅省宕昌縣一帶地方。

[4]荔川寨：地名。在今甘肅省宕昌縣北。

[5]八斜谷：地名。當在今甘肅省宕昌縣一帶地方。

[6]西和州：本宋長道縣白石鎮，移治岷州，改稱西和州，故城在甘肅西和縣西。

[7]木波：西北部族名。居住在今甘肅省環縣境内。

[8]鐵城堡：地名。地近金宋邊界，在今甘肅省漳縣南。

[9]鞏：州名。治所在今甘肅省隴西縣。

[10]隴安軍：州軍名。治所在今甘肅省静寧縣。

夏人攻定西，是時弟世顯已降夏人，[1]夏人執世顯至定西城下，謂長壽曰："若不速降，即殺汝弟。"長壽不顧，奮戰，夏兵退，加榮禄大夫，[2]賜金二十五兩、重幣三端。世顯既降，二子公政、重壽當緣坐。[3]宣宗嘉長壽守定西功，釋公政兄弟，有司廩給之。詔長壽曰："汝久在戎行，盡忠國事。世顯之降，必不得已，汝永念國恩，益思自効。"未幾，夏人復攻會州，行元帥府事石盞合喜發兵救未至，夏人移兵臨洮，長壽伏精兵五千于定西險要間，敗夏兵三萬騎，殺千餘人，獲馬數百。夏人已破西寧，乃犯定西，長壽擊却之，斬首三百級。既而三萬騎復至，攻城甚急，長壽乘城拒戰，矢石如雨，夏兵死者數千，被創者衆，乃解去。是歲，卒。

[1]包世顯：即烏古論世顯。金宣宗貞祐三年（1215）九月，賜姓烏古論。興定四年（1220）八月，使任會州刺史，降夏。

[2]榮禄大夫：文散官。從二品下階。

[3]包公政：又作烏古論公政。其他事迹不詳。　包重壽：又作烏古論重壽。其他事迹不詳。

完顔佐本姓梁氏，初爲武清縣巡檢。[1]完顔齩住本姓李氏，[2]爲柳口鎮巡檢。[3]久之，以佐爲都統，齩住副之，戍直沽寨。[4]貞祐二年，[5]乣軍遣張暉等三人來招佐，[6]佐執之。翌日，劉永昌率衆二十人持文書來，[7]署其年曰天賜，[8]佐擲之，麾衆執永昌，及暉等併斬之。宣宗嘉其功，遷佐奉國上將軍，[9]遥授德州防禦使，[10]齩住鎮國上將軍，[11]遥授同知河間府事，皆賜姓完顔氏。詔曰："自今有忠義如是者，並一體遷授。"

[1]巡檢：掌肅清盗賊之事。官品不詳。

[2]完顔齩住：即李咬住，以殺乣軍首領張暉有功賜姓完顔。

[3]柳口鎮：地名。當在天津市武清區境内。

[4]直沽寨：地名。即今天津市一帶。

[5]貞祐二年：本書卷一四《宣宗紀上》繫以下事迹於貞祐三年（1215）二月。

[6]乣軍：金朝由契丹等北方游牧民族組成的軍隊，戍守西北邊疆。金末多叛金，成爲金朝一心腹之患。　張暉：其他事迹

不詳。

［7］劉永昌：其他事迹不詳。

［8］天賜：當是以紅軍爲主的反金勢力的年號。

［9］奉國上將軍：武散官。從三品上階。

［10］德州：治所在今山東省德州市。

［11］鎮國上將軍：武散官。從三品下階。

贊曰：古者天子胙土命氏，漢以來乃有賜姓。宣宗假以賞一時之功，郭仲元、郭阿鄰以功皆賜國姓。女奚烈資禄、[1]烏古論長壽皆封疆之臣而賜以他姓。貞祐以後，賜姓有格。夫以名使人，用之貴則貴，用之賤則賤，使人計功而得國姓，則以其貴者反賤矣。完顏霆、完顏佐皆賜國姓者，併附於此。

［1］女奚烈資禄：咸平府人。本姓張，宣宗興定年間賜姓女奚烈。本書卷一二二有傳。

石抹仲温本名老斡，懿州胡土虎猛安人。[1]充護衛十人長、[2]太子僕正，[3]除同知武寧軍節度使事、[4]宿直將軍、[5]器物局使。[6]坐前在武寧造馬鞍虧直，章宗原之，改左衛將軍，[7]遷左副點檢。[8]坐征契丹逗遛，降蔡州防禦使。[9]復召爲左副點檢，遷知臨洮府事。

［1］懿州胡土虎猛安：女真、契丹行政建置名稱。猛安相當於防禦州，懿州治所在今遼寧省阜新市東北八十里繞陽河西岸塔營子屯古城。胡土虎，水名。《中國歷史地圖集》認爲是繞陽河，日本學者三上次男認爲是繞陽河的支流，張博泉認爲是今新開河南某

水，猛安約在今舊廟附近（張博泉等《金史論稿》第一卷，吉林文史出版社 1986 年版，第 310－311 頁）。此爲契丹人的猛安。

[2]十人長：殿前都點檢司屬官，統領護衛的小官。

[3]太子僕正：東宫屬官。掌車馬厩牧弓箭鞍轡器物等事。正六品。

[4]武寧軍：州軍名。治所在今江蘇省徐州市。

[5]宿直將軍：殿前都點檢屬官。掌總領親軍，凡宫城諸門衛禁並行從宿衛之事。正員八人，後增至十一人，從五品。

[6]器物局使：器物局屬官。掌進御器械鞍轡諸物。從五品。

[7]左衛將軍：殿前都點檢司屬官。掌宫禁及行從宿衛警嚴，仍總領護衛。官品失載。

[8]左副點檢：殿前都點檢司屬官，兼侍衛親軍副都指揮使。從三品。

[9]蔡州：治所在今河南省汝南縣。

泰和伐宋，青宜可内附，[1]進爵二級，賜銀二百五十兩、重幣十端。詔曰："青宜可之來，乃汝管内，與有勞焉。比與青宜可相合，其間諸事量宜而行。"頃之，諸道進兵，仲温以隴右步騎五千出鹽川。[2]八年，罷兵，改知河中府。[3]崇慶初，[4]遷陝西統軍使。[5]貞祐二年，宋人攻秦州，仲温率兵敗之。尋充本路安撫使，改鎮南軍節度使。致仕。興定三年，卒。

[1]青宜可：羌人。章宗、宣宗朝任羈縻州疊州副都總管、總管等。

[2]隴右：地名。指隴山以西黄河以東之地。

[3]河中府：府名。治所在今山西省永濟市西。

[4]崇慶：金衛紹王年號（1212—1213）。

[5]陜西統軍司：置於京兆府。

烏古論禮本名六斤，益都猛安人。[1]充習騎，[2]累擢近侍局直長，[3]轉本局副使、[4]左衛副將軍。[5]坐受沁南軍節度使兗王永成名馬玉帶，[6]杖一百，削官解職。起爲蒲速碗群牧副使，[7]改武庫署令、[8]宿直將軍，復爲左衛副將軍、順州刺史，[9]累遷武寧軍節度。

[1]益都猛安：女真行政建置名稱。益都，府名，治所在今山東省青州市。此猛安在益都府境内。

[2]習騎：蓋如習馬小底之類的小吏。

[3]近侍局直長：近侍局屬官。掌侍從，承勑令，轉進奏帖。正八品。

[4]本局副使：近侍局屬官。從六品。

[5]左衛副將軍：殿前都點檢屬官。掌宫禁及行宿衛警嚴，仍總領護衛。官品失載。

[6]坐受沁南軍節度使兗王永成名馬玉帶："受"，原作"授"，南監本、北監本、殿本、局本皆作"受"。中華點校本據殿本改，今從之。沁南軍，州軍名。治所在今河南省沁陽市。兗王，封爵名。明昌格，大國封號第十六位。　永成：女真人。即完顔永成，金世宗子。本書卷八五有傳。

[7]蒲速碗群牧副使：群牧所屬官。掌檢校群牧畜養蕃息之事。從六品。蒲速碗群牧所，爲金世宗朝官營畜牧所之一，在西京路的轄區内，今山西省北部與内蒙古自治區南部一帶。

[8]武庫署令：武庫署長官。掌收貯諸路常課甲仗。從六品。

[9]順州：治所在今北京市順義區。

泰和伐宋，爲山東路兵馬都統副使兼副統軍、[1]安化軍節度。八年，宋人請盟，罷兵馬都統官，仍以節度兼副統軍。大安三年，改知歸德府兼河南副統軍，[2]歷知河南府。至寧初，[3]改知太原府事。[4]貞祐二年，兼河東北路安撫使。[5]三年，充本路宣撫使，頃之，兼左副元帥。[6]四年，太原被圍，未幾圍解，進官二階。興定三年，卒。

[1]山東路兵馬都統副使：章宗時因與宋交戰，設都統使、副，以統領軍隊。副統軍，統軍司屬官，正三品。山東路統軍司治於益都府，今山東省青州市。

[2]河南統軍司：官署名。督統轄境内軍馬，鎮守封陲。治於開封府，今河南省開封市。

[3]至寧：金衛紹王年號（1213）。

[4]太原府：治所在今山西省太原市。

[5]河東北路：治所在今山西省太原市。

[6]左副元帥：元帥府長官之一。掌征伐之事。正二品。

蒲察阿里，興州路人。[1]以廕補官，[2]充護衛十人長、武器署令，[3]轉宿直將軍，遷右衛副將軍。[4]宋兵犯分道鋪，[5]馳驛赴邊，伺其入，以伏兵掩之。改提點器物局。[6]泰和伐宋，從右副元帥匡爲副統，[7]攻宜城縣，[8]取之。八年，以功遷武衛軍副都指揮使。[9]大安元年，同知南京留守事，[10]徙壽州防禦使，[11]遷興平軍節度使。崇慶初，遷元帥右都監，明年，轉左都監。時都城被圍，道路梗塞，阿里由太原至真定，[12]率師赴援，抵中山，[13]不克進。貞祐二年，移駐大名。徵河南鎮防軍圖再舉，衆既憚于行，而阿里遇之有厚薄，軍變，遇害，衆因逃散。宣宗詔元帥左都監完顔弼安集其軍，[14]赦首惡以下，河南統軍司更加撫諭。

［1］興州路：路是金朝地方最高行政區劃，然金無興州路，此處“路”當爲衍字。興州治所在今河北省承德市。

［2］廕補：是金朝女真人入仕的主要途徑之一，熙宗天眷年間，一品至八品皆不限所廕之人。海陵貞元二年（1154），定廕敘法，一品至七品皆限以數，削八品用廕之制。詳見本書卷五二《選舉志》。

［3］武器署令：武器署屬官。掌祭祀、朝會、巡幸及公卿婚葬鹵簿儀仗旗鼓笛角之事。從六品。

［4］右衛副將軍：殿前都點檢屬官。掌宫禁及行從宿衛警嚴，仍總領護衛。官品失載。

［5］分道鋪：地名。不能確指。

［6］提點器物局：器物局屬官。正五品。

［7］右副元帥：元帥府長官之一。掌征伐之事。正二品。　匡：女真人。即完顔匡。本書卷九八有傳。

［8］宜城縣：宋縣名。治所在今湖北省襄樊市南。

［9］武衛軍副都指揮使：武衛軍都指揮使司屬官。掌防衛都城，警捕盗賊。正員二人，從四品。

［10］同知南京留守：留守司屬官，帶同知本府尹兼本路兵馬都總管。正四品。

［11］壽州：治所在今安徽省鳳臺縣。

［12］真定：府名。治所在今河北省正定縣。

［13］中山：府名。治所在今河北省定州市。

［14］元帥左都監：元帥府屬官。掌征伐之事。從三品。　完顔弼：女真人。本書卷一〇二有傳。

奥屯襄本名添壽，上京路人。[1]大定十年，[2]襲猛安。[3]丞相襄舉通練邊事，[4]授崇義軍節度副使，[5]改烏古里糺詳穩，[6]召爲都水少監、[7]石州刺史。[8]未幾，爲平南盪江將軍，[9]以功升壽州防禦使，遷河南路副統軍兼同知歸德府事、昌武軍節度使，[10]仍兼副統軍。崇慶改元，爲元帥左都監，救西京，至墨谷口，[11]一軍盡殪，襄僅以身免，坐是除名。明年，授上京兵馬使。[12]宣宗即位，擢遼東路宣撫副使。[13]未幾，改速頻路節度使，[14]兼同知上京留守事。二年二月，爲元帥右都監，行元帥府事于北京。[15]五月，改留守，兼前職，俄遷宣撫使兼留守。

[1]上京路：治所在今黑龍江省阿城市白城。

[2]大定：金世宗年號，章宗即位後仍沿用一年（1161—1189）。

[3]猛安：女真地方行政建置猛安的長官有政治、軍事、生産等諸種職掌，熙宗以後，以猛安比防禦使，從四品，爲世襲職。

[4]丞相：即左丞相，尚書省屬官。爲國家重要輔弼大臣，掌丞天子，平章萬機。從一品。　襄：女真人。即完顏襄。本書卷九四有傳。

[5]崇義軍：州軍名。治所在今遼寧省義縣。

[6]烏古里糺詳穩：糺官。掌守戍邊堡，撫輯軍户，訓練武藝，按察所部，平理獄訟，勸課農桑。從五品。　烏古里糺：西北邊地設置名。統轄的人口主要是契丹人，隸屬於西京路。本書卷二四《地理志上》西京路，有烏古里部族節度使，可能烏古里糺也在這裏。

[7]都水少監：都水監屬官。佐掌川澤、津梁、舟楫、河渠之事，金宣宗興定五年（1221）以後兼管勾河漕運之事。從五品。

[8]石州：治所在今山西省離石縣。

[9]平南蕩江將軍：軍官名。金章宗泰和六年（1206）伐宋臨時置此官，官品在從六品之上。

[10]昌武軍：州軍名。治所在今河南省許昌市。

[11]墨谷口：地名。不能確指。

[12]上京兵馬使：即兵馬都指揮使，總管府節鎮兵馬司長官。掌巡捕盜賊，提控禁夜，糾察諸博徒、屠宰牛馬，總判司事。正五品。

[13]遼東路：即東京路，治所在今遼寧省遼陽市。

[14]速頻路：地區級路名。隸屬上京路，治所在今俄羅斯烏蘇里斯克。

[15]北京：原遼中京大定府舊址，金初承用遼制稱中京，海陵貞元元年（1153）改中京爲北京。北京大定府的治所在今內蒙古自治區寧城縣境內。

十一月，詔諭襄及遼東路宣撫使蒲鮮萬奴、[1]宣差蒲察五斤曰：[2]“上京、遼東國家重地，以卿等累効忠勤，故委腹心，意其協力盡公，以徇國家之急。及詳來奏，乃大不然，朕將何賴。自今每事同心，併力備禦，機會一失，悔之何及！且師克在和，善鈞從衆，尚懲前過，以圖後功。”三年正月，襄爲北京宣差提控完顏習烈所害。[3]未幾，習烈復爲其下所殺，詔曲赦北京。

[1]蒲鮮萬奴：女真人。《元史·塔思傳》則記載爲完顏萬奴。曾廉《元書》疑是金主賜之國姓；日本學者箭內亘《東夏國的疆

域》一文提出，蒲鮮萬奴立國之後，僭用金之國姓；王慎榮、趙鳴岐《東夏史》認爲萬奴立國與改姓是在同時（天津古籍出版社1990年版，第31頁）。金宣宗時官至遼東宣撫使，貞祐三年（1215）春兵變叛金，十月“僭稱天王，國號大真，改元天泰”。宣宗興定元年（1217）改國號爲東夏。東夏政權在今中國東北的東北部地區，1233年爲蒙古所滅。

[2]蒲察五斤：女真人。金宣宗貞祐三年（1215），以拱衛直都指揮使爲賀宋正旦使，其後任權遼東路宣撫使、權參知政事、行尚書省、元帥府於上京，元帥左監軍、右副元帥、行省遼東。

[3]完顏習烈：女真人。其他事迹不詳。

完顏蒲剌都，西南路按出灰必剌罕猛安人。[1]充護衛，除泰定軍節度副使。以憂去官，起復唐古部族節度副使，[2]徙安國軍、[3]移乣詳穩，[4]累官原州刺史。[5]坐買部内馬虧直，奪官一階，降北京兵馬都指揮使、寧遠軍刺史，[6]歷同知臨洮府、西京留守事。崇慶元年，遷震武軍節度，[7]備禦有功，遷一官。

[1]西南路按出灰必剌罕猛安：女真社會行政組織名稱。西南路是西京路下屬的地區級路，治所在今内蒙古自治區呼和浩特市東，大定八年（1168）遷至今山西省應縣。按出灰必剌罕，即按出虎水，今黑龍江省阿城市境内。此猛安自上京按出虎水移來（張博泉等《金史論稿》第一卷，第317頁）。

[2]唐古部族節度副使：部族官。佐掌鎮撫諸軍防刺，判本鎮兵馬之事。從五品。本書卷四四《兵志》：“東北路部族乣軍曰迭剌部，曰唐古部。”東北路爲北京路屬下地區級路，治所在今吉林省洮南市東。

[3]安國軍：州軍名。治所在今河北省邢臺市。

［4］移乣：西北邊地設置乣名。局本作“伊勒敦乣”。按本書卷二四《地理志上》，西京路下有移典乣詳穩。卷五七《百官志三》，諸乣條下有“移剌乣”。卷八一《阿勒根没都魯傳》，皇統二年（1142）“授同知通遠軍節度使，改移剌都乣詳穩”。《金史詳校》卷八下，“‘移’下當加‘剌’”。雖尚不能定奪是哪個乣，但其應隸屬西京路。

［5］原州：治所在今甘肅省鎮原縣。

［6］寧遠軍刺史：金制，軍州設節度使，本書卷一二二《伯德窊哥傳》作“寧遠軍節度副使”。此處“刺史”或是“節度使”之誤。寧遠軍，軍州名。按本書卷二四《地理志上》東京路條，“貴德州，刺史，下。遼貴德州寧遠軍，國初廢軍，降爲刺郡”。金末再見寧遠軍，然設刺史，與金制不符，或有誤。如是貴德州恢復遼軍州名稱，其治所在今遼寧省撫順市。如是新置軍州，其治所的今地不詳。

［7］震武軍：州軍名。治所在今山西省代縣。

貞祐初，置東、西面經略司，[1]就充西面經略使，[2]上言：“管内大和嶺諸隘屯兵，[3]控制邊要。行元帥府輒分臣兵萬二千戍真定，餘衆不足守禦，近日復簡精鋭二千七百人以往。今見兵不滿萬，老羸者十七八。臣死固不足惜，顧國家之事不可不慮，新設經略移文西京、太原、河東取軍馬，大數並稱非臣所統。”詔真定元帥府還其精鋭二千七百人。西京、太原、嵐州有警急，[4]約爲應援。州郡皆不欲屬經略司，遂罷經略官，入爲簽樞密院事，[5]改左副點檢。四年，遷兵部尚書。興定元年，致仕。四年，卒。

[1]貞祐初，置東、西面經略司：原無“貞祐”二字。按本書卷二四《地理志上》中都路平州“貞祐二年四月置東面經略司，八月罷”。卷二六《地理志下》河東北路，“代州，天會六年置震武軍節度使，貞祐二年僑置西面經略司，八月罷”。《金史詳校》卷八下，“此上當加‘貞祐’”。中華點校本據補之。今從之。東西面經略司，官署名。宣宗貞祐二年（1214）設於地方的軍事機構，協調各地兵馬抗擊蒙古軍隊，收復失地。

[2]西面經略使：統轄中原西部地區的軍隊。官品不詳。

[3]大和嶺：地名。南監本、北監本、殿本、局本並作“太和嶺”。本書“大和嶺”與“太和嶺”兩見，不能定何者爲是。位於今陝西省神木縣南。

[4]嵐州：治所在今山西省寧武縣北。

[5]簽樞密院事：樞密院屬官。佐掌國家軍務機密之事。正三品。

夾谷石里哥，上京路猛安人。明昌五年進士，[1]泰州防禦判官，[2]補尚書省令史，[3]歷臨潢、婆速路都總管判官，[4]累除刑部主事，[5]改薊州副提控，[6]駐軍大名。俄遷翰林待制，[7]爲宿州提控。與山東宣撫完顏弼攻大沫堌，[8]賊衆千餘逆戰，石里哥以騎兵擊之，盡殪。提控没烈入自北門，[9]遂擒劉二祖。[10]以功遷武衛軍副都指揮使。坐前在宿州掠良人爲生口，當死，特詔决杖八十。徙洺州防禦使、[11]山東路副統軍。坐不時進兵，往宿遷取妻子，[12]解職。起爲東平行軍提控。興定元年，破宋兵于宿州，以功遥授安化軍節度使，移定海軍，[13]卒。

[1]明昌：金章宗年號（1190—1196）。

[2]泰州防禦判官：防禦州屬官。掌簽判州事，專掌通檢推排簿籍。正八品。泰州治所在今吉林省洮南市東。

[3]尚書省令史：尚書省下屬吏員。

[4]臨潢、婆速路都總管判官：路屬官。掌紀綱總府務，分判兵案之事。正五品。婆速路，東京路下屬的地區級路。治所一説在今遼寧省丹東市北蒲石河口，一説在今遼寧省丹東市九連城西北古城。

[5]刑部主事：刑部屬官。掌受事付事，檢勾稽失省署文牘，兼知本部宿直，檢校架閣。正員二人，從七品。熙宗皇統四年（1144），主事始用漢族士人。世宗大定三年（1163），用進士，非特旨不得擬用吏人。章宗承安五年（1200），增女真主事一人。

[6]薊州：治所在今天津市薊縣。

[7]翰林待制：翰林學士院屬官。分掌詞命文字，分判院事，銜内帶“同知制誥”。不限員，正五品。

[8]大沬堌：地名。在南京路宿州，今安徽省宿州市一帶，具體地點不能確指。

[9]没烈：女真人。即完顔惟熔。本書卷六五有傳。

[10]劉二祖：金末山東泰安一帶農民起義軍的首領。

[11]洺州：治所在今河北省曲周縣。

[12]宿遷：縣名。治所在今江蘇省宿遷市。但石里哥未曾在宿遷縣爲官，籍貫也不在南方，施國祁《金史詳校》卷八下認爲，宿遷當是宿州之誤。

[13]定海軍：州軍名。治所在今山東省萊州市。

术甲臣嘉，北京路猛安人，襲父謀克。[1]泰和伐宋，隸陝西完顔綱麾下。[2]歷通州、海州同知軍州事。貞祐二年，除武器署丞。[3]救集寧有功，[4]遷河南統軍判官、[5]拱衛直副都指揮使、[6]河南治中，遥領綏州刺史兼延安治中，[7]就遷同知府事，改同知河間府事。

[1]謀克：女真地方行政建置長官的名稱。世襲職。謀克相當於縣，長官掌撫輯軍户，訓練武藝，按察所部，勸課農桑，平理獄訟，捕除盗賊，禁止游惰。從五品。

[2]完顔綱：女真人。本書卷九八有傳。

[3]武器署丞：武器署屬官。掌祭祀、朝會、巡幸及公卿婚葬鹵簿儀仗旗鼓笛之事。從七品。

[4]集寧：縣名。治所在今内蒙古自治區烏蘭察布市集寧區。

[5]統軍判官：統軍司屬官。掌紀綱庶務，簽判司事。從五品。

[6]拱衛直副都指揮使：拱衛直使司屬官。掌總統本直，謹嚴儀衛。從五品。

[7]綏州：本書《地理志》不載，僅此一見。卷二六《地理志下》鄜延路條下有綏德州，爲唐綏州，此處或脱德字，爲綏德州之誤。　延安：府名。治所在今陝西省延安市。

興定元年，行樞密院于壽州，由壽、泗渡淮伐宋。[1]二年二月，破宋兵三千於漸湖灘，[2]斬三百級。有詔蹂踐宋境上，毋深入。臣嘉駐霍丘楂岡村，[3]縱輕騎鈔掠，焚毁積聚。獲宋諜者張聰，[4]知宋兵二千屯高柳橋，[5]老幼甚衆，其寨兩城，環之以水。臣嘉遣張聰持牒招之，不從。先令水軍徑渡攻之。軍士牛青操戈刺門卒，[6]皆披靡散去，遂登陴，大軍繼之，夷其寨而還。遇宋兵數千於梅景村。[7]臣嘉伏兵林間，以步卒誘致之，伏發，宋兵潰，追奔十餘里，生擒其將阮世安等五人，[8]獲器仗甚衆。七月，賞征南功，[9]升職一等，遷元帥右都監，充陝西行省參議官。[10]四年，兼金安軍節度使。[11]五年，改知延安府事，轉左都監，駐兵京兆。元光元年，卒。

[1]泗：州名。治所在今江蘇省盱眙縣北。

[2]二年二月，破宋兵三千於漸湖灘：原脱“二年”二字。本書卷一五《宣宗紀》，興定二年（1218）二月“丁巳，壽州行樞密院破宋人高柳橋水砦，夷其砦而還”。《金史詳校》卷八下，“上上當加‘二年’”。中華點校本據補。今從之。漸湖灘，地名。在宋境内，不能確指。

[3]霍丘：宋縣名。治所在今安徽省霍邱縣。　楂岡村：地名。當在霍邱縣附近。

[4]張聰：宋人。其他事迹不詳。

[5]高柳橋：地名。亦在霍邱縣境内。

[6]牛青：其他事迹不詳。

[7]梅景村：地名。亦在霍邱縣境内。

[8]阮世安：其他事迹不詳。

[9]七月，賞征南功：“七月”，原作“二年”。上文已補二年。又據本書卷一五《宣宗紀中》，興定二年（1218）“七月辛未，詔賞南伐將士有差”。《金史詳校》卷八下，“‘二年’當作‘七月’”。中華點校本將二年改爲七月。今從之。

[10]陝西行省參議官：行尚書省屬官。掌參議行省軍、政事務，以他官兼之。

[11]金安軍：州軍名。治所在今陝西省華縣。

紇石烈桓端，西南路忽論宋割猛安人，[1]襲兄銀术可謀克。[2]泰和伐宋，充行軍萬户，破宋兵二千於蔡州，加宣武將軍。[3]自壽州渡淮，敗宋步騎一萬五千于鵅子嶺，[4]遂克安豐軍。[5]軍還，除同知懷遠軍節度事，[6]權木典乣詳穩。[7]大安三年，西京行省選充合扎萬户，[8]遥授同知清州防禦事，改興平軍節度副使，[9]遥授顯德軍節度副使，[10]徙遼東路宣撫司都統。[11]敗移剌留哥萬五千衆于御河寨，[12]奪車數千兩，降萬餘人。加驃騎衛上將軍，[13]遥授同知順天軍節度事。[14]

[1]西南路忽論宋割猛安：女真行政建置名稱。忽論宋割又作胡論宋葛，水名，指今黑龍江省拉林河支流活龍河及松花江。此猛安是從上京地區遷至西京路下屬的西南路。

[2]紇石烈銀术可：女真人。其他事迹不詳。

[3]宣武將軍：武散官。正五品中階。

[4]鵶子嶺：地名。位於金壽州與宋安豐軍之間，即今安徽省鳳臺縣與壽縣之間某地。

[5]安豐軍：宋州軍名。治所在今安徽省壽縣。

[6]懷遠軍：州軍名。治所在今遼寧省瓦房店市。

[7]木典乣：西北邊地設置乣名。隸屬西京路。

[8]合扎萬户：軍官名。“合扎”女真語義爲“親軍”，即親軍較爲高級的指揮官。

[9]興平軍：州軍名。治所在今河北省盧龍縣。

[10]顯德軍：州軍名。治所不詳。

[11]徙遼東路宣撫司都統：原脱“遼”字。據下文“詔遼東宣撫承制遷賞”，《金史詳校》卷八下，“‘東’上當加‘遼’”。中華點校本補之。今從之。

[12]移剌留哥：契丹人。又作耶律留哥，爲北邊千户，金衛紹王崇慶元年（1212）在東北叛金降蒙。翌年三月，被推爲遼王，建元天統，定都咸平（今遼寧省開原市老城），後歸蒙古。《元史》卷一四九有傳。　御河寨：地名。具體不詳。

[13]驃騎衛上將軍：武散官。正三品下階。

[14]順天軍：州軍名。治所在今河北省保定市。

貞祐二年，爲宣差副提控，同知婆速路兵馬都總管，[1]行府事。貞祐三年，蒲鮮萬奴取咸平、東京瀋、澄諸州，[2]及猛安謀克人亦多從之者。[3]三月，萬奴步騎九千侵婆速近境，桓端遣都統溫迪罕怕哥輦擊却之。[4]四月，復掠上古城，[5]遣都統兀顏鉢轄拒戰。[6]萬奴別遣五千人攻望雲驛，[7]都統奧屯馬和尚擊之。[8]都統夾谷合打破其衆數千于三叉里。[9]五月，都統溫迪罕福壽攻萬奴之衆于大寧鎮，[10]拔其壘，其衆殲焉。九月，萬奴衆九千人出宜風及湯池，[11]桓端率兵與戰，其衆潰去，因招唵吉、斡都、麻渾、賓哥出、臺荅、愛顏哥、不灰、活拙、按出、孛德、烈鄰十一猛安復來附，[12]擇其丁男補軍，攻城邑之未下者。貞祐四年，桓端遣王汝弼由海道奏事，[13]宣宗嘉其功，桓端遷遼海軍節度使、[14]同知行府事，宣差提控如故。婆速路溫甲海世襲猛安、[15]權同知府事溫迪罕哥不靄遷顯德軍節度使，[16]兼婆速府治中。權判官、前修起居注裴滿按帶遷兩階，[17]升二等。王汝弼遷四階，升四等。餘將士有功者，詔遼東宣撫承制遷賞。[18]是歲，改邳州刺史，[19]充徐州界都提控。

[1]同知婆速路兵馬都總管：路屬官。掌通判府事。從四品。但婆速路爲地區級路，官職雖與上一級路同，官員是否有差別，尚待考。

[2]瀋：州名。治所在今遼寧省瀋陽市。　澄：州名。治所在

今遼寧省海城市。

[3]猛安謀克：女真與部分北方民族的地方行政建置名稱。猛安相當於防禦州，這裏指猛安謀克所轄女真和北方民族人口。

[4]温迪罕怕哥輦：女真人。其他事迹不詳。

[5]上古城：在今遼寧省桓仁縣西北六道河子鄉上古城子村的下古城舊址。

[6]兀顔鉢轄：女真人。其他事迹不詳。

[7]望雲驛：地名。在遼寧省鳳城市西南七十二里的卧雲山。。

[8]奥屯馬和尚：女真人。其他事迹不詳。

[9]夾谷合打：女真人。其他事迹不詳。　三叉里：地名。在望雲驛通往大寧鎮的途中。

[10]温迪罕福壽：女真人。其他事迹不詳。　大寧鎮：明昌四年（1193）升爲岩縣，在今遼寧岫岩縣。

[11]宜風：縣名。本書卷二四《地理志上》東京路遼陽府有宜豐縣。疑是宜豐之誤，治所在今遼寧省遼陽市西南一百里。　湯池：縣名。治所在今遼寧省營口市東南湯池堡。

[12]唵吉、斡都、麻渾、賓哥出、臺荅、愛顔哥、不灰、活拙、按出、孛德、烈鄰十一猛安：女真行政建置名。斡都，即斡篤，河名，在曷蘇館，後改屬蓋州（今遼寧省蓋州市）。愛顔哥，日本學者三上次男《金代女真研究》謂愛顔哥與愛也窟河（今圖們江上游）有關。孛德即蓋州之本得山猛安。按出，與按出虎水（今阿什河）有關。此十一猛安屬東京路，在宜豐至蓋州一帶地方。從名稱看有的是從上京路移來，已多不可考（黑龍江人民出版社1984年版，第485頁）。

[13]王汝弼：其他事迹不詳。

[14]遼海軍：州軍名。治所在今遼寧省蓋州市。

[15]婆速路温甲海世襲猛安：女真行政建置名稱。在婆速路境内，具體無考。

[16]温迪罕哥不靄：女真人。其他事迹不詳。

[17]修起居注：記注院屬官。掌記帝王言行，一般以他官兼之。　裴滿按帶：女真人。其他事迹不詳。

[18]遼東宣撫：即遼東宣撫使，宣撫司長官。節制遼東兵馬公事。從一品。遼東宣撫司治所在東京遼陽府。

[19]邳州：治所在今江蘇省邳州市。

紅襖賊數萬攻邳州，桓端破之于黄山。[1]賊復來，桓端薄其營，走保北山，[2]追擊敗之，溺沂水死者甚衆。[3]賊數萬圍沂州，[4]同知防禦事僕散撒合突圍出求救，[5]桓端率兵赴之。撒合還入沂州，與桓端内外夾擊之，殺萬餘人，賊乃去。樞密副使僕散安貞上其功，[6]因奏曰："桓端天資忠實，深有計畫，曉習軍事，撒合勇而有謀，皆得軍民心，乞加擢用。"桓端進金紫光禄大夫，兼同知武寧軍節度事，提控如故。召爲勸農副使，[7]充都提控，屯陳州。[8]

[1]黄山：在邳州境。

[2]北山：在邳州境。

[3]沂水：今山東省沂水。

[4]沂州：治所在今山東省臨沂市。

[5]僕散撒合：女真人。其他事迹不詳。

[6]樞密副使：樞密院副長官。掌國家軍務機密之事。從二品。僕散安貞：女真人。本書卷一〇二有傳。

[7]勸農副使：勸農司屬官。正五品。

[8]陳州：治所在今河南省淮陽縣。

興定元年，自新息渡淮伐宋，[1]破中渡店，[2]至定城，[3]以少擊衆，戰不留行。未幾，充宣差參議官，[4]復渡淮，連破宋兵，獲其將沈俊，遷武衛軍副都指揮使。宋人城守不出，分兵攻其山寨水堡，殺獲甚衆。興定二年，遷鎮南軍節度使，權元帥右都監。數月，改武衛軍都指揮使，[5]仍權右都監，行元帥府于息州。[6]

[1]新息：縣名。金章宗泰和八年（1208）新息縣升爲息州，治所在今河南省息縣。

[2]中渡店：地名。位於河南省息縣南。

[3]定城：宋縣名。治所在今河南省潢川縣。

[4]宣差參議官：爲行尚書省、行樞密院、行元帥府所屬幕僚之一。

[5]武衛軍都指揮使：武衛軍都指揮使司長官。掌防衛都城、警捕盜賊。從三品。

[6]息州：治所在今河南省息縣。

徐州行樞密院石盞女魯歡剛愎自用，[1]詔桓端以本官權簽樞密院事，往代之。四年冬，上言：“竊聞宋人與李全將併力來攻，[2]當預爲之防。”樞密院奏，可召桓端與朝臣面議。尋有疾，賜太醫御藥。五年正月，召至京師，疾病不能入見，力疾草奏，大略以南北皆用兵，當豫防其患，及防河數策。無何，卒，年四十五。勅有司給喪事。

[1]石盞女魯歡：女真人。本書卷一一六有傳。

[2]李全：金末山東濰州一帶農民起義軍的首領。金宣宗興定二年（1218）歸宋後仍堅持反金，後來發展爲一個地方割據勢力，

歸降蒙古。見《宋史》卷四七六《李全傳》及《齊東野語》卷九《李全》。

完顔阿里不孫字彦成，曷懶路泰申必剌猛安人。[1]明昌五年進士，調易州、忻州軍事判官、[2]安豐縣令。補尚書省令史，除興平軍節度副使，應奉翰林文字，[3]轉修撰，[4]充元帥左監軍紇石烈執中經歷官。[5]執中圍楚州，[6]縱兵大掠，坐不諫正，决杖五十。大安初，改户部員外郎、[7]鈞州刺史。[8]執中行樞密院於西京，復以爲經歷官。改威州刺史。貞祐初，累遷國子祭酒，[9]歷越王、濮王傅，[10]改同知平陽府事，[11]兼本路宣撫副使。召爲兵部侍郎，[12]遷翰林侍講學士。[13]改陝西路宣撫副使，遷元帥左都監。改河平軍節度使、[14]河北西路宣撫副使。[15]改御史中丞、[16]遼東宣撫副使。再閲月，權右副元帥、參知政事、遼東路行尚書省事，賜御衣、厩馬、安山甲。上京行省蒲察五斤奏其功，賜金百兩、絹百匹。

[1]曷懶路泰申必剌猛安：女真行政建置名稱。曷懶路，上京路下屬的地區級路，治所在今朝鮮的吉州。泰申必剌，水名，爲今何水不可指，可能是吉林省通化市北哈尼河與圖們江之間。

[2]易州、忻州軍事判官：《百官志》州官條下僅有“判官”一職，職掌又與軍事無關，但《金史》中軍事判官極爲常見，很少見州判官。是《百官志》脱“軍事”二字，還是傳記記載有誤很難定奪，姑且存疑。判官掌簽判州事，專管通檢推排簿籍。從八品。易州治所在今河北省易縣，忻州治所在今山西省忻州市。

[3]應奉翰林文字：翰林學士院屬官。分掌詞命文字，分判院

事。從七品。

[4]修撰：翰林學士院屬官。分掌詞命文字，分判院事，銜内帶“同知制誥”。不限員，從六品。

[5]紇石烈執中：女真人。本書卷一三二有傳。　經歷官：行樞密院屬官。掌出納文移。

[6]楚州：治所在今江蘇省淮安市。

[7]户部員外郎：户部屬官。正員二人。一員掌户籍、物力、鹽鐵、酒麯、礦冶、榷場、市易等事；一員掌度支、國用、俸禄、錢帛、貢賦、租税、積貯、度量衡等事。從六品。

[8]鈞州：治所在今河南省禹州市。

[9]國子祭酒：國子監長官。掌學校。正四品。

[10]越王、濮王傅：親王府屬官。掌師範輔導，參議可否，若親王在外，亦兼本京節鎮同知。正四品。越王，封爵名。大定格，大國封號第九位。這裏指世宗子完顏永功，本書卷八五有傳。濮王，封爵名。明昌格，小國封號第一位。這里指宣宗子完顏守純，本書卷九三有傳。

[11]平陽府：治所在今山西省臨汾市。

[12]兵部侍郎：兵部屬官。正四品。

[13]翰林侍講學士：翰林學士院屬官。掌制撰詞命，凡應奉文字，銜内帶“知制誥”。從三品。

[14]河平軍：州軍名。治所在今河南省衛輝市。

[15]河北西路：地方最高行政區劃名。治所在今河北省正定縣。

[16]御史中丞：御史臺屬官。爲御史大夫的副佐，佐掌糾察朝儀，彈劾官邪，審刑獄不當之事。從三品。

興定元年，真拜參知政事，權右副元帥，行尚書省、元帥府于婆速路，承制除拜刺史以下。不協。[1]是時，蒲鮮萬奴據遼東，侵掠婆速之境，高麗畏其强，[2]助粮八萬石。上京行省蒲察五斤入朝，遼東兵勢愈弱，五斤留江山守肇州，[3]江山亦頗懷去就。及上京宣撫使蒲察移剌都改陜西行省參議官，[4]而伯德胡土遂有異志。[5]宣撫使海奴不迎制使，[6]坐而受詔，阿里不孫械繫之。頃之，阿里不孫輒矯制大赦諸道，衆乃稍安，而請罪于朝。

[1]不協：中華點校本疑上有脱文。

[2]高麗：朝鮮半島政權名（918—1392）。

[3]江山：女真人。姓完顔氏，曾任左翼提控。　肇州：治所在今黑龍江省肇源縣。

[4]蒲察移剌都：女真人。本書卷一〇四有傳。　行省參議官：行省屬官。掌參議行省軍政事務。具體官品不詳，但從其事迹看，是地位較高的官員。

[5]伯德胡土：女真人。其他事迹不詳。

[6]海奴：其他事迹不詳。

初，留哥據廣寧，[1]知廣寧府事温迪罕青狗居蓋州，[2]妻子留廣寧，與伯德胡土約爲兄弟。青狗兵隸阿里不孫，内猜忌不協，蒲察移剌都嘗奏青狗無隸阿里不孫。宣宗乃召青狗，青狗不受詔，阿里不孫殺之。胡土乃怨阿里不孫。既而胡土率衆伐高麗，乃以兵戕殺阿里不遜。權左都監納坦裕與監軍温迪罕哥不靄、遥授東平判官、參議軍事郭澍謀誅胡土，[3]未敢發，會上京留守蒲察五斤遣副留守夾谷愛荅、[4]左右司員外郎抹撚獨魯詣裕計事。[5]裕以謀告二人，二人許諾，遂召胡土至帳中殺之。阿里不孫已死，朝廷始得矯赦奏疏，詔有司獎諭。未幾，聞阿里不孫死于亂，詔贈平章政事、[6]芮國公。[7]納合裕真授左都監，[8]哥不靄進一階，愛荅、獨魯、郭澍遷官升職有差。

阿里不孫寬厚愛人，敏於吏事，能治劇要，識者以爲用之未盡云。

[1]廣寧：府名。治所在今遼寧省北寧市。

[2]溫迪罕青狗：女真人。《元史·耶律留哥傳》："甲戌，金遣使青狗誘以重禄使降，不從。青狗度其勢不可，反臣之。丙子，青狗叛歸於金。"　蓋州：治所在今遼寧省蓋州市。

[3]納坦裕：女真人。其他事迹不詳。　判官、參議軍事：府屬官。掌紀綱衆務，分判吏、户、禮案事，專掌通檢推排簿籍，後又加參議軍事的職掌。從六品。　郭澍：其他事迹不詳。

[4]夾谷愛荅：女真人。金哀宗朝曾任忠義軍總領。

[5]左右司員外郎：行省屬官。掌奏事付事。　抹撚獨魯：女真人。其他事迹不詳。

[6]平章政事：尚書省屬官。金代宰相成員之一，爲丞相的副佐。正員二人，從一品。

[7]芮國公：封爵名。明昌格，小國封號第三十位。

[8]納合裕：上文作"納坦裕"。納合、納坦均爲女真姓氏，其中必有一誤。

完顔鐵哥性淳直，體貌雄偉，粗通書。年二十四，襲父速頻路曷懶合打猛安。[1]授廣威將軍。[2]御下惠愛。察廉，除臨海軍節度副使，[3]改底剌糺詳穩。[4]

[1]速頻路曷懶合打猛安：女真行政建置名稱。曷懶合打，山名。合打，女真語爲“峰”，具體地點不能確指。

[2]廣威將軍：武散官。正五品上階。

[3]臨海軍：州軍名。治所在今遼寧省錦州市。

[4]底剌乣：西北邊地的設置乣名。不能確指。

丞相襄行省于北京，鐵哥爲先鋒萬户，[1]有功。丁母憂，服除，遷同知武勝軍節度使事，[2]充右副元帥完顏匡副統，號平南盪江將軍。攻光化軍，[3]王統制以步騎出東門逆戰，[4]鐵哥擊却之，拔鹿角，奪門以入，遂克之。進攻襄陽，[5]爲前驅，獲生口，知江渡可涉處，陰植標以識之。大軍至，鐵哥導之濟，屢戰皆捷，以勞進官兩階。匡圍德安，[6]鐵哥總領攻城，築壘于德安南鳳凰臺，[7]並城作甬道，立鵝車，對樓攻之，[8]擊走張統制兵。[9]時暑，還屯鄧州。[10]兵罷，進官兩階，遷同知臨潢府事，改西南路副招討、[11]宿州防禦使。貞祐二年，樞密使徒單度移剌以鐵哥充都統，[12]入衛中都。遷東北路招討使，兼德昌軍節度使。[13]

[1]先鋒萬户：統兵官。官品不詳。

[2]武勝軍：州軍名。治所在今河南省鄧州市。

[3]光化軍：州軍名。治所在今湖北省丹江口市東南。

[4]王統制：宋統兵官。名佚。

[5]襄陽：宋府名。治所在今湖北省襄樊市。

[6]德安：府名。治所在今湖北省安陸市。

[7]鳳凰臺：地名。位於今湖北省安陸市南。

[8]鵝車、對樓：皆爲攻城的用具。

[9]張統制：宋統兵官。名佚。

[10]鄧州：州名。治所在今河南省鄧州市。

[11]西南路副招討：招討司屬官。佐掌招懷降附，征討叛離。正員二人，從四品。西南路，地區級路名。隸屬於西京路。

[12]樞密使：樞密院長官。從一品。　徒單度移剌：女真人。其他事迹不詳。

[13]德昌軍：州軍名。治所在今吉林省洮南市。

蒲鮮萬奴在咸平，忌鐵哥兵强，牒取所部騎兵二千，又召泰州軍三千及户口遷咸平。鐵哥察其有異志，不遣。宣撫使承充召鐵哥赴上京，[1]命伐蒲與路。[2]既還，適萬奴代承充爲宣撫使，摭前不發軍罪，下獄被害。謚勇毅。

[1]承充：女真人。姓完顔，宗室出身，其後任元帥、行省事，爲蒲鮮萬奴所殺。

[2]蒲與路：地區級路名。隸屬於上京路，治所在今黑龍江省克東縣東。

納蘭胡魯剌，大名路怕魯歡猛安人。[1]性淳直，寡言笑，好讀書，博通今古。承安二年，[2]進士第一，除應奉翰林文字。被詔括牛于臨潢、上京等路。丞相襄有田在肇州，家奴匿牛不以實聞，即械繫正其罪而盡括之。於是豪民皆懼，無敢匿者。使還，襄稱其能。[3]居父喪盡禮，御史舉其清節。[4]服除，轉修撰。平章政事僕散端舉廉能有文采，[5]遷同知順天軍節度使事，[6]從伐宋。以勞加朝請大夫，[7]改禮部員外郎、[8]曹州刺史。[9]豪民僕散掃合立私渡於定陶間，[10]逃兵盜劫，皆籍爲囊橐，累政莫敢問。胡魯剌捕治之，窮竟其黨，闔郡肅然。改沃州。[11]改南京路按察副使。[12]貞祐二年，改泗州防禦使。召爲吏部侍郎，[13]遷絳陽軍節度使，[14]權河東南路宣撫副使。[15]

[1]大名路怕魯歡猛安：女真行政建置名稱。怕魯歡，山名。即上京路隆州的怕里干山，今吉林省農安縣南。

[2]承安：金章宗年號（1196—1200）。

[3]襄稱其能：原脱“其”字。《金史詳校》卷八下，“‘能’上當加‘其’”。中華點校本據文義補“其”字，今從之。

[4]御史：即監察御史，御史臺屬官。掌糾察内外官員非違之事。正員十二人，正七品。

[5]僕散端：女真人。本書卷一〇一有傳。

[6]順天軍：州軍名。治所在今河北省保定市。

[7]朝請大夫：文散官。從五品上階。

[8]禮部員外郎：禮部屬官。佐掌禮樂、祭祀、學校、貢舉諸事。從六品。

[9]曹州：治所在今山東省菏澤市。

[10]僕散掃合：女真人。其他事迹不詳。　定陶：縣名。治所在今山東省定陶縣。

[11]沃州：治所在今河北省趙縣。

[12]南京路按察副使：按察司屬官。掌審察刑獄、照刷案牘、糾察濫官污吏豪猾之人、私鹽酒麯並應禁之事，兼勸農桑。正四品。南京路按察司治所在今河南省開封市。

[13]吏部侍郎：吏部屬官。爲吏部尚書副佐，掌文武選授、勳封、考課、出給制誥之政。正四品。

［14］絳陽軍：州軍名。治所在今山西省新絳縣。

［15］河東南路：治所在今山西省臨汾市。

是時兵興，胡魯剌完城郭，繕器械，料丁壯爲鄉兵。[1]延問耆老，招致儒士，咨以備禦之策。鹽米儲偫，[2]勸富民出粟，郡賴以完。賜詔褒諭，加資善大夫，[3]官其次子吾申。[4]改權經略使，被召，以疾不能行，卒於絳州。[5]

［1］料丁壯爲鄉兵："丁"，原作"才"。《金史詳校》卷八下，"'才'當作'丁'"。中華點校本據文義改。今從之。

［2］偫（zhì）：儲備。

［3］資善大夫：文散官。從三品下階。

［4］納蘭吾申：女真人。其他事迹不詳。

［5］絳州：治所在今山西省新絳縣。

贊曰：泰和、貞祐，其間相去五年耳，故將遺老往往在焉。[1]高琪得君，宿將皆斥外矣。高汝礪任職，舊臣皆守藩矣。假以重任，其實踈之。故石抹仲温以下，以見當時之將校焉。

［1］故將遺老往往在焉："焉"，原作"爲"。南監本、北監本、殿本、局本作"焉"，中華點校本據殿本改。今從之。